HISTÓRIA BIZARRA DA PSICOLOGIA

HISTÓRIA BIZARRA DA PSICOLOGIA

Raquel Sodré

Copyright © Raquel Sodré, 2018
Copyright © Editora Planeta do Brasil, 2018

Preparação: Denise Schittine
Revisão: Andressa Veronesi e Juliana de A. Rodrigues
Revisão técnica: Ana Parceasepe
Projeto gráfico: Desenho Editorial
Diagramação: 2 estúdio gráfico
Capa: Departamento de criação da Editora Planeta do Brasil
Ilustração de capa: Fernando Mena

Dados Internacionais de Catalogação na Publicação (CIP)
Angélica Ilacqua CRB-8/7057

Sodré, Raquel
    História bizarra da psicologia / Raquel Sodré. – São Paulo: Planeta do Brasil, 2018.
    336 p.

    ISBN 978-85-422-1294-5
    1. Psicologia - História I. Título

18-0339   CDD 150.9

2018
Todos os direitos desta edição reservados à
EDITORA PLANETA DO BRASIL LTDA.
Rua Padre João Manuel, 100 - 21º andar
Edifício Horsa II - Cerqueira César
01411-000 – São Paulo – SP
www.planetadelivros.com.br
atendimento@editoraplaneta.com.br

*Para meus avós, Judith, José e Mana,
que estiveram tão ansiosos pelo lançamento
deste livro e vão lutar contra as dificuldades
de visão para lê-lo por completo.*

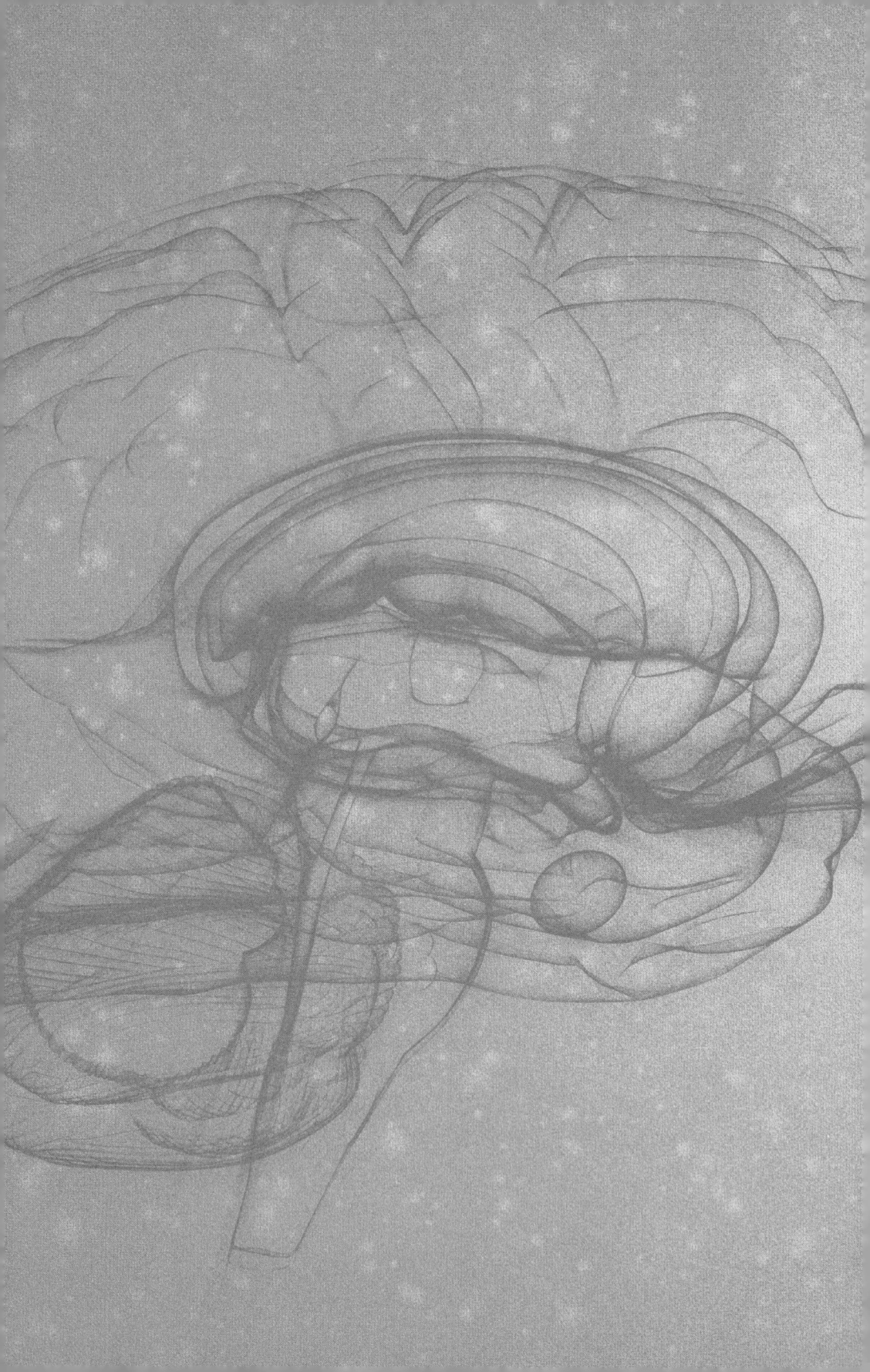

11 INTRODUÇÃO   AS CIÊNCIAS DA MENTE

16 Parte 1   A CIÊNCIA DOS LOUCOS

- 19   Capítulo 1.   Hospital Bethlem, a casa dos horrores
- 26   Capítulo 2.   Pinel não tinha nada de doido
- 32   Capítulo 3.   Tratamentos de choque
- 40   Capítulo 4.   O triste fim de Ernest Hemingway
- 43   Capítulo 5.   A nova moda de cortar cérebros
- 48   Capítulo 6.   A irmã de JFK

52 Parte 2   FALA QUE EU TE ESCUTO – FREUD

- 56   Capítulo 7.   Amor e ódio de Freud e Breuer
- 61   Capítulo 8.   Romance profissional com Anna O.
- 68   Capítulo 9.   Freud também tinha dificuldades
- 73   Capítulo 10.   Eu tenho um sonho
- 80   Capítulo 11.   Todo mundo tem problemas sexuais

86 Parte 3   FREUD E JUNG, DE AMIGOS A RIVAIS

- 89   Capítulo 12.   O primeiro encontro
- 93   Capítulo 13.   Jung, Freud e seu *crush*
- 96   Capítulo 14.   O inconsciente da discórdia
- 102   Capítulo 15.   A gota d'água
- 107   Capítulo 16.   "Está tudo terminado entre nós"

110 Parte 4   O LEGADO DE FREUD

- 112   Capítulo 17.   Melanie Klein
- 114   Capítulo 18.   Anna Freud
- 119   Capítulo 19.   Jacques Lacan
- 123   Capítulo 20.   Erik Erikson
- 128   Capítulo 21.   Carl Rogers

132 Capítulo 22. Jean Piaget
135 Capítulo 23. Lev Vygotsky

138 Parte 5 — MALDITO REICH!
142 Capítulo 24. O profeta dos maiores e melhores orgasmos
147 Capítulo 25. Neurose é falta de um bom sexo
152 Capítulo 26. Guerra é coisa de mal-amados
158 Capítulo 27. O acumulador de energia orgástica
163 Capítulo 28. De volta à Idade Média: caça às bruxas e queima de livros
173 Capítulo 29. Uma revolução sexual está a caminho

178 Parte 6 — O OUTRO LADO DA PSICOLOGIA
181 Capítulo 30. A ciência onde meninas não entram
189 Capítulo 31. Psicologia da lei
194 Capítulo 32. A psicologia infantil de Locke
200 Capítulo 33. O segredo do conhecimento
204 Capítulo 34. A psicologia a serviço do nazismo
210 Capítulo 35. A psicologia nos grupos terroristas

216 Parte 7 — OS EXPERIMENTOS MAIS LOUCOS (COM PERDÃO DO TROCADILHO)
219 Capítulo 36. Olhos azuis x olhos castanhos
224 Capítulo 37. O cão de Pavlov
228 Capítulo 38. O trauma do pequeno Albert
232 Capítulo 39. Os ratos condicionados de B. F. Skinner
235 Capítulo 40. Alunos e professores de Milgram
241 Capítulo 41. A prisão da Universidade Stanford
250 Capítulo 42. O bizarro caso de David Reimer

256	**Parte 8**	**MK-ULTRA – A TEORIA DA CONSPIRAÇÃO DA VIDA REAL**
259	Capítulo 43.	1953: a primeira vítima do MK-Ultra
264	Capítulo 44.	Uma terapia do sono nada relaxante
269	Capítulo 45.	1973: investigações e negações do governo dos EUA
273	Capítulo 46.	Os agentes-zumbis e suas supostas vítimas
276	Capítulo 47.	Andam dizendo que o controle mental continua

280	**Parte 9**	**TRANSTORNOS E TRATAMENTOS MODERNOS**
284	Capítulo 48.	A Grande Depressão é agora
292	Capítulo 49.	Burnout – A válvula de escape dos executivos
299	Capítulo 50.	Eletroconvulsoterapia: a volta triunfal do choque
306	Capítulo 51.	A nova cara da hipnose
311	Capítulo 52.	Mente e espírito

315 **EPÍLOGO**

319 **AGRADECIMENTOS**

320 **BIBLIOGRAFIA**

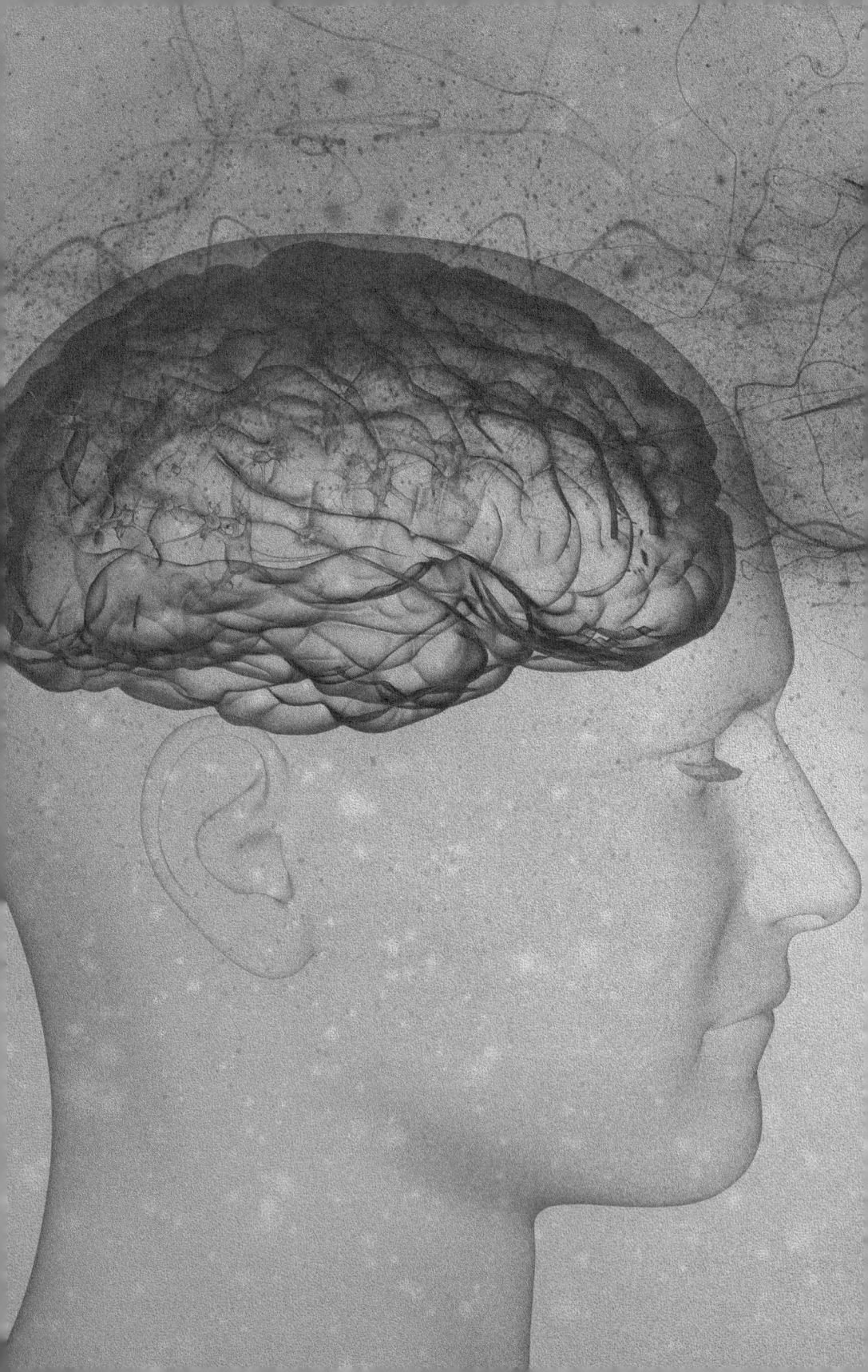

INTRODUÇÃO – AS CIÊNCIAS DA MENTE

O homem já foi à Lua, já orbitou a Terra e faz experimentos na Estação Espacial Internacional todos os dias. Nossas naves já foram até Plutão, que era planeta, deixou de ser e voltou a ser planeta de novo. Descobrimos água em Marte, e a primeira colônia humana nesse planeta está prometida para acontecer ainda neste século.

Mas não descobrimos todos os mistérios que moram dentro de nós. A mente humana continua sendo o maior enigma de todos os tempos para religiosos, cientistas, filósofos, iogues e para cada um que tem que lidar consigo mesmo e com outros humanos 24 horas por dia, sete dias por semana.

Para dar uma ideia do tamanho do desafio, não sabemos direito nem o que é a mente. Sabemos que ela "mora" no cérebro, sabemos também que ela não é só um amontoado de células que formam esse órgão, conseguimos até descobrir os vários mecanismos de ação da mente. Mas ainda não descobrimos coisas fundamentais, como o que faz de mim, eu; e de você, você.

No reino da ciência, há pelo menos três campos inteiros completamente dedicados a entender o funcionamento dessa maquinaria complexa: neurologia, psiquiatria e psicologia (com a psicanálise como um quarto campo acompanhando tudo de perto). Cada um com seu foco, todos eles tentam desvendar os mistérios da mente. O papel da psicologia é tratar dos conteúdos psíquicos dos sujeitos a partir de técnicas de avaliação, orientação e psicoterapia, enquanto a dimensão mais física e neurológica do funcionamento do cérebro, assim como os tratamentos medicamentosos e procedimentos médicos, cabem à psiquiatria e à neurologia. Já a psicanálise se constitui como uma corrente psicológica, mas em uma posição diferenciada, pois trabalha de maneira independente da psicologia e não se enquadra no estatuto de ciência.

Alguns projetos de pesquisa estão a galope e desatando nós grandes desse emaranhado de perguntas que temos a responder sobre a mente. No Instituto Federal Suíço de Tecnologia (ETH Zürich), o *Blue Brain Project*, por exemplo, coordenado pelo pesquisador Henry Markram, prometeu que irá, em breve, reconstruir, em ambiente digital, um cérebro humano. E eles não estão a uma distância muito surreal disso: em 2015, o projeto conseguiu recriar em ambiente digital um pedacinho do cérebro de um rato. Esse cérebro digital está vivendo como se fosse de verdade, mas dentro de um computador, e está servindo para que os pesquisadores façam uma série de outras pesquisas.

A empresa do nigeriano Oshiorenoya Agabi está construindo computadores que utilizam neurônios humanos no lugar dos processadores de silício. O cientista, que usa neurônios cultivados em laboratório, integra essas células a chips de computadores para deixá-los mais potentes. "Um ser humano tem 86 bilhões de computadores e processadores dentro de seu crânio, e isso é uma máquina muito poderosa", ele declarou em entrevista ao jornal *The Times*. Agabi já tem alguns clientes, principalmente da área de aviação e da indústria farmacêutica.

Mas, muito antes desses projetos de pesquisa e empresas ambiciosos, os cientistas já estavam começando a decifrar como funciona a mente humana. Se, de um lado, Freud descobriu que ela é formada por um ego consciente, um id que é puro desejo e um superego que tenta frear esses impulsos, a psicologia cognitiva usou as tecnologias disponíveis em seu tempo para entender como as coisas vão parar dentro da nossa cabeça, como se processam lá dentro, como são armazenadas e os processos que possibilitam que acessemos essas informações toda vez que precisamos – como para lembrar que bolo quente dá dor de barriga, ou que colocar a mão em uma panela quente queima.

A psicologia cognitiva descobriu que aquilo que nós chamamos de "aprendizado" é, na verdade, uma técnica de sobrevivência. Aprender é mudar para se adaptar ao ambiente externo – e não ser aniquilado por ele. Mas o mais legal é ver que essas adaptações podem acontecer por diversos caminhos diferentes. O fisiologista russo Ivan Pavlov, com seu cão, descobriu que a repetição de um mesmo estímulo gera a mesma resposta. Ficamos condicionados: sentimos o cheiro de queimado e sabemos que o arroz do almoço não ficou bom, ouvimos os sinos da igreja e sabemos que são 18 horas, vemos a luz verde no sinal de trânsito e começamos a andar.

Mas não é só o ambiente que age sobre nós. Também agimos (um bocado) sobre o ambiente. Apertamos o botão do elevador e esperamos que ele chegue até o andar. Plantamos e esperamos que a planta nasça dali a um tempo, colocamos a comida no fogo e esperamos que ela fique cozida.

Aí já estamos falando do condicionamento operante, aquele que sabe que cada ação tem seus efeitos, e que ações iguais resultam em efeitos iguais.

Nenhum aprendizado é aprendizado de verdade se não podemos aplicá-lo em situações futuras. Se, todas as vezes, você tira a assadeira de dentro do forno sem usar uma luva, não podemos dizer que tenha aprendido muita coisa com a experiência. A mágica que faz você não cometer esse erro duas vezes é a memória. Não basta só adquirir o conhecimento: tem que guardar essa informação dentro da cabeça e resgatar quando estiver em uma situação parecida com a que gerou o conhecimento.

As pesquisas nessa área fizeram a ciência chegar à conclusão de que as lembranças não são uma união de registros isolados, fixos e sem vida. Elas são muito mais. Cada lembrança é uma construção formada em parte pela experiência, e o resto pela imaginação. A relação entre o nosso comportamento e uma massa de consequências já vividas – com uma pitada de um detalhe ou outro que parece relevante no momento – resulta, no fim, numa imagem sensorial, ou numa história que você conta com a linguagem. O resultado disso tudo é que as lembranças não são coisas estáticas, muito menos exatas. Elas vão sendo construídas vida afora – não só as novas, mas as antigas também vão se moldando com as nossas novas experiências de vida.

É nesse mar de ondas que nunca param de ir e vir, de vida submersa, invisível, de ecossistema complexo, que cada um de nós vive. Começar a entender os segredos da mente humana e resgatar a história dos primeiros passos da humanidade no caminho de desvendar seus mistérios mais profundos é uma forma de autoconhecimento e de conhecimento do outro. E conhecer é o primeiro degrau na escada do acolhimento.

O que convidamos você a fazer neste livro é, através da história da ciência da mente, mergulhar dentro de si mesmo, entender-se e se respeitar mais. A partir de agora, entramos em uma viagem espaçotemporal que irá levá-lo para mais perto de si mesmo.

Parte 1

A CIÊNCIA DOS LOUCOS

Faz muitos anos – uns 2.200, mais ou menos – que os homens se preocupam e tentam encontrar respostas para o que se passa dentro de nossa mente. Os primeiros a começarem a raciocinar sobre isso foram os filósofos gregos, lá por volta dos anos 200 a.C. Mas, nessa época (e até bem depois disso), as formas de conhecimento eram muito misturadas, filosofia com metafísica, psiquiatria e psicologia, tudo dentro de um mesmo saco. Hipócrates, Pai da Medicina, já sabia que a epilepsia era uma doença do cérebro.

Na Era Medieval, todo esse conhecimento deu vários passos atrás, e então começou uma mistura de ciência com religião que todo mundo sabe que não faz bem a ninguém. Os pacientes psiquiátricos eram considerados pessoas que "tinham o diabo no corpo", "esquecidas por Deus", que "estavam sendo punidas por serem más", e várias baboseiras do tipo. Infelizmente, foram essas baboseiras que ficaram de herança na concepção de como lidar com esses pacientes.

Até o século XVIII e o início da vida profissional de Philippe Pinel, ser "louco" era mesmo uma sina. Acorrentamentos, sangrias, cadeiras que giravam até o paciente ficar tonto e desmaiar eram o que havia de opção para "domar" essas pessoas. O Hospital Bethlem, em Londres, era uma dessas instituições – hoje, a mais famosa do mundo dessa época, talvez pela quantidade de absurdos que aconteciam por lá, ou talvez pelos registros que sobraram do lugar para nos alarmarmos. Mas não era a única: por toda a Europa, instituições psiquiátricas com condições piores que zoológicos, circos ou prisões abrigavam aqueles que fugiam ao padrão que a sociedade considerava "normal".

Aí veio o médico francês Pinel, com sua concepção mais científica e humana dos pacientes psiquiátricos. Ele promoveu várias mudanças no tratamento e na abordagem desses pacientes. Foi com ele que a psiquiatria começou formalmente. Mas, até o início do século XX, as opções para esses pacientes ainda não eram lá tão satisfatórias. Em algum momento, começou-se a achar que os choques elétricos no cérebro eram uma ótima ideia. Várias tentativas depois, descobriu-se que bacana mesmo era cortar fora um pedacinho do cérebro, que guardava "o mal".

Com essa história sombria da psiquiatria, começamos nosso livro e nosso percurso dentro dos estudos da saúde mental.

❦ CAPÍTULO 1 ❦
Hospital Bethlem, a casa dos horrores

Se você sentir um calafrio ao passar pela Liverpool Street Station, na parte noroeste de Londres, não se surpreenda. Aquele deve ser um dos lugares mais mal-assombrados da face da Terra, a julgar por seu passado obscuro. Bem ali, onde hoje fica uma das maiores estações de trem da cidade, já funcionaram as instalações de um dos primeiros – e mais cruéis – hospitais psiquiátricos do mundo, o Bethlem Royal Hospital, também conhecido como "Bedlam". As técnicas de "tratamento" dos pacientes incluíam práticas como jejum, sangria e choque elétrico. E, em um dado momento da história, o hospital abria as portas para que visitantes se divertissem vendo as loucuras dos internos – tipo um zoológico de gente.

O instituto foi criado em 1247, primeiro como priorado da Ordem de Santa Maria de Belém. Lá, como era de se esperar de um mosteiro, os monges abrigavam moradores de rua e desabrigados. No prédio, havia doze "celas", uma cozinha, acomodações dos funcionários, uma capela e um pátio para a prática de exercícios. Aos poucos, pela vocação para a caridade própria das instituições religiosas, o priorado começou a receber pessoas consideradas "loucas" que não tinham para onde ir. Em 1300, o local foi mencionado pela primeira vez como hospital e, em algum ponto da história, começou a admitir oficialmente pacientes com doenças mentais.

A história da instituição é pouco conhecida nos anos da Idade Média, mas sabe-se que, de 1346 em diante, sua administração passou da Igreja para a Coroa da Inglaterra (que, provavelmente, viu em Bethlem a possibilidade de gerar lucros). Em 1403, os "lunáticos" eram a maioria dos internos, dando origem ao mais famoso hospital psiquiátrico da Europa e um dos mais conhecidos do mundo. Algumas fontes de informação da época falam em não mais que uma dúzia de pacientes. Já outras, como a historiadora inglesa Lucy Inglis, afirmam que esses números podem chegar a 300: cerca de 200 pacientes e 80 criminosos julgados como incapazes, que ficavam em uma ala separada.

Negligenciado por muitos anos e sem recursos, no início do século XVII, suas instalações já estavam decadentes. A situação lá era tão descontrolada que a palavra "bedlam" (corruptela do nome pela qual a população de Londres conhecia o hospital psiquiátrico) entrou para o dicionário de Inglês significando algo caótico, com muito barulho e confusão. Mas demorou até o fim do século para que um novo edifício fosse encomendado a Robert Hooke para abrigar o hospital. Na nova sede, cuja arquitetura lembrava muito a de um mosteiro (mas ainda mantinha suas peculiaridades de prisão), duas esculturas antropomorfas em tamanho real, que foram batizadas de *Melancolia* e *Loucura delirante*, decoravam a entrada.

Feitas pelo escultor dinamarquês Caius Gabriel Cibber, *Melancolia* retratava uma figura apática e de olhar vago, enquanto *Loucura delirante* mostrava uma pessoa presa por correntes, em um momento de sofrimento furioso e profundo. As esculturas traduziam a oposição entre os sintomas melancólicos, dos deprimidos (considerados curáveis), e maníacos, dos insanos (incuráveis), que estavam no centro da concepção de doença mental que se tinha na época. As esculturas agora estão expostas no Victoria & Albert Museum, em Londres, para quem quiser ver.

O conceito de "doença mental", aliás, era bastante amplo, o que fazia com que pessoas com dificuldade de aprendizado, portadores de epilepsia e demência se encaixassem nessa definição. Basicamente, qualquer um que fugisse minimamente do padrão social de "normalidade" poderia ser enviado para Bethlem. A maior parte dos pacientes recebidos lá era de origem pobre e, normalmente, não tinham recursos, família ou amigos que pudessem interceder por eles. Isso permitiu que essas pessoas fossem vítimas de técnicas de tortura travestidas de terapias e que fossem cobaias em experimentos que não passariam em nenhum conselho de ética científica do mundo moderno.

Os pacientes particularmente violentos ou os criminosos eram mantidos com correntes nos pés e, em alguns casos, vestiam apenas túnicas de flanela. Se insistissem em dormir no chão, recebiam somente um estrado sobre o qual se deitar. Quase todos os doentes tinham um cuidador, mas isso nem sempre era bom. Algumas vezes, pacientes mulheres eram cuidadas por homens, o que incluiu acusações de abusos sexuais na reputação de Bedlam.

Outra prática que contribuiu para a má fama do hospital eram as visitas. Se você pensou em parentes e pessoas queridas levando bolos e tortas para os internos, esqueça. Essas visitas, na verdade, eram feitas por qualquer pessoa que se propusesse a pagar um *penny*. O passeio, aliás, estava na rota turística da cidade, no mesmo roteiro que incluía a torre de Londres. Se o turista desse a sorte de estar lá na primeira terça-feira do mês, a visita ainda saía de graça! Funcionava mais ou menos assim: em vez de ir ao teatro, à ópera ou a um parque, as pessoas pagavam para entrar em Bedlam e ficar assistindo aos acessos de fúria dos "malucos" lá dentro. No caminho, quem sabe, elas dessem a "sorte" de ver uma execução pública, que também era um superprograma de lazer na época.

Os que mais faziam sucesso nos passeios dos homens de bem londrinos do século XVII eram os doentes raivosos, e as celas dos masturbadores compulsivos de ambos os sexos também eram muito concorridas. Há quem diga que era permitido aos visitantes levar varinhas de pau para cutucar os doentes e irritá-los para aumentar a "diversão", mas é possível que isso não passe de uma lenda urbana. Esse show de horrores durou pouco mais de cem anos, de 1676 até 1770, quando foi finalmente proibido por ser considerado desumano.

Isso, infelizmente, era apenas uma parte do sofrimento por que passavam os internos de Bedlam, já que os tratamentos no hospital eram, na verdade, técnicas de tortura. Tradicionalmente, a Igreja Católica medieval associava saúde e loucura a, respectivamente, bondade e maldade. Assim, a interpretação da época era a de que os loucos eram pessoas possuídas por espíritos malignos, gente não digna de qualquer tipo de compaixão e, menos ainda, afeto. Ao contrário: as agressões eram uma tentativa de fazer o diabo deixar aquele corpo que não lhe pertencia.

Em seu *A Dissertation on Insanity* [Uma dissertação sobre a insanidade, em tradução livre], o médico irlandês William Black escreveu: "Em Bedlam, a camisa de força quando necessária e purgantes ocasionais são os principais remédios. A natureza, o tempo, o regime, o confinamento e o isolamento das relações são os principais auxiliares".

Black também descreve outras práticas comuns no hospital. Uma delas eram as sangrias, feitas regularmente. Antigamente, acreditava-se que o sangue e outros fluidos corporais contivessem "humores", que precisavam estar em harmonia para que a pessoa ficasse equilibrada e saudável. Assim, os sintomas da loucura eram atribuídos a um excesso de sangue, que precisava ser retirado para o paciente se acalmar. Com alguns litros de sangue a menos e uma provável anemia profunda, é claro que eles ficariam bem "calmos" – para não dizer apáticos. Algumas vezes, para retirar esse excesso de sangue, os médicos usavam sanguessugas nos pacientes. Apesar de parecer uma técnica absurda para os padrões de hoje, as sangrias eram uma das práticas médicas mais comuns, e foram utilizadas da Antiguidade até o século XIX.

Também eram usados banhos de imersão em banheira com gelo, sessões de vômito, períodos na solitária e a aplicação de bolhas, o que hoje nos parece estranhíssimo! Com um preparado químico, os médicos de Bedlam produziam bolhas na nuca, nos ombros, nos pés, ou em outra parte exposta do corpo do doente. A lógica por trás disso era mais ou menos a mesma que levava às sangrias. Eles acreditavam que, dessa forma, estariam atraindo os "maus humores" que causavam a loucura para a superfície do corpo do paciente, de onde seria mais fácil expurgá-los.

A cadeira giratória era outro tratamento clássico do lugar. Lembra-se daqueles brinquedos de parque de diversões em que você se senta em uma espécie de balanço, que fica preso por correntes a um carrossel que gira muito rápido? Pois a terapia era mais ou menos assim. O paciente era colocado sentado em uma cadeira, que era presa, suspensa, no teto. Um aparato a fazia rodar na velocidade e pelo tempo estabelecidos pelo médico.

O fruto óbvio desses tratamentos bizarros foram os escândalos envolvendo o hospital. Há relatos de que o intestino de um dos pacientes simplesmente explodiu depois de ele ter sido acorrentado em um espaço restrito por anos a fio. E há casos famosos de pacientes desse manicômio.

Um dos mais conhecidos é o de James Norris, que ficou anos preso à parede de sua cela na mesma posição, praticamente sem poder se mexer. Quem contou o caso para o mundo foi o filantropo Edward Wakefield, que visitou o local em 1814. Ele ficou chocado ao ver James Norris, um marinheiro dos Estados Unidos, acorrentado à sua cama. Norris havia entrado em Bedlam em 1800 e assustou tanto a equipe que foi preso em 1804, passando praticamente o resto de sua vida assim. Dez anos depois da primeira visita, Wakefield voltou ao hospital e encontrou Norris exatamente na mesma situação.

A situação de Norris foi descrita na época: "Um grosso anel de ferro foi agrilhoado em torno de seu pescoço. Dele, uma curta corrente passava por um anel feito para escorregar para cima e para baixo sobre uma barra de ferro maciço, mais alta que 1,2 m, incrustrada na parede. De cada lado da barra havia um anel, que travava seus braços, deixando-os próximos de seu corpo".

Ainda que chocante e desumana, a situação de Norris teve um papel importante para a história da psiquiatria. Junto com o arquiteto James Bevans e com o escritor político William Hone, Wakefield iniciou uma campanha para mudar a condição dos pacientes, não só em Bedlam, mas em toda a Inglaterra. De seu trabalho, surgiu o Committee on Madhouses (Comitê dos Hospícios), em abril de 1815.

Norris acabou solto de seu cárcere, mas suas condições de saúde eram tão precárias que ele não resistiu mais do que alguns meses. Bedlam foi fechado e, em 1815, o hospital foi transferido para uma nova sede em Lambeth (onde hoje funciona o Imperial War Museum). Além disso, a virada do século XVIII trouxe também uma nova visão sobre os tratamentos para doentes mentais, que se aproxima mais da que vemos hoje.

CAPÍTULO 2
Pinel não tinha nada de doido

Quando ouvimos a palavra "pinel", logo a associamos à palavra "loucura". Isso porque, desde 1937, funciona no Rio de Janeiro um hospital de referência nos cuidados às pessoas com sofrimento mental. Fundado como Instituto Philippe Pinel, hoje ele se chama Hospital Pinel, e ainda atende pacientes com esse perfil. Mas o dono real desse nome, o médico psiquiatra francês Philippe Pinel, não tinha nada de doido – ao contrário, era bem são e foi o responsável, ainda no século XVIII, por uma reforma que mudou completamente o modo como os doentes mentais eram tratados.

Pinel nasceu em Jonquières, na França, estudou medicina em Toulouse e se mudou para Paris em 1778. Sem poder trabalhar como médico na capital, porque havia se formado em uma faculdade do interior, ele aceitou um emprego de editor do periódico *Gazette de Santé*, para o qual também escrevia artigos sobre higiene e saúde mental. Ele trabalhava, ainda, com a tradução de obras da literatura médica e escrevia textos para outros veículos para se sustentar. Seu interesse pela psiquiatria veio de uma experiência pessoal: Pinel teve um amigo que desenvolveu um forte sofrimento mental e acabou se suicidando. Por isso, ele quis se dedicar a encontrar uma abordagem que evitasse outros destinos como esse.

Até meados do século XX, o tratamento a pessoas com distúrbios psicológicos, psiquiátricos e neurológicos era muito limitado, e as práticas, tão invasivas e degradantes quanto as que eram praticadas em Bedlam, em Londres. Já tendo vivido de perto a experiência desses distúrbios com seu amigo, Pinel tinha uma concepção bem diferente do que deveria ser feito com esses pacientes. Mas só em 1793, ao ser nomeado médico das enfermarias do Hospital Bicêtre, em Paris, é que ele pôde começar a trabalhar como médico e a implementar suas ideias no tratamento de pessoas com distúrbios psiquiátricos, pois logo se interessou pela ala onde cerca de 200 pessoas estavam internadas como "loucas".

Na época em que Pinel o assumiu, o Hospital Bicêtre não estava lá muito bem das pernas. Aliás, no que diz respeito ao cuidado com os pacientes psiquiátricos, a situação era bem ruim. Os doentes ficavam em masmorras úmidas e sujas, sem iluminação ou ventilação. A "cama" era só um estrado de madeira sobre o chão. Os internos ficavam completamente nus, ou vestiam uns trapos, e viviam acorrentados. Os "cuidadores" eram presos condenados que cumpriam suas penas lá, e tratavam os doentes como animais, agredindo fisicamente, zombando e irritando os pacientes. Quando os internos se comportavam mal, eram deixados sem comida e sem água, ou passavam frio.

A primeira providência de Pinel foi desacorrentar os pacientes, depois de um primeiro período que ele usou para conhecê-los melhor e ganhar sua confiança, dizendo, inclusive, que eles poderiam melhorar e voltar para suas famílias. Aos poucos, Pinel foi deixando os doentes saírem de suas celas, circularem pelo hospital e até frequentarem os jardins para tomar sol. A escolha era tão inovadora que mereceu até quadros e ilustrações de artistas da época.

Com seu colega Jean-Étienne Esquirol, ele propôs uma nova concepção sobre a natureza da causa da loucura – e, consequentemente, uma nova abordagem. Enquanto a medicina da época apostava que as doenças mentais tinham sua origem em lesões estruturais ou funcionais do cérebro, ele acreditava que elas estavam relacionadas à experiência das pessoas. "A loucura tem como causa erros no conhecimento e resulta da formação de ideias erradas sobre as relações com as coisas ou com os outros", descreve o escritor e psicólogo Isaías Pessotti no artigo "Sobre a teoria da loucura no século XX". Assim, o tratamento mais adequado seria não prender, punir e acorrentar, mas acolher e corrigir hábitos do paciente que o tornam disfuncional.

Em maio de 1795, Pinel foi contratado como médico-chefe do Hospital de Salpêtrière, onde era responsável por cerca de 5 mil internos de todos os tipos de perfis. Na ala dos doentes mentais, havia 600 leitos, mais outros 250 para os enfermos graves. Mesmo com a dificuldade de tratamento para esses pacientes, o psiquiatra encarava o desafio com um olhar positivo. Para ele, doença e paciente eram "um todo indivisível, de seu início ao seu fim, um conjunto regular de sintomas característicos".

Ele classificou as doenças em 5 categorias: febres, flegmas, hemorragias, neuroses e doenças causadas por lesões orgânicas. A categoria que mais mereceu sua atenção foi a das febres, que, por sua vez, tinha outras subdivisões: angiotênicas, meningogástricas, adenomeníngeas, adinâmicas, atáxicas e outras – que outros autores já haviam descrito com outros nomes. Depois, ele acrescentou ainda mais uma, as febres héticas, que também já haviam sido descritas antes. E essas 6 classes também se dividiam em mais 8 gêneros e várias espécies. Todo esse detalhamento mereceu quase um terço da *Nosographie*, primeira obra médica autoral de Pinel.

Esse imenso trabalho teórico tinha como objetivo não só tratar e curar, quando possível, seus pacientes, mas também estabelecer a psiquiatria como área da medicina – daí Pinel ser considerado o pai dessa especialidade. Ele publicou vários artigos sobre o assunto, e depois sintetizou tudo em livros. O trabalho de Pinel conseguiu, de forma efetiva, transformar as cruéis prisões em que viviam os pacientes psiquiátricos em hospitais.

Do ponto de vista teórico, ele manteve as divisões das doenças que já eram praticadas antigamente, como manias, melancolia, demência e retardo. Ele usou essas classificações até 1812, sempre ressaltando que elas estavam sendo mantidas até que uma categorização melhor aparecesse.

Outra grande diferença entre Pinel e a maior parte dos psiquiatras da época estava no que ele achava ser a origem das doenças mentais. Enquanto muita gente acreditava que as pessoas entravam em sofrimento mental por razões metafísicas – como não terem sido escolhidas por Deus, ou estarem sendo castigadas por esse mesmo Deus, ou possuídas pelo demônio – Pinel julgava que os distúrbios emocionais eram a base das doenças mentais. Depois, vinham a hereditariedade, a predisposição e o que ele chamava de "sensibilidade individual". Nada de fatores extraordinários, que a ciência não conseguisse explicar.

Em seu *Tratado médico-filosófico sobre a alienação mental ou a mania*, ele critica o uso exagerado de medicações (prática que, aparentemente, não conseguimos vencer até hoje, quase dois séculos depois) e também os procedimentos não muito científicos, como as duchas de água gelada e as sangrias. Mesmo não fazendo exatamente mal para o paciente, esses procedimentos eram desagradáveis e não resolviam nada. Muitos autores, segundo ele, "não tiveram outro objetivo a não ser dar validade a alguns remédios, como se o tratamento de toda doença, sem conhecimento exato de seus sintomas, e de sua marcha, não fosse tão perigoso quanto ilusório".

A todo esse conjunto de noções e práticas, Pinel deu o nome de "tratamento moral", que foi a primeira tentativa de humanizar os pacientes psiquiátricos e dar uma abordagem individual ao tratamento de cada um. As marcas registradas do tratamento de Pinel eram a gentileza, a compreensão e a compaixão pelo paciente – absolutamente nada a ver com o que vinha sendo praticado até aquele momento. Não é de se espantar que Pinel tenha enfrentado algumas perseguições, até de cunho político, no exercício de sua profissão.

Como os recursos existentes para o tratamento eram escassos, Pinel também era adepto da camisa de força e da alimentação forçada quando necessário, mas totalmente contrário ao uso de força e violência na relação com o paciente. O que ele achava que funcionava mesmo era um cuidado de perto, bons hábitos de higiene, exercícios físicos (coisa que se recomenda até hoje, para todos os casos de distúrbios psiquiátricos) e um programa de trabalho com foco em objetivos para o paciente. Várias das práticas de Pinel, como a reinserção do doente em um ambiente familiar, foram a vanguarda do que se pratica hoje na psiquiatria.

Ele também defendia a criação de instituições de qualidade para o acolhimento dos "alienados", que deveriam ser arejadas, limpas, com jardins e áreas que oferecessem a possibilidade da prática de atividades físicas. Nessas instituições, os pacientes deveriam ser divididos por tipos de patologias, ou por estágio evolutivo do quadro. Além disso, atividades de trabalho de caráter terapêutico e alimentação deveriam ser personalizadas para cada paciente.

Com ele no comando, acabou também a prática de colocar presos sádicos condenados para cuidar dos pacientes. Ele, aliás, entendia que a boa relação entre o interno e seus cuidadores era uma arma poderosa para a terapêutica em si. Assim, em sua gestão, os hospitais passaram a oferecer treinamento especializado para que funcionários soubessem exatamente como lidar com aquelas pessoas, e ele profissionalizou a gestão dos hospitais para pararem de passar apertos financeiros. Assim, o Hospital de Salpêtrière se tornou um centro de formação de especialistas em doenças mentais, levando as ideias e os métodos de Pinel e Esquirol para toda a Europa – e plantando a semente do que temos hoje como práticas de cuidados a doentes mentais.

CAPÍTULO 3
Tratamentos de choque

Quando alguém fala em "tratamento de choque" no contexto da psiquiatria, a imagem que vem à mente é a de um paciente amarrado à cama de um hospital psiquiátrico, com um mordedor na boca, recebendo a sangue frio choques aterrorizantes no cérebro, babando, se debatendo e sofrendo. Isso, graças a filmes que propagaram essa imagem em meados do século XX. Essa cena não está muito longe da realidade, pelo menos para alguns pacientes, mas as convulsoterapias tiveram um papel bem importante para os avanços do tratamento psiquiátrico.

Os cientistas já sabiam havia tempos que concussões na cabeça, convulsões e febres altas podiam trazer benefício para quem sofria de algum problema mental. Hipócrates, o Pai da Medicina, reparou, lá nos idos do século V a.C., que as convulsões causadas pelo vírus da malária conseguiam curar alguns pacientes considerados loucos. Essa teoria ganhou mais força quando médicos ao longo da história notaram que não existiam pacientes epiléticos que fossem também esquizofrênicos. Essa percepção desenvolveu a ideia de que as doenças mentais eram incompatíveis com as convulsões.

Aprofundando-se mais nessa relação, os cientistas do século XX conseguiram chegar a quatro métodos diferentes de tratamentos de choque. A febre causada pela malária era usada para tratar a paresia (completa paralisia nervosa ou motora) causada pela sífilis. Convulsões e coma induzidos por uma alta dose de insulina tratavam esquizofrenia. Convulsões induzidas pelo estimulante circulatório metrazol eram adotadas também como tratamento para esquizofrenia e para psicoses afetivas (como depressão e transtorno bipolar, por exemplo). E a famigerada eletroconvulsoterapia era usada basicamente para as mesmas doenças mentais.

Bem no início do século XX, a relação entre a paresia e a neurossífilis ainda não havia sido descoberta. Tudo que se sabia era que estavam lidando com uma doença degenerativa mental e neurológica, que causava convulsões, falta de coordenação motora, dificuldade de fala e paralisia pelo corpo todo. Do ponto de vista psicológico, o paciente poderia ficar depressivo ou maníaco, paranoico e violento.

Mas o médico austríaco Julius Wagner von Jauregg percebeu que seus pacientes melhoravam muito depois de sobreviver a uma febre tifoide das bravas, ou à erisipela, ou à tuberculose. Juntando essa astúcia com descobertas científicas importantes, como a causa da paresia e o fato de que a febre conseguia matar as bactérias causadoras da sífilis, ele desenvolveu um tratamento em que inoculava nos pacientes o vírus da malária.

Em julho de 1917, Von Jauregg experimentou a nova técnica em 9 pacientes com paresia usando o sangue de um soldado infectado por malária. Quatro, dos 9, se recuperaram completamente, e outros 2 mostraram melhoras. Aí ele evoluiu os testes para um grupo de 275 pacientes com sífilis que tinham risco de desenvolver paresia. Aplicou uma injeção de sangue com malária e depois fez um tratamento para curar a sífilis. Surpreendentemente, 83% dos pacientes nem chegaram a desenvolver a síndrome neuropsicológica. Esse tratamento revolucionário rendeu a Wagner von Jauregg o Prêmio Nobel em 1927.

Exatamente nesse mesmo ano, os tratamentos de choque tiveram mais um avanço. Em 1921, a insulina foi descoberta, e também as implicações da falta dela no corpo humano (diabetes, hiperglicemia, ou hipoglicemia, que causa coma e convulsões pela falta de glucose nas células cerebrais). Com esse conhecimento e a quantidade certa de glucose em suas próprias células cerebrais, o neurofisiatra e neuropsiquiatra polonês Manfred J. Sakel teve uma sacada genial.

Ele raciocinou que esse hormônio, a insulina, enfraquecia o metabolismo das células nervosas e ativava um mecanismo de hibernação. Assim, se ele bloqueasse a atividade da célula com insulina, isso a forçaria a conservar sua energia de funcionamento e armazená-la para conseguir se recuperar.

Por acidente, mas com esse raciocínio, Sakel descobriu que causar convulsões no paciente com uma overdose de insulina era um bom tratamento para os diagnosticados com psicoses. Particularmente para os esquizofrênicos. Em 1930, ele começou a aperfeiçoar o que ficou conhecido como "técnica Sakel" de tratamento para essa doença psíquica.

Segundo os experimentos do médico, mais de 70% de seus pacientes melhoravam depois da terapia do choque de insulina. Ele ficou famoso quando dois estudos grandes publicados nos Estados Unidos, um em 1939 e outro em 1942, comprovaram a teoria e espalharam a técnica pelo mundo.

Médicos dos quatro cantos ficaram animados com a nova descoberta de Sakel, porque, até então, não havia um tratamento biológico para a esquizofrenia. Mas essa animação inicial foi fogo de palha. Outros estudos, com controle mais rigoroso, mostraram logo depois que uma cura real ainda não tinha sido atingida e que a melhora apresentada pelos pacientes era, muitas vezes, temporária.

Mesmo com seus "poréns", a técnica de Sakel tinha lá seus méritos, com a vantagem de ser muito menos cruel e prejudicial para o paciente do que todas as outras técnicas existentes na época. Assim, ela continuou sendo usada em vários países até bem recentemente.

A cura para a esquizofrenia era um assunto muito na moda entre os psiquiatras do início do século XX, de forma que em 1933 o húngaro Ladislas von Meduna começou o que seria uma abordagem totalmente nova para os tratamentos de choque. Em uma época sem internet, Meduna não fazia ideia das pesquisas de Sakel com a insulina. O húngaro começou a estudar as histórias de esquizofrenia e epilepsia e reparou que parecia haver uma espécie de "antagonismo biológico" entre as duas condições. O que ele concluiu foi que uma "boa" convulsão epilética era capaz de "curar" a esquizofrenia.

A partir daí, iniciou uma série de testes de várias drogas convulsivantes em animais e, depois, em pacientes, com o objetivo de atingir convulsões perfeitamente controláveis e reproduzíveis. Ele alcançou o que queria com injeções de metrazol na veia. Com 110 casos de experiência, Meduna conseguiu afirmar que 50% dos pacientes tiveram melhoras consideráveis e, alguns, até "curas dramáticas", segundo ele mesmo.

Em um simpósio realizado na Suíça, em 1937, o húngaro confrontou suas descobertas com a terapia de choque químico por insulina de Sakel. A partir daí, a comunidade científica se dividiu em dois times: os que defendiam a insulina, e aqueles que defendiam o metrazol – que era mais barato, mais fácil de usar e causava convulsões mais confiáveis. Por outro lado, os ataques causados por esse medicamento eram tão violentos que havia uma taxa de inacreditáveis 42% de pacientes que acabavam com a coluna fraturada depois de uma sessão.

Em 1939, Meduna emigrou para os Estados Unidos e continuou suas pesquisas. A comunidade científica acabou reconhecendo que sua teoria da "incompatibilidade biológica" entre epilepsia e esquizofrenia não tinha nenhuma base. Mas também reconheceu que as convulsões induzidas realmente ajudavam em casos de esquizofrenia.

Na década seguinte, outros pesquisadores aprimoraram a técnica de Meduna combinando o metrazol com outros medicamentos, para aliviar as contrações musculares e para sedar os pacientes (porque, até então, as convulsões eram, na prática, uma sessão de terror para o doente, que sofria o ataque acordado!).

Mas a bonança do metrazol, como a da insulina, também não durou. Os testes controlados mostraram que o medicamento era ainda menos eficaz do que o hormônio no tratamento das doenças crônicas. Já para as psicoses, como distúrbio maníaco-depressivo e depressão psicótica, 80% dos pacientes apresentavam melhoras. O desempenho mediano, combinado com o aparecimento de outros métodos para tratamento de doenças mentais, fez com que o metrazol fosse caindo em desuso, até não ser mais usado no fim da década de 1940.

Enquanto Sakel e Meduna discutiam a melhor substância para um choque químico, o neurologista italiano Ugo Cerletti estava atacando em outra frente: os choques elétricos. Ele conhecia o metrazol, mas acreditava que o choque provocado por ele era perigoso demais, e incontrolável. Sem falar no fato de que os pacientes morriam de medo do procedimento (quem não morreria?).

O italiano sabia que choques elétricos aplicados ao cérebro podiam provocar convulsões, porque ele era especialista em epilepsia e já havia testado isso em animais. Depois de ver porcos sendo "anestesiados" com um choque elétrico no cérebro antes do abate, ele convenceu outros dois colegas a lhe ajudarem a desenvolver um método e um aparelho para usar os eletrochoques em humanos.

Como bom cientista, começou testando sua teoria em animais. E o que ele viu foi que, depois de 10 a 20 sessões de eletroconvulsoterapia (ECT) em dias alternados, a maioria das cobaias mostrou uma melhora impressionante. Uma das vantagens inesperadas do eletrochoque era que ele provocava a amnésia dos eventos imediatamente anteriores ao choque, incluindo sua percepção. Assim, os pacientes não guardavam memórias negativas da experiência.

Em 1939, o médico alemão L. B. Kalinowski, um dos parceiros de Cerletti na invenção do método, saiu em turnê pelo mundo para divulgar as maravilhas do eletrochoque. Logo, logo, os pesquisadores que adotaram o método descobriram que ele parecia ter um efeito mágico sobre os doentes de distúrbios afetivos. Segundo E. A. Bennett, 90% dos casos de depressão severa que eram resistentes aos outros tratamentos melhoraram todos os sintomas depois de três semanas de ECT. Aí não demorou até que o eletrochoque substituísse os choques químicos.

Estava tudo muito bom, só que não. Como toda tecnologia, sempre tem quem subverta os propósitos da técnica e a use para fins não ortodoxos. Em alguns casos, a ECT era usada para manipular e controlar pacientes em hospitais psiquiátricos. Pacientes mais problemáticos recebiam vários choques por dia, sem as proteções e a sedação adequadas. Era uma tortura.

Um dos casos mais polêmicos de uso da terapia aconteceu no hospital psiquiátrico Chelmsford, na Austrália. Entre os anos de 1962 e 1979, a instituição, que era privada, ofereceu uma tal "terapia do sono profundo". O tratamento consistia em comas induzidos por barbitúricos (soníferos) que podiam durar até semanas. E o sono era remédio para tudo, de tensão pré-menstrual a vício em drogas, passando por obesidade, depressão e estresse.

Durante esses "sonos", os pacientes eram submetidos a sessões de ECT – quisessem eles, ou não. Os médicos não pediam autorização para a aplicação do tratamento (afinal, o paciente estava em coma mesmo), alguns até recebiam a informação específica de que não seriam submetidos aos choques. E sem direito a visitas.

Em 1970, uma denúncia chegou ao Departamento de Saúde de New South Wales, cidade onde funcionava o hospital, por meio de uma carta anônima. O departamento, sabe-se lá por que, decidiu não investigar a denúncia, e os "tratamentos" de "sono profundo" continuaram até 1979, quando terminaram depois de uma cruzada de um dos pacientes contra o hospital.

Para falar a verdade, mesmo nos casos com consentimento, em que o paciente queria tomar os choques da ECT, as coisas não iam às mil maravilhas. Uma famosa paciente que se submeteu ao tratamento foi a poeta Sylvia Plath. Ela escreveu sobre a experiência em seu romance autobiográfico *A redoma de vidro*. Pelo relato, dá para perceber que a tal terapia maravilhosa não era tão maravilhosa assim.

— Não se preocupe —, a enfermeira sorriu para mim. — Na primeira vez, todo mundo morre de medo. — Eu tentei sorrir, mas minha pele havia ficado dura, como um pergaminho. Doutor Gordon estava colocando duas placas de metal dos lados da minha cabeça. Ele os fixou no lugar com um pedaço de tecido que passava pela minha testa, e me deu um fio para morder.

Eu fechei os olhos. Houve um breve silêncio, como uma inspiração. Então, alguma coisa se dobrou e tomou conta de mim e me sacudiu como se fosse o fim do mundo. Whee-ee-ee-ee-ee, sibilava, por um ar trincando com uma luz azul, e a cada flash, um grande solavanco me surrava até eu pensar que meus ossos iriam quebrar e o fluido de vida fosse voar de mim como uma planta partida. Eu me perguntava o que eu havia feito de tão terrível.

Dessa época para cá, a ECT já evoluiu muito em técnica e em ética. Mas o que não mudou muito foi o estigma que o tratamento ainda carrega daqueles tempos obscuros do eletrochoque.

CAPÍTULO 4
O triste fim de Ernest Hemingway

A morte do famoso escritor Ernest Hemingway, em 2 de julho de 1961, foi tão chocante para as pessoas da época quanto a morte do ator Robin Williams para as pessoas de 2015. Hemingway, um homem aparentemente saudável, forte e ativo, foi encontrado morto, com um tiro na cabeça, no átrio de sua casa no estado de Idaho, nos Estados Unidos. Ele estava vestido com seu roupão preferido e a parte de baixo do pijama.

Mary Hemingway, quarta esposa do escritor e quem estava com ele no momento do tiro, disse para todo mundo (talvez até para si mesma, coitadinha) que havia sido um acidente. Hemingway teria disparado a arma sem querer enquanto a limpava. Mary ficou em choque e precisou ser levada para um hospital e sedada. Meses depois, ela mesma reconheceu que seu marido havia se matado. E, no gatilho da arma, estava não o dedo de Hemingway, mas um tratamento de eletroconvulsoterapia.

Mais ou menos dois meses antes da morte, Hemingway foi para a Clínica Mayo, na cidade de Rochester, em Minnesota, para um tratamento de hipertensão e para um "caso antigo" de hepatite, segundo um porta-voz da clínica. Essa era a versão oficial, passada para a imprensa para manter a imagem máscula que Hemingway sempre tivera. Mas lá, ele foi mesmo submetido a tratamentos de choque.

De 1960 até a semana anterior à sua morte, o escritor recebeu 36 sessões de eletroconvulsoterapia, para tentar aliviar os sintomas de uma depressão que ia e vinha, e o atormentara por toda a vida. Segundo o professor de literatura James Nagel, especialista na vida e na obra de Hemingway, o escritor pedia de joelhos à sua mulher para que não lhe mandasse de volta à clínica para receber mais eletrochoques, mas não adiantava: tudo para tentar curar a depressão crônica.

Um dos efeitos colaterais até bem comuns do procedimento era a perda de memória. Hemingway acabou ficando com umas lacunas em lembranças de eventos específicos de sua vida. Aparentemente, isso foi demais para ele. "Qual o sentido de arruinar minha mente e apagar minha memória, que é meu capital, e me colocar fora do negócio?", questionou ele, que também descreveu o procedimento como "uma ótima cura, mas perdemos o paciente".

Os amigos que tiveram contato com ele nos dias anteriores à morte tinham opiniões divididas sobre o estado de espírito do escritor. Uma matéria de 3 de julho do jornal *The New York Times* sobre sua morte trazia entrevistas com pessoas íntimas de Hemingway.

> Chuck Atkinson, um dono de motel de Ketchum (cidade onde o escritor morava) que foi amigo do sr. Hemingway por vinte anos, esteve com ele ontem. Ele disse: "Ele parecia estar bem. Não conversamos sobre nada em particular. Eu acho que ele passou a última noite em casa". Contudo, Marshal Les Jankow, outro amigo e primeiro oficial da lei que chegou à cena do ocorrido, disse que vizinhos lhe contaram que o sr. Hemingway "parecia mais magro e agindo depressivamente".

A verdade é que, como Hemingway não deixou um bilhete de despedida, nunca se saberá o que realmente aconteceu e quais os reais motivos para ele ter se matado. Mas uma boa análise foi feita por Christopher D. Martin, um instrutor e membro da equipe de psiquiatras do Departamento de Psiquiatria e Ciências Comportamentais da Faculdade de Medicina Baylor, no Texas. Ele publicou um artigo com o título "Ernest Hemingway: A Psychological Autopsy of a Suicide", na revista *American Psychiatry*, em 2006, analisando cerca de 15 das biografias do escritor para tentar chegar a um diagnóstico póstumo de sua situação psicológica.

A conclusão, apesar de não ser uma surpresa – dado o fim trágico de Hemingway –, não foi nada boa para o lado do autor de *Por quem os sinos dobram*. Martin identificou facilmente que o escritor sofria de "transtorno bipolar, dependência de álcool, lesão cerebral por trauma e provavelmente traços de personalidade borderline e narcisista". A propensão para ser maníaco-depressivo era uma coisa da família Hemingway. Pai, mãe, irmãos, o filho e a neta de Ernest tinham a mesma inclinação. E vários casos de suicídios.

No caso de Ernest, a genética associada a traumas da infância levaram ao quadro psicológico que acabou no triste fim do escritor. Sua arte era, claro, a forma que ele tinha de lidar com tudo isso. Mas em 1960, Hemingway entrou em um bloqueio criativo permanente e não conseguia mais escrever. No lugar do trabalho, entraram a depressão e os delírios paranoicos. Ele acreditava que dois homens que ele viu trabalhando até tarde em um banco eram agentes federais procurando irregularidades em sua conta. Acreditava que seus amigos estavam tentando matá-lo, achou que fosse ser preso quando seu carro esbarrou em outro no trânsito. Todo esse fardo pesado, associado à perda de memória causada pelos choques, foi a real *causa mortis* de um dos maiores escritores do mundo.

CAPÍTULO 5
A nova moda de cortar cérebros

É bem óbvio, para todo mundo que já assistiu a *O silêncio dos inocentes*, que cortar cérebros não é uma boa ideia. É óbvio também para quem não viu, mas tem um pinguinho de bom senso. Mas não era óbvio para os médicos dos séculos XIX e XX, que achavam uma ótima ideia cortar fora pedacinhos do cérebro de seus pacientes para "curá-los" de suas doenças mentais.

Para sermos totalmente justos, devemos dizer que, na verdade, até eles mesmos não achavam uma solução tão genial assim. Mas era o "o que tem pra hoje" da época. Até as últimas décadas do século XX, não existiam muitos tratamentos satisfatórios para o sofrimento mental. E aí, médicos, pacientes e suas famílias se agarravam ao que era possível – inclusive à ideia de tirar um pedaço de cérebro – para melhorar a situação.

A origem da nova "moda" de picotar cérebros foi em 1935, quando o neurologista português António Egas Moniz fez a primeira cirurgia, que ele batizou de "leucotomia", em um hospital de Lisboa. Essa operação foi feita com o objetivo de tratar a doença mental e consistia de fazer buracos no crânio dos pacientes para ter acesso ao cérebro. A façanha – acredite ou não – rendeu a Moniz o Nobel de Medicina em 1949.

Ele pegou essa ideia do médico suíço Gottlieb Burckhardt que, em 1880, experimentou remover uma parte do córtex cerebral (região cerebral responsável por praticamente todas as funções) de pacientes que tinham alucinações auditivas (ouviam vozes) e outros sintomas da esquizofrenia. Ele operou 6 desses pacientes e, em 50% dos casos, notou "sucesso" da cirurgia – quer dizer, os pacientes ficaram "mais calmos" (para não dizer que ficaram apáticos). Um morreu e outro se suicidou depois do procedimento, mas, aparentemente, isso não era um problema.

Avançando de novo no tempo, para a Lisboa do início do século XX, lá estava Moniz tratando seus pacientes. O lobo frontal era o alvo do tratamento, porque a estrutura já era, naquela época, associada ao comportamento e à personalidade. Moniz apresentou a leucotomia como uma solução para depressão, esquizofrenia, síndrome do pânico (sim, ela já existia, mesmo na relativa calmaria da década de 1930) e manias. Em 1936, o psiquiatra estadunidense Walter Freeman fez a primeira psicocirurgia do lado de cá do Atlântico – que ele rebatizou de "lobotomia" – em uma dona de casa do Kansas. Cheio das boas intenções, Freeman acreditava que, cortando certos nervos no cérebro, ele conseguiria eliminar o "excesso" de emoções e estabilizar uma personalidade.

Uma coisa não se podia negar: os pacientes ficavam, de fato, mais calmos. Mas o preço a ser pago por isso era irracionalmente alto: depois da operação, os doentes costumavam ficar apáticos, letárgicos, tinham uma sensação anormal de fome, desenvolviam problemas de visão, incontinência urinária e das fezes, vômitos e ficavam com a temperatura corporal aumentada, numa espécie de febre constante. Há relatos de que os pacientes ficavam com o raciocínio mais lento, perdiam a astúcia e, às vezes, perdiam completamente a capacidade de demonstrar emoções, não tinham interesse por nada e pareciam estar "sem energia" para viver.

Alguns especialistas da época – muitos dos quais eram extremamente críticos com a prática – diziam que os pacientes que passavam pela lobotomia desenvolviam uma síndrome chamada de *stimulus-bound* (algo como "ligado a estímulos"). Eles reagiam a qualquer coisa que fosse colocada na frente deles, mas não reagiam a nada que exigisse imaginação, seguir regras ou fazer planos para o futuro.

Muitos pacientes submetidos à lobotomia engordavam, porque, se tivesse comida na frente deles, eles comiam mesmo se estivessem sem fome. Outros ficavam sexualmente promíscuos, buscando recompensa imediata sem pensar nas consequências. Poucos conseguiam fazer planos, ou trabalhar orientados por metas. Estabelecer um objetivo requer um raciocínio complicado, e isso ficava acima das capacidades desses pacientes, que tendiam a ficar ligados a estímulos imediatos.

Só nos Estados Unidos, há registros de que a lobotomia tenha sido realizada em mais de 50 mil pacientes. Freeman, em pessoa, fez entre 3,5 mil a 5 mil dessas cirurgias. No Brasil, as lobotomias chegaram ainda em 1936, e há registros de que mil dessas intervenções tenham sido feitas no Hospital Psiquiátrico Juquery, em São Paulo, onde trabalhava o neurocirurgião Aloysio de Mattos Pimenta. Ele trouxe a técnica para o país, mas foi rapidamente seguido por outros cirurgiões.

Por aqui, a lobotomia foi utilizada para fins terapêuticos, mas também para fins de pesquisa, já que fazer experimentos com animais era mais difícil na época. Já nos Estados Unidos, a cirurgia tinha a tarefa de controle social. Nas décadas de 1930 a 1950, havia centenas de milhares de hospitais psiquiátricos no país, todos hiperlotados e caóticos. Dando um "pique" no cérebro dos pacientes mais agitados e trabalhosos, as equipes desses estabelecimentos conseguiam manter o controle dentro da instituição.

As primeiras leucotomias consistiam em abrir um buraco no crânio do paciente e injetar etanol no cérebro para destruir as fibras que conectavam o lobo frontal às demais partes do cérebro. Depois, Egas Moniz "aprimorou" a técnica, introduzindo um instrumento que se chamava "leucótomo". Basicamente, era um arame circular que, quando rotacionado, produzia uma lesão circular no cérebro.

Mais tarde, Walter Freeman e James Watts adaptaram a técnica para a conhecida "Freeman-Watts lobotomia pré-frontal padrão". O procedimento deles se inspirou em um anterior, desenvolvido pelo italiano Amaro Fiamberti, que descobriu uma forma de acessar o lobo pré-frontal através do globo ocular. Trabalhando em cima dessa técnica, Freeman chegou, em 1945, à lobotomia transorbital, quase um procedimento clínico, que não exigia a presença de um cirurgião nem de uma sala de operações.

Na lobotomia transorbital, o especialista usava um instrumento parecido com um picador de gelo, que era introduzido por dentro da cavidade ocular do paciente usando – prepare-se – um martelo. Depois, esse instrumento era "chacoalhado" dentro da cabeça do paciente para separar os lobos frontais do tálamo (parte que recebe e processa os estímulos sensoriais). Todo o procedimento durava cerca de dez minutos, e o paciente era "sedado" com eletrochoque antes de o "show" começar. Ainda assim, algumas pessoas continuavam achando isso uma boa ideia.

Achavam boa ideia, inclusive, fazer a lobotomia em crianças. O paciente mais novo de que se tem registro foi Howard Dully, na época, com 12 anos. Sua cirurgia foi realizada pelo próprio Freeman em 1950, sob a justificativa de sua madrasta achar que o menino desobediente sonhava acordado demais e se recusava a ir para a cama à noite. "Comportamento típico de um menino de 12 anos", foi o que vários outros médicos disseram. Mas Freeman achou normal fazer a lobotomia mesmo assim. E fez.

Em 2006, a *National Public Radio*, estação de rádio dos Estados Unidos, entrevistou Dully, que já estava com 56 anos e trabalhava como motorista de ônibus. "Se você me visse, nunca diria que eu passei por uma lobotomia. A única coisa que iria perceber é que eu sou um cara bem alto e peso cerca de 170 kg. Mas eu sempre me senti diferente – me perguntava se faltava alguma coisa na minha alma. Eu não tenho nenhuma memória da operação, e nunca tive coragem de perguntar à minha família sobre ela", contou à rádio.

A prática só começou a ceder lá por meados da década de 1950, com o desenvolvimento dos antipsicóticos e antidepressivos, que eram mais eficientes e causavam menos danos. Em 1947, foi promulgado o Código de Nuremberg, documento concebido para regulamentar e restringir os abusos de experimentação em seres humanos, muito comuns durante a recém-terminada Segunda Guerra Mundial. Assim, vários países, como Alemanha, Japão e União Soviética passaram a proibir o procedimento. No Brasil, a técnica foi utilizada até 1956.

Freeman realizou esse tipo de cirurgia até 1967, quando foi permanentemente proibido de fazê-las. O que levou à proibição foi o fato de, depois de fazer a terceira lobotomia em uma paciente, ela ter tido uma hemorragia cerebral, que a levou à morte.

❧ CAPÍTULO 6 ❧
A irmã de JFK

A família Kennedy é uma das mais conhecidas, não só nos Estados Unidos, mas no mundo todo. E eles têm todos os motivos para isso: foi desse clã que saiu o segundo presidente mais jovem dos Estados Unidos (o primeiro foi Theodore Roosevelt), e o primeiro mais jovem a ser eleito. Aos 43 anos, John F. Kennedy foi também um dos presidentes mais populares que os *yankees* já tiveram.

Apesar de todo o *glamour*, dizem as más línguas que os Kennedy são amaldiçoados, pois a quantidade de tragédias envolvendo essa família não está no gibi. O assassinato público do presidente JFK em pleno mandato é o mais famoso deles – e mundialmente comovente –, mas trágicos acidentes também estão na lista dos infortúnios da família.

Eles também têm seus segredos, e um dos mais obscuros foi a lobotomia de Rosemary Kennedy, uma das irmãs de JFK. A situação de Rosemary foi uma vergonha para a família, escondida a sete chaves até 2014, quando seu sobrinho Timothy Shriver botou a boca no mundo e lançou um livro contando toda a história.

Rosemary era a terceira filha de Joseph P. Kennedy e Rose Kennedy. Ao contrário dos outros oito irmãos, todos brilhantes, Rosie era menos equilibrada emocionalmente, tinha dificuldades de aprendizado e nunca se encaixou no ideal da família. Seu humor era mais instável, e ela costumava ter acessos de raiva de tempos em tempos. Talvez seu comportamento fosse fruto da frustração de não conseguir acompanhar os irmãos. Talvez fosse consequência de falta de oxigênio no cérebro durante o nascimento. Para esperar o médico chegar à sala de parto, a enfermeira que acompanhava Rose atrasou a vinda de Rosemary ao mundo, o que pode ter deixado esse tipo de "sequela" em seu temperamento.

"Ela cresceu em um tempo em que havia uma vergonha imensa rodeando crianças com necessidades especiais. As pessoas não queriam admitir isso", contou Shiver em uma entrevista à revista *People* no lançamento do livro.

Conforme Rosie foi crescendo e entrando na adolescência, seus "ataques" se tornaram cada vez mais intensos. E ela foi ficando cada vez mais difícil de ser controlada. Nessa mesma época, no início dos anos 1940, o patriarca Kennedy estava empenhado em fundar as bases para a carreira política de seus outros filhos. Segundo os livros *O senhor Kennedy: Rosemary Kennedy e as ligações secretas de quatro mulheres* e *Rosemary: the Hidden Kennedy Daughter*, ambos publicados em 2015, Joseph se preocupava com a possibilidade de Rosie "desonrar" a família. A menina estudava em um colégio interno, mas começava a se aventurar em passeios noturnos por Washington.

Foi nessa época que Joseph Kennedy conheceu a novíssima técnica da lobotomia desenvolvida por Walter Freeman e achou que a solução de seus problemas morasse ali. Em 1941, ele agendou – dizem que secretamente – o procedimento para sua filha Rosie. De acordo com a descrição de Freeman, "nós entramos (no cérebro) pela parte superior da cabeça, acho que ela estava acordada. Ela havia tomado um tranquilizante leve. Fiz uma incisão cirúrgica no cérebro através do crânio. Foi quase na testa, em ambos os lados. Fizemos só uma pequena incisão, não mais do que dois centímetros".

Enquanto isso, os médicos pediam a Rosemary que cantasse "God Bless America" e contasse uma sequência de números. Era assim que eles sabiam "o ponto certo" de parar a cirurgia. Quando as coisas que ela falava pararam de fazer sentido, eles interromperam. Mas já era tarde, e eles haviam ido longe demais. Rosemary nunca mais foi a mesma.

Desse dia em diante, Rosie Kennedy perdeu a alegria e a vivacidade que tinha. Ela também não conseguia mais andar nem falar, ficou com o lado esquerdo do corpo paralisado, desenvolveu incontinência dos esfíncteres, e passou a ter olhar vago. Segundo seu sobrinho Timothy Shiver, ela ficava horas olhando para as paredes brancas. Em um misto de vergonha e culpa, Joseph Kennedy mandou a filha para um hospital psiquiátrico ao norte de Manhattan. Lá, Rosie ficou por mais de seis décadas, duas delas sem receber a visita de nenhum de seus parentes.

Seu pai escondeu a verdade dos outros membros da família e disse que Rosie havia piorado, o que fez os médicos recomendarem a internação sem visitas. Sua mãe, Rose Kennedy, só foi ver a filha vinte anos depois da operação, em 1961. Ela alegou que seu marido havia escondido o que acontecera com a filha por esse tempo todo. O encontro, como era de se esperar, foi um desastre. Rosie ficou furiosa e batia no peito da mãe, como se quisesse berrar "onde você esteve por todos esses anos?".

A partir daí, ela passou a ser visitada por outros parentes, inclusive por sua irmã Eunice Kennedy Shriver, mãe de Timothy Shriver. E então Rosie voltou a participar de alguns eventos familiares, como almoços íntimos. Ela morreu em 2005, aos 86 anos, de causas naturais.

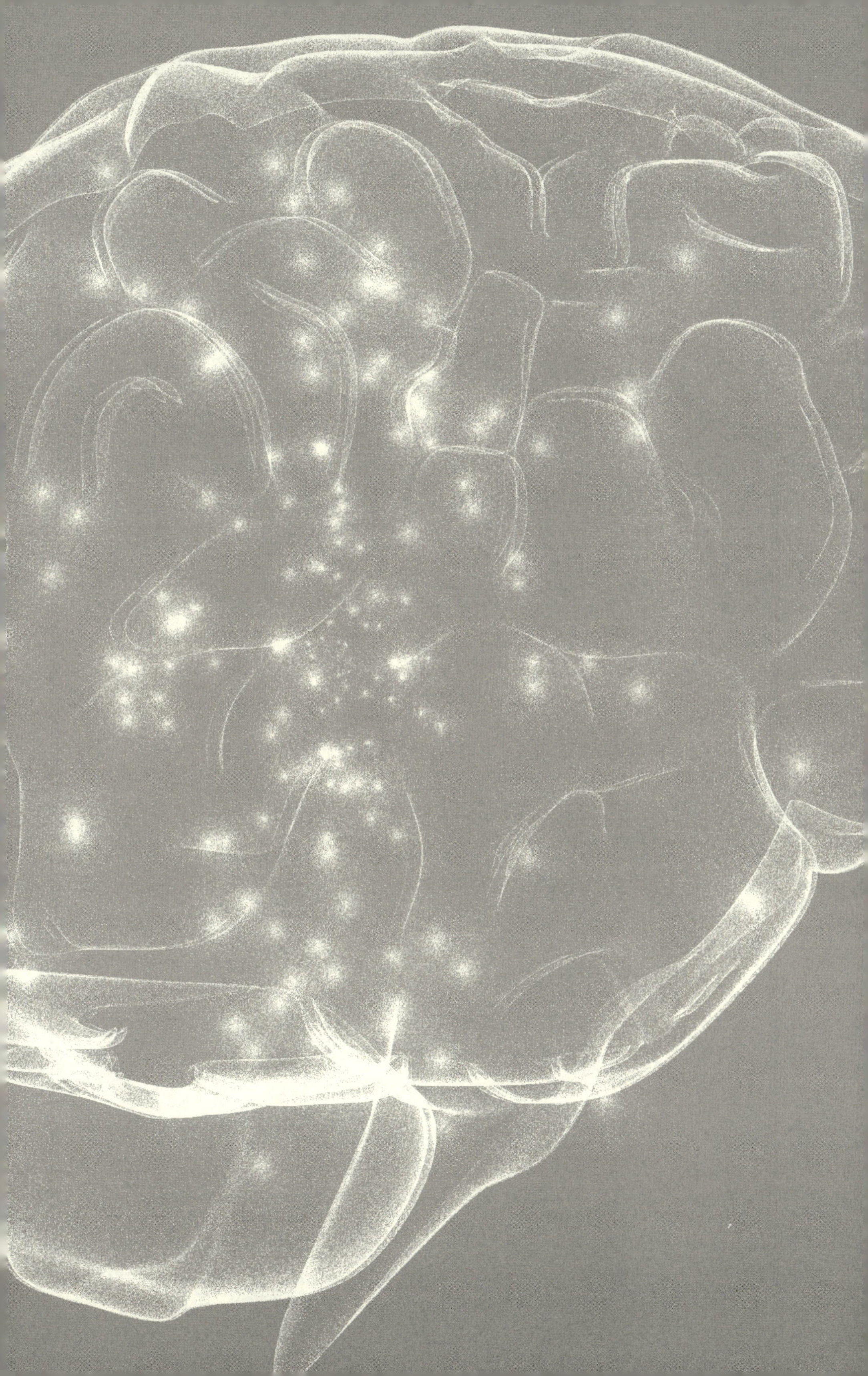

Parte 2

FALA QUE EU TE ESCUTO
FREUD

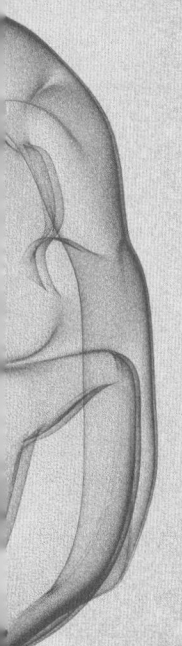

Ele nasceu Sigismund Schlomo Freud, em Freiberg, na Morávia, em 1856. Mas passou para a história como Sigmund Freud, o Pai da Psicanálise. Era filho de um comerciante e se mudou para Viena para estudar medicina.

Freud era um acadêmico nato e levou cerca de oito anos para se formar na faculdade. Nesse tempo, fez pesquisas com os maiores médicos, professores e coordenadores de laboratórios do país e até se destacou em algumas delas. Foi reconhecido por suas pesquisas sobre a sexualidade das enguias (o que já marcava seu interesse pela questão da sexualidade desde cedo), depois estudando o cérebro de peixes e de seres humanos, e em outros trabalhos da área médica.

Mas isso, para ele, não era suficiente. Freud achava que a mente humana possuía outros processos, que não eram possíveis de se enxergar no microscópio, nem olhando bem de perto. Foi assim que começou a elaborar suas teorias sobre a mente humana e criou a psicanálise, pela qual ele lutou até o fim de sua vida para que fosse reconhecida como uma nova ciência.

Sua primeira teoria descrita foi a dos sonhos. Em 1899, escreveu *A interpretação dos sonhos*, uma revolução na forma como essas mensagens da mente eram vistas pelos cientistas da época. De repente, os sonhos não eram mais uma ferramenta dos adivinhadores do futuro e passaram a ser um instrumento científico para entrar em partes da mente que nem o próprio sujeito que sonha sabia que existiam. Os sonhos revelam desejos, até (ou principalmente) aqueles inconfessáveis, e Freud elaborou uma teoria capaz de desvendar todos os mistérios deles.

Depois, ele partiu para sua famosa teoria sobre a sexualidade. Um escândalo para o início do século XX, Freud afirmava que a nossa sexualidade não é algo que surge junto com a puberdade e a efervescência dos hormônios. Ela é um aspecto da nossa vivência que se manifesta desde o dia do nascimento e passa por várias fases na infância, até chegar à forma de expressão mais madura, que tem os órgãos genitais como centro.

Essa teoria fez Freud sofrer. Ela era tão moderna que os médicos e psicólogos da época nem conseguiam assimilar direito. Freud foi perseguido e achincalhado nos círculos científicos. Em Viena, em outros países da Europa e até nos Estados Unidos, os congressos sobre distúrbios mentais ou ignoravam tudo o que Freud tinha a dizer sobre o assunto, ou aplaudiam as opiniões que defendiam que tudo o que ele dizia eram fantasias sem nenhum cabimento.

Apesar de brilhante, a trajetória profissional de Freud não foi fácil. Durante um bom tempo, ele não era ninguém na cena acadêmica de Viena. Depois de anos de trabalho, inclusive com coisas que o matavam de tédio, ele finalmente começou a ter algum reconhecimento. Mas ainda não tinha nenhum dinheiro. Freud se apaixonou por Martha Bernays, mas não podia se casar, porque não tinha a menor condição de sustentar uma família. Foi somente em 1886, quatro anos depois do noivado, e depois também de Freud ter ido a Paris fazer um intercâmbio com Jean-Martin Charcot, que ele conseguiu realizar seu sonho de começar uma família com Martha.

Toda a vida de Freud foi marcada por relações com outros homens que cumpriam um papel sempre ambíguo. Com Josef Breuer não foi diferente, essa relação era de uma grande amizade, mas também tinha um quê de pai e filho. Breuer era quinze anos mais velho que ele e assumiu o papel da figura paterna que Freud não tinha em Viena. A relação deles foi bem até certo ponto, quando Freud começou a sentir a necessidade de romper com Breuer.

O episódio crítico que levou ao distanciamento dos dois foi quando Breuer contou a Freud sobre o caso de sua paciente Anna O., e o pupilo discordou de partes fundamentais do tratamento e de como Breuer abordou a questão. Ele começou a achar que o amigo não era aquilo tudo que ele havia idealizado. Essa decepção, junto com o orgulho de Freud, acabou levando ao fim da amizade entre eles.

Todos esses percalços da vida de Freud acabaram fazendo parte também do campo da ciência que ele inaugurou e de toda a sua teoria. O médico não teve vergonha de se expor e se autoanalisar para construir suas obras e conceitos psicanalíticos. Tudo que ele via e vivia era alimento para elaborar sua ciência. Foi assim que o mundo ganhou um dos maiores pensadores que já viveram, e ganhou também uma nova forma de enxergar a mente e as relações entre as pessoas.

CAPÍTULO 7
Amor e ódio de Freud e Breuer

Lembra-se do papo de que "por trás de um grande homem, há sempre uma grande mulher"? No caso de Freud, o que houve foram vários outros grandes homens. O Pai da Psicanálise teve diversos mentores e modelos que ele seguiu ao longo da vida, e que acabaram por levá-lo a se tornar um dos maiores nomes do mundo.

O fisiologista Ernst Brücke, por exemplo, foi uma figura que Freud admirou a ponto de querer ser igual a ele "quando crescesse". No laboratório de fisiologia do professor e amigo, o aspirante a fisiologista (que, na época, ainda era um acadêmico de medicina) passou um tempo feliz, pesquisando o sistema nervoso dos peixes e dos humanos. Ele tinha em Brücke uma figura paterna, e até batizou seu quarto filho como Ernst, em homenagem ao velho amigo e professor.

Depois, foi a vez do psicólogo Jean-Martin Charcot influenciar Freud e sua teoria. Em 1885, Freud conseguiu uma bolsa da Universidade de Viena para fazer um intercâmbio em Paris. Lá, ele conheceu Charcot e a revolução que o médico estava fazendo na psicologia, usando a hipnose para curar pacientes com sintomas resultantes de desequilíbrios emocionais.

Nessa época, Freud não era lá muito fã dessa parte prática da ciência, e quase morria de tédio atendendo pacientes. Ele achava que faria um serviço de maior utilidade para a humanidade realizando pesquisas e elaborando teorias que iriam ficar de legado para o resto do mundo por gerações e gerações. Se, por um lado, ele estava certo, por outro, estava totalmente errado.

Charcot, que também era um pesquisador, reconhecia a importância da teoria, mas sabia que ela não existia sem a prática clínica. Aliás, para ele, as horas de consultório forneciam um material rico para elaborar a teoria. Afinal, de onde tiraria os estudos de caso que serviriam de base para os artigos, senão dos pacientes da vida real?

Essa lição de Charcot deixou uma impressão forte em Freud. Quando voltou para Viena, ele mudou completamente sua forma de fazer ciência. Desde que estudou com Charcot, Freud passou a ser muito mais aberto a atender os pacientes e fazer os estudos dos casos. A mudança causou efeito, porque foi só depois disso que Freud começou a desenvolver suas teorias que, depois, viriam a se transformar na famosa psicanálise.

Mas, quando ainda trabalhava no laboratório de Brücke, Freud conheceu o homem que seria uma das figuras mais importantes de sua vida. É de Josef Breuer que estamos falando. Os dois desenvolveram uma grande amizade, com laços muito fortes, mas essa história não teve um final exatamente feliz.

Breuer era cerca de quinze anos mais velho que Freud, já um pesquisador respeitável e casado com Mathilde Breuer. Freud, então um estudante sem dinheiro e sem prestígio, terminou ficando amigo de toda a família. Ele até acabou prestando uma de suas homenagens preferidas à família Breuer, batizando uma de suas filhas com o nome de Mathilde.

Os Breuer também não deixavam por menos. Eles acolheram o estudante pé-rapado, e o recebiam para almoços, jantares e eventos sociais. Mesmo indo bem nas pesquisas e no trabalho, o jovem Freud, que estava noivo de sua amada Martha Bernays, não tinha um tostão furado para se casar com ela. Para dar uma forcinha ao amigo bem mais jovem, como um pai, Breuer dava dinheiro a Freud e chamava carinhosamente de "empréstimo", para não constranger o rapaz. Foi ele também quem encaminhou os primeiros pacientes de Freud, em 1886, depois que o estudante voltou de seu intercâmbio em Paris com Charcot.

A amizade dos dois seguiu na parceria até o início dos anos 1890, quando eles publicaram juntos o trabalho *Estudos sobre a histeria*. O principal caso desse livro era um dos mais famosos da história da psicanálise: o de Anna O., paciente de Breuer. Foi nesse caso que Freud começou a discordar muito do amigo em termos psicanalíticos, mas parece que isso "talhou" a relação inteira deles.

Ainda vamos conhecer o caso de Anna O. com mais calma, mas, resumidamente, Freud discordou da forma como Breuer fez a abordagem e o tratamento da paciente. Houve certo envolvimento pessoal além do usual, e Freud ficou incomodado com a postura do amigo. Mas também não era só isso que estava deixando o Pai da Psicanálise irritado.

Freud queria muito encontrar uma forma de pagar de volta a Breuer todos os empréstimos que tinha recebido do amigo na época das vacas magras. Mas Breuer se recusava a receber, porque tinha dado o dinheiro de bom grado e não havia necessidade de devolução. Isso, sim, foi o suficiente para ferir o orgulho de Freud e colocá-lo contra uma das pessoas que mais o ajudou a chegar aonde chegou.

Olhando só para o próprio umbigo, Freud talvez não tenha se dado conta de como foi ingrato. Por mais de dez anos, Breuer foi quase como um pai para ele: deu dinheiro, o acolheu em sua casa, fez dele parte da família. E agora, Freud bancava o orgulhoso e queria devolver centavo por centavo o que o amigo havia lhe dado – como se também fosse possível devolver os pacientes que ele havia indicado, os almoços, jantares, o afeto, a amizade.

As coisas começaram a ficar estranhas entre eles em 1891, quando Freud ficou ressentido com a forma como Breuer recebeu a obra *Sobre a concepção das afasias*, que o jovem havia lhe dedicado. "Mal me agradeceu", reclamou Freud em uma carta à sua cunhada, Minna, com quem trocava muitas ideias sobre a vida, o Universo e tudo mais. E continuou o mimimi: "[Breuer] estava muitíssimo embaraçado e disse todos os tipos de coisas incompreensivelmente negativas sobre ele, não lembrou nada de bom; no final, para amenizar, [fez] o elogio de que estava muito bem escrito". Possivelmente, Freud estava esperando um show de fogos de artifício e, como o amigo lhe retribuiu com uma reação tímida, ele ficou magoado. Mas não dá para culpá-lo: a psicanálise nem tinha nascido ainda para ele saber que nós não somos responsáveis pela reação das outras pessoas, e que também não devemos criar expectativas nesse sentido.

Em 1892, as coisas não melhoraram e, no ano seguinte, desceram ladeira abaixo. Freud estava escrevendo junto com Breuer o relatório preliminar sobre a histeria e começou a achar que o amigo estava "se colocando no caminho do meu avanço em Viena". Em 1894, eles pararam de trabalhar, pesquisar em parceria e de ter qualquer ligação científica. Dois anos depois, Freud já havia chegado ao ponto de começar a evitar Breuer, até na esfera pessoal.

Daí em diante, a relação dos dois chegou ao fundo do poço. "Minha raiva contra Breuer recebe sempre novo alimento", Freud confessou em 1898. E Breuer, por sua vez, cansou de sofrer calado. Um dos pacientes de Freud contou a ele que o outro andava dizendo por aí que havia "renunciado a seus contatos" com Freud, porque o jovem não "consegue concordar com meu estilo de vida e a administração das minhas finanças". É claro que Freud odiou ouvir isso – mesmo devendo praticamente tudo o que tinha a Breuer. Ou, talvez, por isso mesmo.

Com todo esse atrito gerado entre ele e Breuer, Freud já vinha trocando de melhor amigo. Quando a amizade entre os dois fisiologistas chegou ao ponto da raiva e das provocações, o jovem médico já havia substituído Breuer completamente. Agora, seu maior parceiro era Wilhelm Fliess, um otorrinolaringologista de Berlim, que havia chegado a Viena em 1887. Breuer indicou que ele assistisse a algumas palestras de Freud sobre neurologia, e os dois acabaram virando cúmplices de vida, em uma troca de cartas que só foi ficando mais íntima com o passar dos anos. E o pobre Breuer foi esquecido na gaveta das transferências de Freud.

CAPÍTULO 8
Romance profissional com Anna O.

Se tivesse sido só o pomo da discórdia entre Freud e Breuer, o caso de Anna O. já mereceria destaque na história da psicologia. Mas essa paciente foi muito mais que isso para a psicanálise. De acordo com Peter Gay, um dos biógrafos mais importantes de Freud, esse foi o "caso fundador da psicanálise".

Anna O., que, na verdade, se chamava Bertha Pappenheim, foi uma jovem paciente de Josef Breuer tratada por ele de dezembro de 1880 a junho de 1882 como um quadro de histeria. Freud só teve contato teórico com ela, mas, como ele discutiu muito o caso com o amigo e colega de profissão, Anna acabou sendo a paciente zero da teoria freudiana.

A garota, na época com 21 anos, começou a desenvolver uma série de sintomas físicos e psicológicos que não podiam ser ignorados. Ela sofria de uma paralisia severa do lado direito do corpo, acompanhada de perda de sensação nas extremidades. De vez em quando, os sintomas atacavam o lado esquerdo também.

O movimento de seus olhos era irregular, e sua visão começou a ficar afetada. Anna tinha uma tosse nervosa e dificuldade para manter a cabeça na postura correta. Também desenvolveu dificuldades para se alimentar e, em uma ocasião específica, Anna O. ficou semanas sem conseguir beber água, apesar de sentir que estava morrendo de sede. Seu poder de fala ficou reduzido até o ponto de ela não conseguir mais falar ou entender sua língua-mãe, o alemão. Ela só conseguia se comunicar em inglês. Como se tudo isso não fosse suficiente, a jovem tinha episódios de "ausência". Ela ficava confusa, tinha delírios e alternações de personalidade – e isso será importante para a evolução do caso.

Com tantos sintomas incapacitantes, era fácil acreditar que essa moça estivesse sofrendo de alguma doença gravíssima, com prognóstico terrível e poucos meses de vida pela frente. Mas algumas características da história de Anna O. não deixavam dúvida de que se tratava de um caso clássico do que conheciam na época como "histeria". Primeiramente, o fato de ela ser uma paciente bastante jovem. Além disso, à parte os sintomas, ela não tinha nenhum problema fisiológico: cérebro, coração, rins, fígado, tudo funcionava certinho. E, mesmo assim, Anna apresentava os sintomas esquisitos.

Um último detalhe dava a certeza de que aquela paciente não era caso para médicos, mas para psicólogos: quando Anna O. começou a manifestar os primeiros sintomas, estava cuidando de seu pai, a quem ela era muito apegada, e que estava com uma doença grave que o levou à morte.

Tudo muito bonito na teoria, mas a verdade é que, quando recebeu Anna O. em seu consultório, Breuer não sabia o que fazer com aquela jovem e aquele monte de sintomas desconexos – afinal, a psicanálise ainda não havia sido criada, e os terapeutas da época não tinham um manual do que fazer com esse tipo de pacientes.

"A abordagem do dr. Breuer com sua paciente não merece reprovação. Ele ofereceu a ela compaixão e interesse, apesar de, para início de conversa, não saber como poderia ajudá-la", contou Freud quando escreveu sobre o assunto em *Estudos sobre a histeria*, de 1895. E, por fim, quem acabou dando as dicas de como aquele caso seria solucionado foi a própria Anna, que era uma moça bem inteligente e bastante estudada em relação às mulheres da época. Ela deu uma descrição bem precisa de seu caso, dos sintomas, do que sentia e do contexto que fazia com que as coisas descessem ladeira abaixo.

A partir daí, Breuer observou que, enquanto a paciente estava em seus estados de "ausência", ela tinha o hábito de balbuciar algumas palavras para si mesma, e parecia que essas palavras vinham de algum "trem de pensamento" que estava ocupando sua mente. Depois de fazer um relatório dessas palavras, Breuer começou a colocar Anna em transes hipnóticos e a repetir as mesmas palavras para ela, de forma a induzi-la a usar essa lista como um ponto de partida para começar a falar sobre seu trauma. A paciente obedientemente (claro, estava hipnotizada) seguia o plano e, assim, reproduzia, na presença do terapeuta, as maquinações que vinham ocupando sua mente durante as "ausências".

O que Breuer descobriu com as sessões foi que esses pensamentos eram fantasias extremamente melancólicas, algumas vezes até bonitas, e seu ponto inicial era sempre ela na posição de uma menina à beira do leito de seu pai doente. Quando ela já havia contado uma série dessas fantasias para Breuer, era como se ela conseguisse se libertar, e então o terapeuta a trazia para seu estado mental normal de atenção.

O problema era que esses alívios duravam somente algumas horas e, no dia seguinte, Anna O. tinha outro episódio de ausência e voltava a ter todos os sintomas. E aí, novamente, lá ia o dr. Breuer hipnotizar a garota, fazê-la repetir as fantasias, aparentemente livrá-la do trauma e tirá-la da hipnose. Dia após dia, de novo e de novo. Conforme concluiu Freud: "Era impossível concluir outra coisa senão o fato de que a alteração em seu estado mental expressada em suas 'ausências' era o resultado de um estímulo proveniente dessas fantasias altamente emocionais".

Esse foi o ponto do tratamento em que Anna se esqueceu completamente de sua língua-mãe, o alemão. Sorte ela falar também inglês, senão teria ficado muda e incomunicável, porque nem entender sua primeira língua ela entendia. E foi nessa época também que a própria Anna percebeu que falar sobre o problema ajudava a se livrar dele – mesmo que temporariamente. De brincadeira, ela apelidou o método de "cura pela fala", ou de "limpeza da chaminé".

Pouco depois, ela e Breuer acabaram descobrindo que era a fala em si – e não a fala pela hipnose – que conseguia aliviar os sintomas. "Era realmente possível fazer desaparecerem os dolorosos sintomas de sua doença se ela pudesse ser levada, pela hipnose, com o acompanhamento de um especialista, a se lembrar em que ocasião e em quais conexões os sintomas apareceram pela primeira vez", concluiu Freud.

Breuer fez o teste, e a teoria deu certo. Freud e ele contam, em *Estudos sobre a histeria*:

> Era verão, um período de calor extremo, e a paciente estava sofrendo de muita sede. Sem conseguir explicar isso de forma alguma, ela de repente achou impossível conseguir beber. Ela pegava o copo de água que havia tanto desejado, mas, tão logo ele tocava seus lábios, ela o repelia, como alguém sofrendo de hidrofobia. Quando fazia isso, ela estava obviamente em uma ausência de poucos segundos. Ela vivia de frutas, como melão, para aliviar sua sede atormentadora. Isso durou por umas seis semanas, quando, um dia, durante uma sessão de hipnose, ela reclamou de sua dama de companhia inglesa, de quem não gostava, e continuou a descrever, com

desgosto, a forma como ela uma vez havia entrado no quarto da dama de companhia e encontrado seu cão – uma criatura horrível! – bebendo água de um copo lá dentro. A paciente não disse nada para ser educada. Depois de outras expressões de raiva que ela havia segurado, pediu algo para beber, bebeu uma grande quantidade de água sem nenhuma dificuldade e acordou de seu transe hipnótico com o copo em seus lábios. E daí para frente a perturbação desapareceu, para nunca mais voltar.

Com esse método, Anna O. e Breuer foram eliminando um por um todos os sintomas da moça, até o último, a paralisia do braço direito.

Se o final dessa história foi feliz para Anna O., não podemos dizer o mesmo sobre todo o seu desenrolar e sobre o efeito que ela teve na relação entre Breuer e Freud. E coelho nesse mato é o que não falta. Anna era a típica jovem do século XIX, privada de tudo, enquanto seu irmão mais novo podia estudar e sair para explorar o mundo. Além disso, também como inúmeras outras jovens de sua época, ela foi a "sacrificada" para cuidar do pai velho e doente – enquanto o irmão aproveitava a vida. Apesar do amor enorme que ela sentia pelo pai, essa condição de enfermeira deixou Anna em uma posição complicada, porque, ao fim e ao cabo, o que ela vivia era uma vida solitária e tediosa.

Quando o dr. Breuer chegou para iniciar o tratamento de Anna O., quem estava entrando pela porta era um médico, daqueles bem tradicionais, com idade para ser pai da jovem, seu jaleco branco e sua malinha preta. Mas o que a garota enxergava era um homem maduro, extremamente inteligente, interessante e que ainda ouvia tudo o que ela tinha a dizer, dava atenção aos seus delírios, demonstrava cuidado por ela.

Um prato cheio para o que depois os psicanalistas chamariam de transferência, que é quando os desejos do paciente aparecem atualizados e projetados na figura do analista.

Apesar de Breuer não ter reconhecido isso a princípio (e mesmo depois, quando ele se deu conta, ficou constrangido demais para admitir), Anna O. teve uma "paixonite" pelo médico. Ele não fala disso diretamente nos relatos do caso, mas, pelo que dá a entender, parece que a moça tentou seduzir o analista – e, aparentemente, em certa medida, até conseguiu. Breuer passava uma quantidade de tempo enorme e bastante incomum na companhia da paciente e a visitou praticamente todos os dias por quase dois anos. Apesar das notas de Breuer sobre como Anna O. era "notavelmente pouco desenvolvida" do ponto de vista sexual, qualquer leitor atento vai reparar também em como ele descreve seus atributos físicos.

Da parte de Anna O., não há dúvidas de que tenha se apaixonado pelo médico. Ela ficava irritada e se recusava a receber parentes em casa, mas sempre havia espaço para o doutor em sua agenda e vida. Para Freud, o apelido que ela deu à análise, a "limpeza da chaminé", era uma metáfora para o ato sexual.

Do lado de Breuer, parece que a recíproca foi verdadeira, mas ele não tinha muita consciência disso. Já a sra. Breuer tinha bastante consciência e, depois de meses e meses ouvindo falar tanto daquela paciente a quem seu marido visitava, às vezes, mais de uma vez por dia, ela começou a ficar enciumada. Com medo de que seu casamento terminasse por conta desse caso, Breuer resolveu encerrar o tratamento de Anna O. e saiu em uma viagem romântica com a esposa. Mas aí a coisa azedou de vez.

Anna O. teve um surto histérico que obrigou o médico a voltar para atendê-la. Quando chegou à casa da paciente,

Breuer ficou aterrorizado ao encontrá-la com cólicas fortíssimas e uma gravidez psicológica. Em cima da cama, a jovem se contorcia e dizia "agora o bebê do dr. Breuer está chegando". Se havia alguma dúvida de que rolava um sentimento ali, esse episódio a afastou completamente.

Mesmo assustado, Breuer hipnotizou a moça e a acalmou de seu surto. Mas isso não significa que ele saberia lidar com a onda de emoções conflitantes que surgiriam desse episódio. Depois disso, o médico nunca mais viu Anna O. e passou o tratamento dela para um colega.

Essa incapacidade de reconhecer o fundo sexual dos sintomas de Anna O. e de lidar com ele, uma vez que esse caráter havia sido escancarado, frustrou muito Freud com relação ao amigo, que era também seu modelo. Freud viu na reserva de Breuer em lidar com a sexualidade da moça uma fraqueza, e começou a julgar que era superior a ele de alguma forma, pois foi capaz de desvendar todos os mistérios da história de Anna O., enquanto o amigo só havia conseguido ir até certo ponto. Apesar de existirem outras questões entre os dois, como já vimos, o caso de Anna O. foi o primeiro da psicanálise, mas também o pomo da discórdia, o começo do fim da amizade entre Breuer e Freud.

CAPÍTULO 9
Freud também tinha dificuldades

Olhando a vida e a obra de Freud agora, tudo parece muito bonito, uma carreira de sucesso, reconhecimento internacional, uma obra que inaugurou uma nova forma de interpretar e estudar a mente humana, uma revolução que deu início a diversas outras correntes psicanalíticas e abriu os horizontes. Mas, para sermos completamente justos com a história do Pai da Psicanálise, temos que ver também os tombos que ele tomou, além das "pingas" que bebeu. E não foi fácil.

Em junho de 1882, Freud era um estudante de medicina (ele adorava a vida acadêmica, por isso demorou quase nove anos para se formar na faculdade) de 26 anos e, como todo estudante universitário em qualquer lugar desde que o mundo é mundo, sem dinheiro. Ele havia acabado de ficar noivo de Martha Bernays, por quem se apaixonara logo no primeiro encontro dois meses antes, mas não tinha nenhuma perspectiva de se casar com ela, já que não fazia ideia de como iria sustentar sua futura família (e, naquela época, mulher trabalhar, nem pensar). No livro *Freud: uma vida para nosso tempo*, o biógrafo Peter Gay descreve:

> A mãe dela (Martha), viúva, enérgica e dogmática, tinha dúvidas quanto a Freud ser um partido conveniente. Não sem razão: Martha Bernays tinha prestígio social, mas não dinheiro; Freud, nem um nem outro. Era inegavelmente brilhante, mas, ao que parecia, condenado

a muitos anos de pobreza, sem nenhuma perspectiva imediata de uma grande carreira ou de alguma descoberta científica que lhe trouxesse fama e (o que agora importava muito mais) prosperidade.

Falando em português claro, Freud estava completamente ferrado. Nessa época (e pelos anos que viriam) ele ainda recebia a santa ajuda de Breuer, mas nem podia e nem queria, orgulhoso como era, viver na aba do amigo por muito tempo. A única forma de ganhar algum dinheiro e sair dessa pindaíba era começar a atender pacientes – coisa que Freud, acadêmico convicto nessa época, detestava. Mas não ia ter jeito.

Um mês e meio depois do noivado, Freud entrou para o Hospital Geral de Viena, onde ficou por três anos experimentando várias especialidades médicas, ganhando experiência e fazendo contatos para ter seus próprios pacientes em algum momento no futuro. "Mas precisava ser realista, pelo menos um pouco; a escada de promoções na carreira médica austríaca era íngreme e tinha muitos degraus. Freud começou na posição mais subalterna possível que havia no Hospital Geral: a de *Aspirant*, uma espécie de assistente clínico, e ascendeu a *Sekundararzt* em maio de 1883, quando entrou para a clínica psiquiátrica de Theodor Meynert", conta Gay em sua "biografia definitiva" do primeiro psicanalista. Dois anos depois, ele era docente da Universidade de Viena – um título que lhe concedia muito status, mas dinheiro, que era bom, pouco.

Foi só depois de ir para Paris conhecer os métodos de Charcot, que era um defensor fiel da prática clínica como a base para a criação da teoria, que o jogo começou a virar para Freud. Ele voltou mais entusiasmado com a obrigação de atender pacientes e, no início de 1886, saiu do Hospital Geral e abriu seu próprio consultório. Breuer e Hermann Nothnagel (professor de Freud) indicaram pacientes para o novato e, na primavera desse mesmo ano, depois de quatro anos de noivado, ele finalmente conseguiu realizar seu plano de se casar com Martha Bernays.

Mas o dinheiro não foi o único perrengue pelo qual Freud passou. Em 1890, sua vida doméstica e a prática médica já estavam mais estáveis. Ele vinha publicando alguns artigos sobre histeria, obsessões, fobias e neuroses de angústia – ou seja, produzindo a teoria de que tanto gostava. Mas nem sempre esses artigos eram bem recebidos pela comunidade científica, e o jovem, por sua vez, também não aceitava lá tão bem as críticas.

"Suas tensões emergiam em acessos de depressão e penosos sintomas físicos – alguns deles inquestionavelmente psicossomáticos. Por duas ou três vezes, atacado de catarro nasal, renunciou, com relutância e por ordens de Fliess (seu amigo otorrinolaringologista com quem Freud trocava cartas com frequência), a seus amados charutos", relata Gay na biografia do psicanalista. "Mas Freud não conseguia aguentar a proibição por muito tempo, e, com um espírito de desafio, logo recaía", entrega.

Além disso, ainda era difícil para ele traçar o limite de quanto revelar sobre um paciente em prol da ciência, porque isso poderia significar a quebra do sigilo, elemento sagrado na relação entre médico (ou psicanalista) e paciente. Um caso específico ensinou a ele sobre esses limites. Freud descreve o caso de Katharina, uma camponesa de 18 anos que o havia servido em uma estalagem austríaca nas montanhas.

Em uma carta ao amigo Fliess, ele descreve que a menina era filha da estalajadeira de uma hospedagem onde ficara em suas férias. Notando que era médico, ela contou a ele uma série de sintomas nervosos – fôlego curto, vertigens, uma terrível sensação de sufocamento – e pediu conselhos ao doutor sobre o que fazer em seu caso. Como relata Gay:

> As neuroses pareciam brotar por toda parte. Resignado e intrigado, Freud conduziu a "paciente" por uma conversa direta. Ela revelou (assim contou ele) que, quando tinha 14 anos, um tio seu havia feito várias tentativas brutais, mas malogradas, de seduzi-la, e que, cerca de dois anos depois, ela o vira deitado por cima de uma jovem prima sua. Foi quando começaram os sintomas.

Quando mais nova, ainda sem saber muito (ou quase nada) sobre sexo, a menina não havia associado as investidas do tio a tentativas sexuais. Ela havia achado inconveniente e nada mais. Mas, quando ela o viu em cima da prima, todas as peças do quebra-cabeça se juntaram. E foi aí que os sintomas do trauma começaram a se manifestar. Confirmando a teoria de Freud da cura pela fala, só o fato de contar a história ao médico fez com que a menina mudasse seu estado de ânimo e ficasse livre dos sintomas.

Mas a lição de Freud veio depois. Na verdade, trinta anos depois, quando ele acrescentou à obra *Estudos sobre a histeria* uma nota de rodapé em que ele revelava que não havia sido o tio, mas, sim, o pai quem abusara de Katharina. Revelar esse detalhe fez a consciência de Freud pesar. "Uma distorção como a que eu realizei nesta ocasião deveria ser absolutamente evitada num caso clínico", declarou ele. "Sem dúvida, os dois objetivos da psicanálise – proporcionar terapia e gerar teoria – geralmente são compatíveis e interdependentes. Mas às vezes entram em choque: os direitos do paciente à privacidade podem entrar em conflito com as demandas da ciência para a discussão pública", comentou o biógrafo Peter Gay.

Freud teria esse dilema mais vezes, e com seu paciente mais frequente e duradouro: ele mesmo. Como ele se autoanalisava o tempo todo e descobria coisas interessantes para a psicanálise com sua própria mente, não seria justo com a ciência que ele estava criando deixar todo esse conhecimento de fora. Mas com esse paciente ele conseguiu se entender melhor: Freud entrou num acordo consigo mesmo de que sua mente seria um livro aberto para a ciência, e, assim, acabou contando praticamente tudo em sua obra.

CAPÍTULO 10
Eu tenho um sonho

Os sonhos sempre foram alvo de interesse humano. Na cultura ojíbua, uma tribo dos povos nativos norte-americanos, os sonhos tinham a função de contar coisas sobre a natureza, o Universo e os segredos da vida. É deles o costume de pendurar filtros de sonhos nas casas para filtrar as energias e separar os sonhos ruins dos bons. Nas culturas grega antiga e egípcia, os sonhos eram a chave para a previsão do futuro, junto com as consultas aos oráculos, runas, astrologia e outras "ciências".

No século XIX, época de Freud, o que não faltavam nas livrarias e bancas eram livrinhos que ensinavam a interpretar sonhos a partir de símbolos. Sonhar com um gato geralmente significava que alguma coisa de ruim iria acontecer (pobres gatos). Já se uma coruja aparecesse no seu sonho era sinal de sabedoria, boas escolhas e bons conselhos vindos por aí.

Freud também acreditava que os sonhos tinham significados muito importantes, mas sua teoria estava anos-luz longe do que esses livrinhos mequetrefes diziam. Para ele, os sonhos eram a voz do inconsciente, que consegue vencer as barreiras do ego e mostrar os desejos reais da pessoa.

Ele defendia que havia uma técnica para a interpretação dos sonhos. A técnica era a mesma para todo mundo, mas os significados do que aparecia em cada sonho variavam de pessoa para pessoa. Faz sentido: se, para você, um gato pode trazer lembranças ruins daquele dia em que o animal arranhou seu rosto, para o seu vizinho pode trazer as lembranças mais fofas do gatinho que ele teve na infância. No livro *A interpretação dos sonhos*, de 1899, o Pai da Psicanálise revela todos os segredos sobre como decifrar essas mensagens quase criptografadas do inconsciente.

"Nas páginas que se seguem, vou apresentar provas de que existe uma técnica psicológica que permite interpretar os sonhos, e que, com a aplicação de tal procedimento, cada sonho se revela como uma estrutura psíquica dotada de sentido, que pode ser inserida a um ponto determinável das atividades mentais da vida desperta", ele escreveu no livro.

Para conseguir chegar ao real significado de cada sonho, o sonhador devia usar o método da associação livre – o mesmo que Freud e Breuer já estavam usando nas sessões com os pacientes, para fazê-los se livrarem de seus traumas e dos sintomas que vinham juntos. O sonhador e o analista deviam partir de cada elemento do sonho (tudo mesmo, tim-tim por tim-tim) e usá-lo como ponto de partida para a associação livre. Dá um trabalhão, mas só assim para conseguir descobrir o que cada mensagem significa.

Uma das primeiras coisas que Freud descobriu sobre os sonhos é que eles sempre são a realização de um desejo. Em alguns casos, é bem fácil perceber isso. Quando você, em plena terça-feira de trabalho, sonha estar em uma praia linda e ensolarada, de papo para o ar, tomando uns coquetéis, fica óbvio que você está realizando no sonho seu desejo de férias. Mas o que mais surpreende é saber que aqueles pesadelos terríveis, aterrorizantes e petrificadores também estão, de alguma forma, realizando um desejo bem lá do fundo do seu inconsciente. Nesses casos, a mensagem pode estar menos explícita, e Freud também ensina a interpretar o conteúdo do pesadelo e descobrir quais desejos são esses.

O principal conceito da psicanálise é o inconsciente, uma dimensão da mente à qual não temos acesso e que não segue a lógica racional consciente. Os caminhos pelos quais o inconsciente se manifesta são: os sintomas, chistes (aquelas piadinhas que fazemos quando precisamos falar algo, mas não queremos criar um "climão"), atos falhos e sonhos. Para entender melhor toda essa dinâmica dos sonhos horripilantes, é preciso compreender também as dinâmicas da mente segundo Freud. Ele acreditava que todos nós temos um id, um ego e um superego que trabalham ao mesmo tempo dentro de nossas mentes. O id é uma dimensão inconsciente de desejos. Ela tem uma necessidade de recompensas imediatas, quer tudo e agora.

O ego é a dimensão que vai balancear as coisas. Considera os prós e contras de tomar uma decisão, em vez de buscar somente o prazer imediato. Freud chama isso de princípio de realidade, que é quando o ego busca maneiras de satisfazer o id de um jeito mais socialmente aceito.

Já o superego é o nosso grilo falante, a voz da nossa consciência, onde guardamos nossos ideais morais e nossos valores. É ele quem vai nos dizer se um comportamento é bom ou mau, por exemplo. Freud diz que o superego se desenvolve em torno dos 5 anos de idade, e ele nos ajuda a fazer os julgamentos morais.

Então, supondo que você está morto de fome e pediu uma pizza, o id é aquela parte de você que quer devorar a pizza inteira e comer como se não houvesse amanhã. O ego é aquela voz que diz "uma pizza inteira vai fazer você passar mal daqui a 15 minutos. Controle-se". E o superego é a voz da consciência, dizendo se aquilo é certo ou errado. No caso da pizza, pode não haver muito julgamento moral envolvido. Mas as coisas mudam de figura se você resolve que aquela parte que não vai comer irá para o lixo. Aí talvez seu superego comece a dizer "Tsc, tsc, tsc. Com tanta gente passando fome, você vai desperdiçar esse tanto de comida?".

Para conseguir atender ao princípio de realidade, muitas vezes o seu ego precisa censurar muitos dos desejos do id. Quando você sente aquela vontadezinha de que seu chefe morra, mas logo depois tem vergonha de si mesmo por desejar o mal a outra pessoa, por exemplo, você está vivendo uma batalha entre os interesses do seu id e do seu superego, e o seu ego terá que fazer a mediação entre os dois. O id odeia o chefe e quer que ele morra. O superego condena esse desejo, apontando que é moralmente errado. O ego, então, sabendo que isso não será socialmente aceito, para fazer você caber na sociedade, reprime esse pensamento. E o id, o ego e o superego não descansam nem quando você dorme, por isso os sonhos algumas vezes são tão confusos. Todas essas ideias, Freud só foi colocar no papel em 1933, mas elas já estavam lá quando ele elaborou seu tratado sobre os sonhos.

É essa confusão toda que leva você a ter aqueles pesadelos horripilantes. Seu id quer manifestar os desejos que o ego não deixou vir à tona durante o dia. Mas ele sabe que o ego está atento a todos os seus movimentos e sabe também que desejos muito "absurdos" do ponto de vista social serão reprimidos com eficácia. Então, o id – que também é muito esperto – disfarça esses desejos sob outras formas para que possam ser satisfeitos. Contudo, às vezes, algum conteúdo escapa à censura e aparece na consciência. É daí que vêm os sonhos que tanto nos assustam, angustiam e acordam durante a noite.

Para descobrir isso, Freud precisou também traçar a diferença entre os conteúdos manifesto e latente de um sonho. O primeiro é o que aparece no seu sonho, aquilo de que você se lembra mais ou menos bem quando acorda pela manhã (ou de madrugada). Os conteúdos latentes do sonho, como o próprio nome indica, estão mais escondidos. Esses só irão aparecer (se aparecerem) muito secretamente, encobertos por várias camadas de significados. Isso acontece por causa da distorção, uma ferramenta que o inconsciente encontra para fazer o sonho passar pela censura interna da mente do próprio sonhador.

"Assim, podemos considerar como as fontes originárias que dão forma aos sonhos duas forças (correntes, sistemas) psíquicas, uma das quais forma o desejo expresso pelo sonho, ao passo que a outra exerce a censura sobre esse desejo onírico e, com essa censura, obriga a uma distorção de sua expressão", explica Freud em seu dossiê sobre os sonhos.

Tudo isso mostra que, enquanto você está lá, dormindo e recarregando suas baterias para o dia seguinte, sua mente está trabalhando. Então, o sonho é isso: o resultado de um trabalho árduo. E esse trabalho tem a função de transformar impulsos e lembranças inaceitáveis para o ego em uma história "inofensiva", que vai, ao mesmo tempo, expressar os desejos do id e neutralizar o impacto que esses desejos teriam sobre o ego.

Para "disfarçar" o conteúdo que o id quer expressar, o trabalho do sonho segue estratégias bem definidas e conta com algumas ferramentas para fazer isso acontecer. A primeira delas é a condensação. Os pensamentos que fluem na mente do sonhador são ricos em detalhes e muito complexos. Se fosse representar tudo isso figurativamente, o id teria que exibir filmes tão grandes como cada um dos episódios de *O Senhor dos Anéis* para poder contar tudo. Então, ele faz um resumão da obra, e sintetiza tudo em um único elemento, que carrega um monte de significados dentro de si.

É fácil enxergar isso quando a gente tem um sonho em que uma pessoa representa mais de uma ao mesmo tempo. Como sonhar com sua mãe, que é, ao mesmo tempo, sua professora e sua chefa, tudo misturado em uma só pessoa. Nessa situação hipotética, seu id pegou várias características de pessoas que são figuras de autoridade, por exemplo.

A segunda ferramenta que a mente tem para fazer o trabalho dos sonhos é o deslocamento, que afasta um afeto de seu objeto real, e desloca para outro aparentemente inofensivo. A censura do ego atua para amenizar a intensidade das paixões, dos desejos, que querem se expressar. Ela também é a responsável por transformar essas paixões em outras coisas, mais aceitáveis. Então, o deslocamento permite que essas paixões apareçam em uma espécie de disfarce público e "fujam" da resistência da censura. Ou seja, pode até ser que os desejos reais que um sonho está querendo expressar nunca apareçam diretamente nele.

Por fim, o trabalho do sonho tem a representabilidade. Os sonhos são meio como a arte de Salvador Dalí (ou vice-versa): um pouco loucos, sem relação de causalidade, de contradição, de identidade. O sonho apresenta os pensamentos como figuras, e as ideias abstratas, como coisas concretas. Por isso, as imagens dos sonhos podem ser bem metafóricas. "A ideia de que alguém é supérfluo pode ser transmitida por um fluxo de água transbordando de uma tina", como exemplifica Peter Gay, biógrafo de Freud. A representabilidade também pode fazer com que pessoas, acontecimentos e sentimentos sejam evidenciados por meio de seus opostos, já que o sonho não tem uma forma de expressar as negações.

No início do século XX, a interpretação dos sonhos como defendia Freud acabou virando um passatempo de salão, igualzinho à interpretação dos sonhos feita por meio dos livretos como "dicionários de sonhos". Nos trabalhos posteriores de Freud, ele até reconhece que algumas imagens que aparecem nos sonhos são símbolos – quase sempre de cunho sexual. Postes, armas e espadas, obviamente, são objetos fálicos e podem ser interpretados como um símbolo do pênis, por exemplo. Mas ele deu menos atenção a essa parte, justamente por ter medo de que seu trabalho fosse confundido com as publicações "meia-boca" que davam uma resposta fácil a tudo.

CAPÍTULO 11
Todo mundo tem problemas sexuais

Quando Freud terminou de escrever sua obra sobre a interpretação dos sonhos, ele já estava com outro assunto na cabeça: sexo. Não que ele estivesse pensando em fazer um sexto filho com a sra. Freud (ou estava, mas isso nunca vamos saber e nem vem ao caso). O que ele tinha em mente era a formulação de uma teoria sobre a sexualidade humana.

Em 1899, ele escreveu para seu então melhor amigo Fliess (Freud trocou várias vezes de melhor amigo ao longo da vida. Ninguém parecia ser bom o suficiente por um longo período de tempo): "Uma teoria da sexualidade pode vir a ser o próximo sucessor do livro dos sonhos". Apesar de tabu – ou, talvez, por isso mesmo –, o sexo estava no espírito do tempo de fins do século XIX e início do século XX, e começava a se tornar interesse dos psicólogos, psicanalistas e psiquiatras da época. Como bom (e brilhante) homem de seu tempo, Freud também estava se interessando pelo tema.

Por um bom período, ele coletou material para formular a sua teoria. E, quando saíram, em 1905, seus *Três ensaios sobre a teoria da sexualidade* foram um escândalo. "Como suas outras exposições teóricas fundamentais, a teoria da libido teve um desenvolvimento lento. O Freud burguês convencional combateu o Freud conquistador científico a cada passo do caminho. Suas formulações sobre a libido foram para ele pouco menos escandalosas do que para a maioria de seus leitores", conta Peter Gay na biografia de Freud.

Superada essa dificuldade pudica inicial, ele começou até a se sentir orgulhoso de sua vanguarda na interpretação do percurso sexual humano. "A moral sexual – como é definida pela sociedade, e em sua forma mais extrema pelos americanos – parece-me muito desprezível. Defendo uma vida sexual incomparavelmente mais livre", ele escreveu para o neurologista norte-americano James Jackson Putnam.

O que tinha de tão escandaloso nessa teoria de Freud é que, ao contrário dos seus contemporâneos, ele não achava que a sexualidade era algo que as pessoas desenvolviam com a explosão de hormônios da puberdade. Para Freud, a sexualidade é um aspecto da vida presente desde o nascimento de um bebezinho. Mas, é claro, em um recém-nascido ela se manifesta de uma forma bem diferente da sexualidade madura de um adulto.

De acordo com ele, nós temos cinco estágios em nossa evolução sexual. Cada um deles tem foco em uma zona erógena, e o não desenvolvimento dessa fase, ou um desenvolvimento pouco satisfatório, levará a sintomas na vida adulta. A primeira dessas fases é a oral. Ela vai desde o dia do nascimento de uma pessoa até mais ou menos 1 ano e meio de vida. Nesse período, a zona erógena mais estimulada é a boca. Como tudo que um bebê consegue fazer nessa fase é comer, vem daí a maior parte de seu prazer. Depois eles começam a ter prazer também ao levar objetos à boca: brinquedos, mordedores, fraldas, tudo vai parar naquelas boquinhas sem dentes. Essa fase também explica por que muitos bebês gostam da chupeta, ou chupam algum dos dedos.

Se nessa fase a criança não é alimentada direito – tanto em quantidade como na qualidade de poder explorar os alimentos com a boca – ou se o desmame não é feito adequadamente, pode acontecer um problema mais para frente. Freud acreditava que isso causaria uma fixação oral, que poderia trazer problemas com comer, beber, fumar ou roer as unhas, resultantes de questões com dependência ou agressão.

Depois da fase oral, vem a anal, que vai dos 2 anos de idade até por volta dos 5. Nessa época da vida a criança começa a aprender a viver sem as fraldas, o que significa que ela vai passar a ter que segurar seus impulsos de fazer as necessidades na hora que quiser e fazer somente no lugar apropriado. Essa fase é importante para a criança aprender o que é um comportamento social adequado.

Esse estágio do desenvolvimento apresenta novos conflitos. Normalmente, o embate acontece entre os pais ou pessoas que tomam conta da criança, que irão pressioná-la a se controlar e monitorar as necessidades de ir ao banheiro para o "número dois". Se os pais não fazem o treinamento do penico da forma certa, apresentando uma abordagem muito branda, essa pessoa pode desenvolver uma personalidade anal-expulsiva e ter dificuldade em controlar os próprios impulsos ou mesmo ter disciplina quando ficar adulta. A tendência é que ela se torne uma pessoa bagunceira e desorganizada, com uma vida sem muita linearidade (e não no sentido criativo da coisa). Se, ao contrário, os pais forem muito rigorosos, ou utilizarem punição ou ridicularização, o sujeito pode desenvolver uma personalidade anal-retentiva, tornando-se muito retraído, rígido ou obsessivo. Mas, se nessa etapa, os pais fazem a transição das fraldas para o vaso sanitário de forma eficiente, incentivando a criança, tudo muda. Provavelmente, quando crescer, essa pessoa vai se tornar competente, organizada, criativa e produtiva.

Por volta dos 5 anos a criança desenvolve seu superego, que dita o que é moralmente aceito ou condenável. Mas um pouco antes disso, elas entram na fase que apresenta um dos conceitos mais famosos de Freud. É a fase fálica da sexualidade, quando começam a ficar interessadas pelos próprios órgãos sexuais: os meninos vão ter que enfrentar o complexo de Édipo e as meninas, o de Electra.

Freud acreditava que, antes de desenvolverem o superego, os meninos têm desejos sexuais por suas mães. Por isso, eles veem a seus pais como um concorrente, uma ameaça à relação entre filho e mãe. Quando chegam aos 5 anos, eles percebem que o pai não é uma ameaça e aprendem a se ligar a ele. O pai vira o modelo desse menino, que começa a desenvolver sua moral e também seu superego.

Freud nunca foi um especialista em mulheres, e isso não é segredo para ninguém. Daí que, na cabeça dele, para as meninas a fase genital funcionava de uma forma um pouco diferente – e definitivamente questionável hoje em dia. Na mitologia, Electra convenceu o irmão a matar a própria mãe por vingança pela morte do pai. Então, para Freud, o que acontece no complexo de Electra é que as meninas sentem "inveja do pênis" de seu pai e culpam suas mães pela falta do órgão. Essa inveja se transforma em um desejo incestuoso que envolve querer ser a mãe de uma criança. O fim da história é parecido com a do complexo de Édipo: elas também acabam percebendo que a mãe não é culpada por nada e aprendem a se relacionar com ela.

Passada a fase fálica, a criança entra no período de latência, no qual ela aprende tantas coisas que a sexualidade é empurrada para segundo plano. Ela só volta a ser importante de novo na adolescência, quando o jovem começa a viver a fase genital.

Nessa época, o desejo sexual ressurge já mais amadurecido e as relações amorosas (na época, Freud considerava as relações com o sexo oposto. A homossexualidade era, para ele, uma saída "negativa" do complexo de Édipo) passam a ser importantes, porque queremos satisfazer nosso desejo sexual.

Freud acredita que as neuroses fazem parte de todo esse processo, e cada um vai se livrando das suas, até a saúde plena. Como explica Peter Gay:

> Todos os seres humanos são inatamente perversos; os neuróticos, cujos sintomas constituem uma espécie de contraparte negativa das perversões, apenas expõem essa disposição primitiva universal de modo mais enfático do que as pessoas "normais". Os "sintomas (neuróticos) são a atividade sexual do paciente". Para Freud, assim, uma mente comum de um desenvolvimento incompleto, isto é, de conflitos infantis não resolvidos. A neurose é um estado em que o sofredor regrediu a confrontos anteriores; em suma, ele está tentando dar conta de um assunto inconcluso.

Ou seja, olhando de perto, ninguém é completamente normal.

Essa teoria de Freud não é importante apenas para mapear como se desenvolve a nossa sexualidade. Fazendo essa regressão dos sentimentos sexuais até os primeiros dias de vida, ele conseguiu explicar uma série de comportamentos, como o surgimento dos freios emocionais (vergonha e repugnância, por exemplo), de normas, de questões de gosto e moral e atividades fundamentais para a vida humana, como a arte e a ciência. Sexo, criatividade, atividade intelectual, humor, prazeres diversos. Para Freud, tudo faz parte de uma mesma cadeia, a dos desejos.

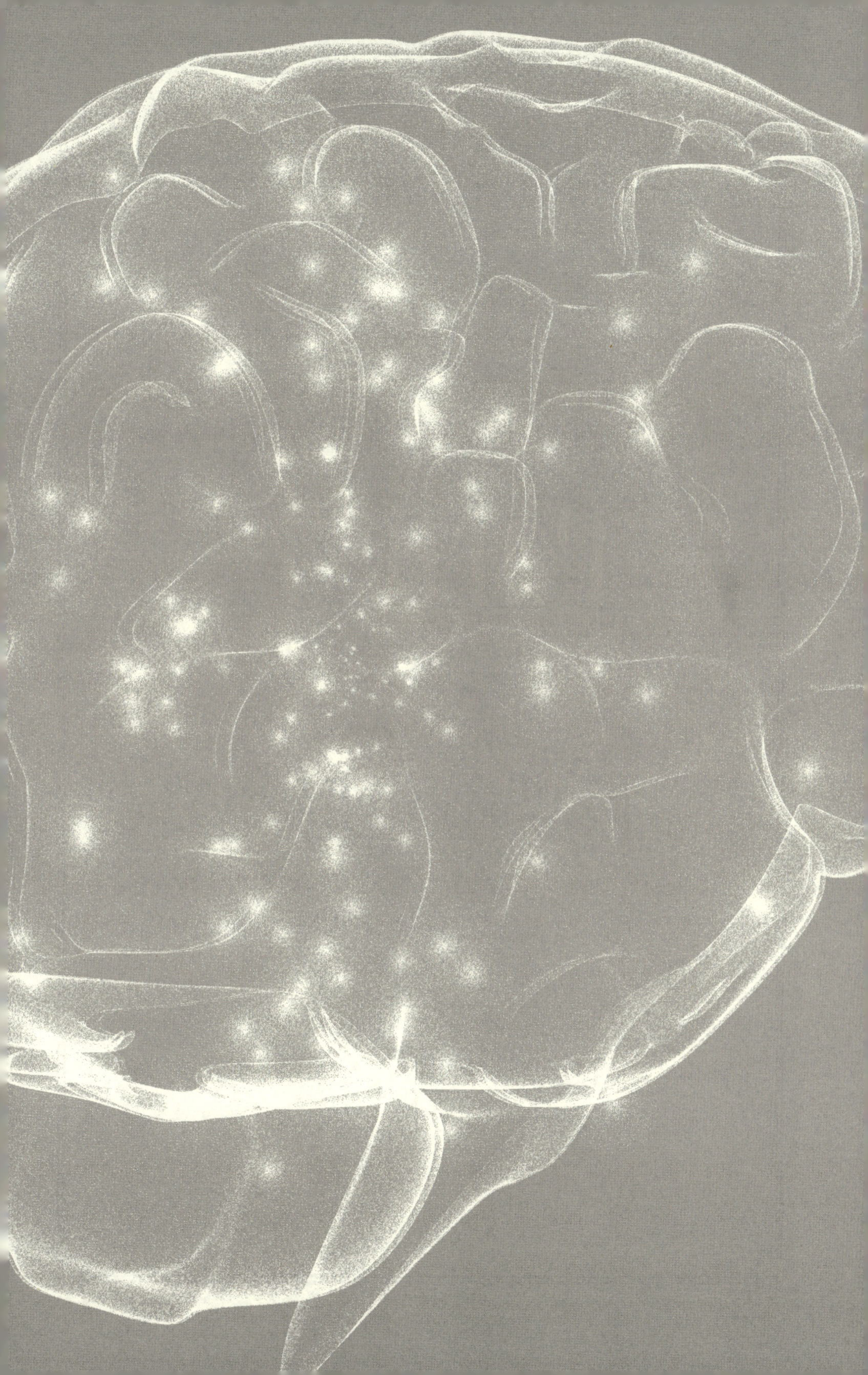

Parte 3

FREUD E JUNG, DE AMIGOS A RIVAIS

Estava tudo bastante bem para Freud, tanto no campo familiar, como no profissional naquele início de século XX. Mas uma coisa que ele sempre teve um pouco de medo era que a psicanálise ficasse, para sempre, tachada como um assunto "de judeus".

Como a história veio mostrar, o século XX foi marcado pelo antissemitismo até pouco antes de terminar sua primeira metade. Assim, o que acontecia nos círculos de judeus acabava ficando por lá, meio que em um gueto, até quando o assunto estava inserido nos meios acadêmicos.

Quando, em 1906, Freud recebeu uma carta do jovem psiquiatra suíço Carl Jung junto com um livro em que fazia grandes elogios às suas teorias, o austríaco enxergou uma luz no fim do túnel. Antes de qualquer coisa, ele via em Jung, cristão e filho de um pastor, uma porta de entrada da psicanálise para o mundo. Foi esse o primeiro motivo que levou Freud a se aproximar do jovem Jung – na época, já um profissional reconhecido em Zurique.

Mas a relação deles ultrapassou muito essa função pragmática. Freud se afeiçoou a Jung, e vice-versa. Eles estabeleceram uma relação intensa, que permeava absolutamente todos os âmbitos da vida dos dois. Eram colaboradores na elaboração das teorias psicanalíticas, eram amigos, tinham também uma relação de pai e filho, e, não se pode negar: havia uma tensão sexual forte acontecendo ali, por mais que isso fosse difícil de admitir no início do século XX.

Esse caráter múltiplo do relacionamento de Freud e Jung foi fundamental para o próprio crescimento da psicanálise. Ao mesmo tempo que Jung era "devoto" de Freud, ele também discordava do mestre em vários aspectos, e tinha ideias completamente diferentes para alguns conceitos elaborados por ele.

Essa história tinha tudo para ter mantido os dois ligados até o fim da vida de um deles (provavelmente Freud, que era bem mais velho que Jung). Mas tinha tudo para não funcionar também. O relacionamento de Freud e Jung tinha, em seu âmago, uma dinamite. E, em um dado momento, ela explodiu.

CAPÍTULO 12
O primeiro encontro

Em 1906, Freud já era um senhor de 50 anos, reconhecido em seu meio, profissional estabelecido em Viena. Em Zurique, na Suíça, estava Carl Gustav Jung, psiquiatra de 31 anos, também bem estabelecido na profissão, trabalhando na ala psiquiátrica do Hospital Burghölzli, sob o comando do renomado médico Eugen Bleuler. Foi nesse ano, e nesse ponto da vida de cada um, que eles se conheceram – primeiramente por cartas e, depois, em um primeiro encontro memorável.

Tudo começou quando Jung enviou a Freud um compilado de estudos que ele havia supervisionado. Esses estudos eram sobre a teoria da associação de palavras. Ele desenvolveu um método em que apresentava uma lista de verbetes ao paciente, que ao escutá-las deveria falar a primeira palavra que aparecesse em sua mente. De acordo com Jung, essas palavras que o paciente associava aos verbetes da lista podiam ser agrupadas por tipo, revelando coisas que estavam em seu inconsciente. Os resultados desses estudos de Jung eram uma forma de reforçar a teoria da associação livre de Freud.

O Pai da Psicanálise ficou muito lisonjeado quando recebeu a carta de Jung com os estudos (na verdade, ele até já havia comprado uma cópia do livro quando ouviu que seu nome estava nele e rodeado de elogios). Superentusiasmado, Freud respondeu à carta logo em seguida, e aí uma amizade por correspondência (era como se faziam amigos virtuais antes da internet) começou.

Durante um bom tempo, eles viveram uma lua de mel na amizade. O biógrafo oficial de Freud, Ernest Jones, conta que ele tinha um apreço especial por Jung porque o jovem era seu primeiro discípulo não judeu (e o fato de ser judeu no início do século XX, época extremamente antissemita, teve uma influência grande sobre a vida de Freud, impedindo que ele tivesse acesso a muitas oportunidades). O Pai da Psicanálise via Jung como seu herdeiro, o escolhido para continuar sua ciência, o homem que iria levar para as psicoses os conceitos que Freud havia elaborado para as neuroses.

Para além dessas considerações práticas, tinha também um monte de emoções que estavam em jogo na relação desses dois. Além da herança acadêmica, Freud e Jung tinham também uma relação que era quase a de uma família. Freud, que tinha certa dificuldade em ficar velho, adorou a possibilidade de conviver e trocar ideias com aquele jovem brilhante.

Em uma carta a Freud, Jung chegou a pedir: "deixe-me aproveitar sua amizade, não como uma entre pares, mas como aquela entre pai e filho". Reza a lenda que o avô de Jung, de quem o psiquiatra recebeu seu nome, era um filho bastardo do autor alemão Johann Wolfgang von Goethe. De certa forma, Freud deu seu aval para a ambição de Jung em rivalizar com esse suposto parente famoso.

Eles ficaram nessa troca de cartas por mais ou menos um ano. Até que, em março de 1907, Jung encontrou um tempo em sua agenda atarefada e viajou a Viena com sua esposa, Emma Jung, e um amigo. Eles conheceram não só Sigmund Freud, mas todo o clã Freud em sua famosa casa na rua Berggasse, número 19. Esse encontro, literalmente, deu o que falar.

Martin Freud, filho de Sigmund, contou depois em um livro suas impressões sobre a visita de Jung. Ele se lembra do psicanalista suíço como um cara bem convencido e, em certa medida, até meio mal-educado. "Nunca fez a menor tentativa de manter uma conversa polida com a mãe ou conosco, os filhos, mas continuava com a discussão que havia sido interrompida pelo chamado para o jantar. Jung, nessas ocasiões, era quem falava e o pai, com visível prazer, era quem ouvia", dedurou ele.

Para Martin, Jung pareceu um homem de bastante personalidade. "Uma presença imponente. Ele era muito alto e com ombros largos, portando-se mais como um soldado do que como um cientista ou médico. Sua cabeça era puramente teutônica, com um queixo forte, um bigode pequeno, olhos azuis e cabelo ralo e aparado rente", lembrou. Pela descrição, até dá para imaginar que Jung não era isso tudo que Freud dizia. Pelo menos não em termos de carisma e simpatia.

Mas aos olhos de Freud, Jung era absolutamente encantador. Tanto que esse primeiro encontro entre os dois gênios da psicanálise do começo do século XX durou em torno de treze horas! Treze horas de papo cabeça sobre as teorias que estavam borbulhando na época, mas também sobre amenidades e assuntos menos sérios.

O evento causou uma impressão nos dois. "Freud declarou-se encantado com as visitas; Jung declarou-se assoberbado. Sua estada em Viena, escreveu ele a Freud logo depois de voltar a Zurique, foi um 'acontecimento no sentido mais pleno da palavra', e havia provocado nele uma 'tremenda impressão'; sua resistência à concepção ampliada de sexualidade de Freud estava desmoronando", descreveu Peter Gay.

E, se Freud era o pai, a essa altura da história ficou bem claro que Jung estava predestinado a ser o filho, tanto da psicanálise, como o "primogênito" e preferido de Freud – ainda que essa relação escondesse uma série de complexidades e de coisas que, hoje, a psicanálise explica.

✤ CAPÍTULO 13 ✤
Jung, Freud e seu *crush*

Se estivesse acontecendo nos dias de hoje, a relação entre Freud e Jung seria o que nós chamamos de *bromance* (palavra em inglês que vem de "bro" = "cara", "parceiro"; e "romance". Ou seja, é um amor, geralmente não sexual, entre dois homens). Apesar de eles declararem que tinham uma relação de pai e filho, o lance entre esses dois gênios da modernidade era mais complexo do que isso.

O tipo de relação que eles construíram dava espaço para que ficassem suscetíveis a falsidade e tons ambíguos quando conversavam ou trocavam cartas. Em muitos momentos, esse *bromance* acabou sendo meio tóxico para Jung e, principalmente, para Freud.

Quem observava esse relacionamento de fora, podia ver muito claramente que os dois estavam se esforçando um bocado para que ele desse certo. Freud, de seu lado, colocava em Jung todas as esperanças de que, por meio dele, a psicanálise não virasse uma "ciência de judeus", mas pudesse ganhar outros adeptos em círculos que o antissemitismo do início do século XX vetava ao próprio Pai da Psicanálise. Já Jung mostrava toda a sua devoção àquela figura ambígua, que fazia ao mesmo tempo o papel de seu pai, ídolo e até de *crush* (uma paixonite).

Eles trocavam cartas com relatórios de casos, falavam mal dos psiquiatras que não acreditavam nas teorias da psicanálise, trocavam ideias sobre como expandir as teorias psicanalíticas para o estudo das psicoses (além das neuroses) e da cultura. Tudo numa cumplicidade de dar inveja.

Mas, mesmo nessa lua de mel, o bichinho do ciúme mordeu Jung e começou a colocar minhocas em sua cabeça. Peter Gay conta na biografia de Freud:

> O debate potencialmente divisor sobre a sexualidade nunca se dissolveu por inteiro. Jung se retraía, ao passo que (Karl) Abraham (psiquiatra alemão, também discípulo de Freud), em seus últimos meses em Burghölzli, mostrava-se mais receptivo à teoria da libido de Freud. Esse rival em seu terreno despertou o ciúme de Jung. Freud não ocultou a Jung que começava a se ligar a Abraham porque "ele enfrenta o problema sexual diretamente".

Jung nem escondia esses sentimentos, que sempre foram moralmente condenáveis. Em uma carta ao psicanalista húngaro Sándor Ferenczi, em 1909, ele admitiu, sem papas na língua, "um ignóbil sentimento de inveja". O alvo era uma carta de Freud a Abraham elogiando muito um artigo desse discípulo alemão, menos pudico que Jung (o "menino cristão", filho de pastor).

Mesmo com esses ataques de ciúmes, Jung continuava firme e forte na adoração a seu mentor e mestre. Na verdade, ele chegou a falar que tinha uma "devoção incondicional" às teorias e uma "veneração não menos incondicional" a Freud, pessoalmente. "Ele reconhecia que tal 'veneração' tinha uma qualidade 'entusiástico-religiosa', que considerava, 'devido a um inegável laivo erótico', ao mesmo tempo 'repulsiva e ridícula'", entrega Peter Gay. Jung revela também que, quando era criança, sofreu abuso sexual por um homem de quem ele gostava muito. Já Freud, encarou a declaração de Jung com certa naturalidade. Nessa época, ele estava investigando os próprios sentimentos homossexuais por seu ex-amigo Fliess, então achou tranquilo lidar com o *crush* de Jung.

A partir dessa época, a relação dos dois ficou meio ambígua. Eles se amavam e eram tóxicos um para o outro, tudo ao mesmo tempo agora. Ficou ainda mais confuso quando Jung mandou uma carta pedindo a Freud que a relação entre os dois fosse não entre iguais, mas de pai e filho. Eles ainda não sabiam, mas isso geraria uma situação de Édipo, daquelas em que o filho compete com o pai e uma aura de um parricídio ronda a relação. Isso assustou Freud. Se, por um lado, ele acatou esse pedido de Jung, por outro começou a ficar meio neurótico com a possibilidade de o jovem virar uma ameaça.

Em 1909, os dois viajaram juntos para os Estados Unidos. Conversa vai, conversa vem, eles começaram a falar sobre múmias encontradas em um pântano, e Freud acusou Jung de querer vê-lo morto. Logo depois, Freud teve um desmaio. A partir daí, ele passou a desmaiar com certa frequência quando estava com Jung. Algo de estranho estava acontecendo ali.

CAPÍTULO 14
O inconsciente da discórdia

Não era simples. A relação entre Jung e Freud era tudo, menos simples. Era um *bromance*, uma relação paternal e filial, uma relação de mestre e aprendiz, de dois homens que se adoravam em mais de um aspecto. Tudo junto e misturado, acontecendo ao mesmo tempo em que a psicanálise era construída pelos dois – e nem sempre essa construção seguia o mesmo caminho.

Esse caráter fluido do que acontecia entre duas das mentes mais geniais do início do século XX tornou as coisas bem nebulosas – e depois trevosas – entre Jung e Freud. O que começou com aquele episódio de ciúme de Jung em relação a Freud e Abraham não foi passageiro e não melhorou com o tempo. Aliás, piorou. E ganhou outros contornos também. Além de sentir ciúme de Freud com seus outros discípulos, Jung começou a achar que o mestre não levava a sério as suas construções sobre a psicanálise e que estava lhe impedindo de crescer. Algumas decepções de um e de outro também ajudaram a melar o *crush*.

A primeira decepção foi de Jung. Logo no início da relação, ele descobriu que seu mestre e ídolo tinha um caso extraconjugal com sua cunhada, Minna Bernays, irmã de Martha. Socialmente, Freud e Minna eram um par de cunhados muito íntimos, parceiros mesmo. Freud gostava de conversar com Minna sobre seu trabalho, a achava inteligente, até viajava com ela de vez em quando – e não havia nada demais nisso.

Porém, quando Jung visitou a residência dos Freud pela primeira vez, em 1907, Minna contou a ele que essa intimidade era mais que intelectual. Jung relatou em carta que Minna afirmou estar "muito incomodada com sua relação com Freud e se sentia culpada por ela. Dela, ouvi que Freud estava apaixonado e que a relação dos dois era mesmo muito íntima. Foi uma descoberta chocante para mim, e até agora (maio de 1957, quase cinquenta anos depois dessa primeira visita), consigo me lembrar da agonia que senti na época".

Jung ficou muito chocado, mas ele também não era santo. Na verdade, dizem que saber do caso de Freud com Minna serviu como uma espécie de incentivo e aval para que Jung também fizesse das suas. E o que ele fez foi ter um caso com Sabina Spielrein, sua paciente e aluna. Nessa época, uma relação entre psicanalista e paciente era mais grave que um pecado capital. O caso ficou conhecido porque a moça contou tudo em diários e cartas (o Facebook do século passado). De acordo com ela, Jung enganou não só a Freud, mas também à mãe da jovem sobre a natureza da relação deles.

Em 1909, a moça mandou uma carta a Freud contando sobre o romance com Jung. Freud achou que fosse mais um daqueles casos de transferência e não levou a história a sério. Preferiu acreditar na versão de seu protegido, que alegou que Sabina era uma ex-paciente, uma moça emocionalmente perturbada. Hoje já temos um nome para essa "explicação" de Jung. Chama-se *gaslighting*, uma forma de abuso psicológico em que o agressor faz a vítima duvidar de suas faculdades mentais. Era e continua sendo muito praticada por homens contra mulheres.

Mas Sabina teve sua chance de desmascarar a mentira de Jung. Quando foi a Viena, em 1912, ela e Freud ficaram mais próximos e puderam conversar mais sobre vários assuntos, inclusive esse. Foi aí que Freud descobriu que Jung havia mentido sobre a relação dos dois. O professor nunca falou sobre isso ao seu protegido, mas essa mentira de Jung também foi uma pedra no caminho do *bromance* deles, porque Freud ficou profundamente decepcionado com o discípulo.

Esses casos, contudo, foram só pequenas arestas ao longo do caminho dos dois e que não teriam tanta importância se não tivessem se somado a coisas grandes de verdade. O começo do fim real aconteceu em 1909, quando Jung e Freud fizeram uma viagem aos Estados Unidos. Freud foi convidado a receber o título de doutor *honoris causa* em direito pela Universidade Clark, no estado de Massachusetts. Depois de hesitar um pouco (Freud tinha posições antiamericanas às quais se mantinha bem firme), ele acabou aceitando o convite, e levou consigo seus discípulos Sándor Ferenczi e Carl Jung.

Eles pegaram um navio, que fazia a viagem da Europa aos Estados Unidos em oito dias – tempo suficiente para muita conversa e muita briga entre casais já abalados. Para matar o tempo, fizeram o que grande parte dos psicanalistas daquela época gostava de fazer quando não tinha nada melhor com que se ocupar: interpretar sonhos.

Tempos depois, em uma entrevista ao autor J. M. Billinsky, Jung lembrou que:

> Freud tinha alguns sonhos que o incomodavam muito. Os sonhos eram sobre um triângulo – Freud, sua esposa e a irmã mais nova dela. Freud não fazia ideia de que eu sabia sobre esse triângulo (amoroso) e sobre sua relação íntima com sua cunhada. Então, quando Freud me contou sobre o sonho... eu pedi que ele me falasse algumas associações pessoais suas... Ele me olhou amargamente e disse "eu poderia te contar mais, mas não posso arriscar minha autoridade".

Em seu *Memórias, sonhos e reflexões*, Jung conta: "nesse momento, ele perdeu tudo. Essa frase se consumiu em minha memória; e o fim de nossa relação já estava fadado".

Nessa época, Jung já estava irritado com a autoridade de Freud sobre ele. A relação de pai e filho que ele havia proposto no início estava cansando, porque Freud tinha a intenção de que Jung fosse seu "príncipe herdeiro" nas teorias psicanalíticas, mas o jovem tinha suas próprias ideias sobre a psicanálise. Em muitos pontos, como a noção de libido, por exemplo, eles discordavam quase que por completo. Enquanto Freud achava que a libido era uma pulsão puramente sexual, Jung queria estender essa noção e interpretar a libido como uma força de vida, que move tudo o que fazemos – seja sexo, comer um prato de comida, ou estudar. Então, a declaração de Freud sobre o fato de ele "perder a autoridade" se fosse analisado por Jung foi uma espécie de golpe de misericórdia para solidificar um incômodo que ele já estava sentindo.

Durante a viagem no navio, Jung também ficou meio relutante em revelar seus sonhos a Freud. Então, ele contou um em que explorava uma casa, descia para o porão e, embaixo dele, encontrava uma cripta com dois crânios humanos. Freud pressionou Jung a fazer suas associações sobre o sonho, mas ele ficou com medo de que Freud fosse interpretar que o episódio estava relacionado com suas ideias sobre o inconsciente coletivo. Temendo essa reação e uma possível resistência de Freud sobre o assunto, ele, então, mentiu e disse que as caveiras do sonho representavam, na verdade, sua esposa, Emma, e a irmã.

Como nada, para a psicanálise, acontece "por acaso", essa mentira de Jung também pode ser interpretada com um significado importante na relação dos dois. Aquele conhecimento que Jung tinha do caso de Freud com a cunhada, Minna, volta à tona nessa mentira. O fato de Jung associar as caveiras à figura de sua esposa e de sua cunhada pode ter sido uma tentativa de dar a entender que ele sabia sobre o caso de Freud com Minna Bernays. O mestre, que aparentemente não sabia que o discípulo tinha conhecimento dessa parte menos nobre de sua história, ficou "muito aliviado" – segundo o próprio Jung – com a interpretação sobre as caveiras.

Como se os dois já não fizessem o suficiente para bagunçar a relação sozinhos, eles ainda tiveram uma forcinha de dois trapalhões cheios das boas intenções: a esposa de Jung, Emma, e Sándor Ferenczi. Mas, como dizem por aí, de boas intenções, o inferno está cheio. Preocupada com os atritos entre o marido e seu mestre, Emma tentou apaziguar os ânimos. Então, em outubro de 1911, ela escreveu para Ferenczi perguntando se ele sabia sobre as críticas de Freud ao trabalho mais recente de Jung. Na carta, ela pedia que Ferenczi não comentasse nada disso com Freud – e ele, claro, não atendeu. Quatro dias depois de receber a carta, "Fofoqueirenczi" a enviou junto com as próprias cartas a Freud. Ele achava que a antipatia do mestre era por causa do interesse de Jung por fenômenos paranormais e por causa de sua revisão da teoria da libido.

Quando respondeu a Ferenczi, Freud ditou a resposta exata que ele deveria dar a Emma e pediu explicitamente ao discípulo que não mencionasse os temas "ocultismo" e "libido". Mas um erro de interpretação fez Ferenczi se atrapalhar todo e entender exatamente o contrário do que Freud havia falado nessa última parte. Aí, acabou contando a Emma que Freud estava muito preocupado com os interesses de Jung na época, que eram sobre os fenômenos parapsíquicos.

Com essa declaração, Emma escreveu uma carta secreta para Freud e, como todo bom segredo, a carta foi descoberta por Jung. Isso fez os ânimos se exaltarem entre ele e Freud, que passaram a desconfiar um do outro e aumentaram suas diferenças científicas, profissionais e pessoais.

❀ CAPÍTULO 15 ❀
A gota d'água

Os problemas entre Jung e Freud não aconteciam somente quando havia a interferência de outras pessoas na amizade. Ao contrário, a própria natureza da relação dos dois, esse romance misturado com admiração e sentimento de mestre e aprendiz, já dava caldo para muitas desavenças. A gota d'água, a partir da qual tudo foi pelo ralo, se deu em 1912.

O amigo de Freud, Ludwig Binswanger, um pediatra suíço e o primeiro a começar a pesquisar e conceituar a psicologia existencial, havia passado por uma cirurgia para extrair um tumor maligno. Binswanger tinha sido nomeado havia pouco tempo diretor do sanatório de Kreuzlingen, na Suíça, e não queria que todo mundo soubesse de sua cirurgia. Preocupado com a possibilidade de perder "um de seus homens novos e viçosos" para uma morte prematura e repentina, Freud fez uma viagem à cidade para visitar o amigo convalescente.

Como a viagem era meio "secreta", já que Binswanger não queria que ninguém soubesse de sua condição, Freud foi à Suíça e não avisou nada a Jung, que morava a cerca de 60 km de Kreuzlingen. Na verdade, Freud havia até escrito uma carta a Jung, para encontrá-lo na cidade de Binswanger. Mas Jung estava em viagem e não recebeu a carta a tempo.

Quando soube da ida de Freud à Suíça, Jung resolveu ignorar todo o contexto e focou só na parte do "fui ao seu país, mas não fui visitar você". Ele ficou furioso com o amigo. "Enviou a Freud uma carta de recriminação, ainda que carregada de culpa, atribuindo o que veio chamar de 'gesto de Kreuzlingen' ao desagrado de Freud por suas maneiras independentes", conta Peter Gay em *Freud: uma vida para nosso tempo*.

O mestre ainda se deu ao trabalho de responder a esse ataque gratuito de Jung. Escreveu uma carta de volta, detalhando todos os seus movimentos naquela passagem curta por Kreuzlingen, ainda tomando o cuidado de não contar sobre a doença de Binswanger e dando um tapa com luva de pelica em Jung, lembrando a ele que essas diferenças nunca o haviam impedido de ir visitá-lo em outras ocasiões. "'Há poucos meses, o senhor provavelmente me pouparia tal interpretação.' A suscetibilidade excessiva de Jung em relação ao 'gesto de Kreuzlingen' levou Freud a comentar: 'Vejo nessa observação uma certeza em relação à minha pessoa'.", conta Peter Gay.

Jung não superou esse episódio de Kreuzlingen e sempre voltava a esse assunto nas cartas que enviava a Freud. Depois disso, tudo era uma desculpa para ele explodir com Freud e fazer ataques de vários tipos. Ele, por exemplo, acusou Freud de se recusar a levar a sério as conferências que ele havia apresentado nos Estados Unidos em 1912. Essas conferências, depois, foram publicadas no livro *Psicologia do inconsciente*. "Escrever esse livro custou-me a amizade com Freud, porque ele não conseguia aceitá-lo", escreveu Jung.

Mas a participação real de Freud no fim dessa relação parece menor do que as fantasias na cabeça de Jung. Aliás, o discípulo, sim, parecia estar fazendo bastante força para a amizade terminar. Em novembro de 1912, depois de ter voltado dessas conferências nos EUA, ele escreveu mais uma carta a

Freud temperada com rancor. Quando deu suas conferências na Universidade Fordham, Jung já havia se livrado de uma parte grande de sua bagagem psicanalítica freudiana. Ele não aderia mais aos conceitos da sexualidade infantil, da etiologia sexual das neuroses, do complexo de Édipo e havia redefinido a libido abertamente, como sempre quis fazer. Quando contou tudo isso a Freud, fez questão de apontar que sua versão da psicanálise havia conquistado adeptos que, até então, ficavam desconcertados com a questão da origem sexual nas neuroses. Apesar dessa surra de sinceridade – e de reforçar que o episódio de Kreuzlingen havia deixado uma ferida aberta e difícil de cicatrizar (ainda) –, ele disse esperar que a amizade com Freud pudesse continuar. Afinal, devia muito ao amigo.

No início de novembro daquele mesmo ano, eles aproveitaram que estavam juntos em uma conferência em Munique, na Alemanha, para esclarecer tudo sobre o fatídico "gesto de Kreuzlingen". Jung pediu desculpas, Freud desculpou e achou que dali para frente nada mais poderia abalar as sólidas estruturas daquela relação. Ele não queria admitir, mas lá no fundo sabia que, na verdade, essa amizade estava firme igual a prego na areia.

Nessa mesma viagem, Freud teve mais uma de suas vertigens que terminaram em desmaio enquanto estava junto com Jung. Mais uma vez, a síncope tinha acontecido no final de um almoço e depois de uma discussão com Jung – e, dessa vez, também com o psiquiatra suíço Franz Riklin. De novo, Freud decidiu interpretar o episódio como um desejo de morte de Jung contra ele (e, mesmo que essa morte fosse simbólica, já era bem assustadora).

Jung, que era grande e forte, carregou Freud no colo até um sofá. "O incidente apresentava todo tipo de significados ocultos para Freud, que o analisou em cartas para seus amigos íntimos. Quaisquer que fossem as causas físicas que podiam se esconder num segundo plano – cansaço, dor de cabeça –, Freud não duvidava que o principal agente que causara o seu desmaio era um conflito psicológico", descreveu Peter Gay.

Freud ainda estava tentando trabalhar suas questões a respeito de sua relação mal resolvida com Fliess, e Jung estava aliviado por ter "reatado" com seu ídolo. Aceitou seus erros, escreveu carta, pediu perdão. Mas toda essa amorosidade não durou, porque Jung estava mesmo era decidido a terminar com tudo – mesmo que às vezes ele próprio não soubesse disso.

Três dias depois dessa demonstração de amor de Jung, Freud escreveu a ele dizendo que o episódio do desmaio havia sido uma enxaqueca, com algum fundo psíquico, alguma neurose que ele ainda precisava analisar melhor para entender. Nessa mesma carta, ele elogiou Jung pela forma como havia "resolvido o quebra-cabeça de todo o misticismo". Pronto. Essa declaração bastou para fazer Jung se esquecer de tudo que havia falado a Freud nem uma semana antes.

De novo ignorando uma boa parte da conversa, ele se fixou na parte em que Freud falava de sua neurose não resolvida. Daí para frente, o que se seguiu foi o triste fim de uma relação que já não estava mesmo indo bem havia tempos.

Jung fazia ataques que misturavam a parte profissional com a pessoal a Freud, sempre com esse fundo de "você não valoriza meu trabalho". Freud, por outro lado, tentava salvar o que restava de relação profissional entre eles, pelo menos pelo bem da psicanálise. Em dezembro de 1912, ele escreveu a Ernest Jones: "Quanto a Jung, ele parece estar totalmente fora de juízo, está se comportando realmente como um maluco. Depois de algumas cartas atenciosas, ele me escreveu uma com a máxima insolência, demonstrando que sua experiência em Munique não deixou nenhum traço nele". O derradeiro fim da relação dos dois veio também por escrito, em uma carta que não deixava dúvidas de que aquilo ali já tinha durado até demais.

CAPÍTULO 16
"Está tudo terminado entre nós"

Foi a discussão teórica, foram as decepções pessoais, foi a sensação de estar sendo puxado para baixo pelo outro, mas, no fundo, o que levou ao término da relação de Freud e Jung foi mesmo o sexo. Não a teoria de Freud sobre o sexo, mas a tensão sexual que existia entre eles. Apesar de nunca terem se relacionado sexualmente – ou talvez até por isso –, foi a parte sexual a responsável real pelo fim do *bromance*.

Em uma carta a Ernest Jones, Freud fala em "sentimentos homossexuais arrebatadores transferidos de outra parte" para sua relação com Jung. Essa outra parte era sua relação com Wilhelm Fliess, que Freud já admitira ter tido um grande fundo homoerótico.

Jung reconheceu o mesmo tipo de sentimento em si. Ele chegou a reconhecer que Freud era seu *crush*. Mas, por conta de um trauma sexual sofrido na infância por um homem mais velho que ele adorava (mesma posição que Freud assumia nessa fase já adulta de sua vida), ele tinha repulsa desse tipo de intimidade com pessoas do mesmo sexo.

Aos poucos, conforme foi tomando mais consciência desse sentimento, ele ficou enojado. Sentir-se assim era uma autotraição, e Jung precisava se afastar. Foi aí que ele começou a ficar paranoico (tecnicamente, com sentimentos homossexuais deslocados), e isso tornou qualquer colaboração entre os dois praticamente impossível, em qualquer âmbito.

Dessa situação, talvez só a intensidade fosse uma novidade para Jung. Muitas fontes que eram próximas dele afirmavam que era incapaz de sustentar uma relação mais íntima de amizade com homens. Já com mulheres, a coisa era completamente diferente. Ele era fascinado pelas mulheres (talvez isso explicasse por que ele era tão galanteador, segundo os relatos da época), tanto que colocou um arquétipo feminino (a *anima*) em cada homem em sua abordagem teórica, que depois ficou conhecida como Psicologia Analítica.

Apesar de ter passado boa parte da sua vida tentando desmentir a teoria da sexualização das neuroses para Freud, no fim foi ela quem explicou o término da amizade entre os dois. Foi o sexo quem minou a relação, mesmo sem que o ato sexual tivesse acontecido entre eles.

Esse término aconteceu por meio de uma carta, que ficou bem famosa na história da psicologia e da psicanálise. Jung, há algum tempo, vinha acusando Freud de tratar seus discípulos como se fossem seus pacientes e analisá-los o tempo todo. Isso, na opinião dele, explicava parte do motivo pelo qual Freud não conseguia levá-lo a sério e considerar suas teorias sobre a psicanálise. A resposta de Freud, que vinha tentando tampar o sol com a peneira e contornar a situação havia tempos, veio em uma carta a Jung em janeiro de 1913. Esta carta – e toda a correspondência entre Jung e Freud – foi publicada no livro *Freud/Jung: Correspondência completa,* organizado por William McGuire:

> Só posso responder com detalhes a um ponto da sua carta anterior. A sua alegação de que trato os meus seguidores como pacientes é demonstravelmente falsa. Em Viena, sou censurado pelo exato oposto. Sou considerado responsável pela má conduta de Stekel e Adler; não disse uma só palavra a Stekel acerca da sua análise desde que foi concluída, há uns

dez anos, nem jamais fiz uso da análise com Adler, que nunca foi meu paciente. Quaisquer observações analíticas que eu tenha feito sobre eles foram endereçadas a outros e, na maioria, depois que rompemos relações. Ao construir sobre esse fundamento, o senhor tornou a questão tão fácil para si mesmo quanto com a sua famosa "atitude Kreuzlingen". De outra forma a sua carta não pode ser respondida. Ela cria uma situação que será difícil de tratar numa conversa pessoal e totalmente impossível por correspondência. É uma convenção entre nós, analistas, a de que nenhum de nós precisa sentir-se envergonhado por sua própria dose de neurose. Mas alguém que, enquanto se comporta anormalmente, fica gritando que é normal, dá ensejo à suspeita de que lhe falta compreensão da sua doença. Portanto, proponho que abandonemos inteiramente as nossas relações pessoais. Não perderei nada com isso, pois o meu único laço emocional com o senhor tem sido há muito um fio delgado – efeito tardio de decepções passadas – e o senhor tem tudo a ganhar, em vista da observação que fez recentemente em Munique, de que um relacionamento íntimo com um homem inibia a sua liberdade científica. Digo-lhe, portanto: tome a sua plena liberdade e poupe-me das suas propostas de "provas de amizade". Estamos de acordo em que um homem deve subordinar os seus sentimentos pessoais aos interesses gerais do seu ramo de empreendimentos. O senhor jamais terá razão para queixar-se de qualquer falta de correção da minha parte, no que diz respeito à nossa tarefa comum e à busca de objetivos científicos; posso dizer, não mais razão no futuro do que no passado. Por outro lado, tenho direito de esperar o mesmo do senhor.

Depois desse golpe de misericórdia, eles ainda trocaram umas cartas de cunho estritamente profissional até 1923, sempre cheias de farpas, com uma linguagem seca e quase ríspida. Na última carta entre os dois, Jung recomendou um paciente a Freud. E essa foi a última vez em que se falaram.

Parte 4

O LEGADO DE FREUD

Ainda que muito questionado pelos puristas da neurologia, é inegável que Sigmund Freud foi o responsável pela criação de um novo campo de conhecimento. A psicanálise mudou o modo como o ser humano é enxergado, interpretado e transformou também as formas de relacionamento entre as pessoas. Depois que Freud elaborou toda a sua teoria, a psicanálise continuou em evolução com seus discípulos, outros pensadores que se apropriaram das teorias e extrapolaram os conhecimentos deixados por ele.

Um dos mais importantes, tanto em conteúdo e contribuição para a psicanálise como na vida do próprio Freud foi Jung, que já apresentamos. Mas outros herdeiros (uma delas, inclusive, possui o mesmo DNA do Pai da Psicanálise) também trouxeram contribuições muito importantes para o entendimento dos mecanismos que acontecem dentro da cabeça de cada um.

CAPÍTULO 17
Melanie Klein

A primeira foi Melanie Klein. Nascida na Áustria em 1882, ela começou a se interessar pela psicanálise quando tinha mais ou menos 34 anos e morava em Budapeste. Casada, mãe de três filhos, depressiva e com vários dilemas internos causados por uma relação bem conturbada com sua própria família (preterida pelo pai, mãe dominadora, relação meio incestuosa com o irmão e outras coisinhas mais), ela procurou o psicanalista húngaro Sándor Ferenczi para ver se Freud explicava as angústias que ela sentia.

Klein desejava ter estudado psiquiatria, mas não conseguiu, por falta de dinheiro da família. Mesmo assim, Ferenczi a incentivou a começar a atender crianças pela abordagem psicanalítica. Em 1918, ela foi ao 5º Congresso Internacional de Psicanálise, que seu psicanalista presidia. Lá, ouviu Freud falar sobre as linhas de avanço da psicanálise e teve a certeza de que gostaria de trabalhar com isso. No ano seguinte, ela já apresentou seu primeiro artigo para a Sociedade Húngara de Psicanálise. O texto, um estudo de caso da análise de uma criança, foi seu ingresso para virar membro da Sociedade.

Melanie Klein ficou fascinada pelo universo infantil. Ela queria aprimorar melhor uma psicanálise que desse conta de explicar a psique das crianças. Assim, desenvolveu uma teoria baseada em três pilares. O primeiro deles era estabelecer que todos nós temos um mundo interno, formado pela vida real "colorida" pelas ansiedades de cada um.

Depois, Klein defendeu que os bebês desenvolvem dois sentimentos logo ao nascerem: o amor e o ódio – e nenhuma nuance entre os dois. Ou ele ama, ou odeia. Então, o bebê ama o "seio bom" da mãe quando está mamando, e odeia esse mesmo "seio mau" quando está com fome. Na fantasia do bebê, o "seio mau" vai se vingar dele pelo ódio que sente. A esse sentimento, Klein chamou de "ansiedade persecutória", que gera reações de defesa. Esse combo de ansiedade persecutória e defesas, Klein chamou de "posição esquizoparanoide".

À medida que vai crescendo, o bebê entende que o "seio bom" e o "seio mau" são a mesma coisa. Aí, ele passa a ter medo de que seu ódio mate ou estrague o seio bom, e tem medo de perdê-lo. Esse medo foi chamado pela psicanalista de "ansiedade depressiva". E o combo ansiedade depressiva mais as defesas foi chamado por ela de "posição depressiva".

A ideia das posições de Klein é um ponto bem importante em sua teoria, porque, ao contrário de Freud, que achava que as crianças têm fases que se sucedem, Klein acreditava que as posições existem ao mesmo tempo dentro das pessoas e vão se revezando. Todo mundo fica oscilando entre a posição depressiva e esquizoparanoide, do dia que nasce ao dia que morre, de acordo com ela. Assim, todos os problemas emocionais – neuroses, esquizofrenia, depressão, síndrome do pânico etc. – devem ser analisados a partir dessas duas posições.

Para Klein, então, não adianta observar o que está acontecendo dentro do inconsciente e ver quais são os conteúdos reprimidos. O analista deve ajudar o paciente a enxergar que é possível amar e odiar a mesma coisa ou pessoa ao mesmo tempo, e tudo bem. Além disso, Klein defendia que não adianta tratar as neuroses sem trabalhar os processos (as ansiedades, persecutória e depressiva) que levaram essas neuroses a surgirem.

CAPÍTULO 18
Anna Freud

Caçula de uma fila de seis filhos do casal Martha e Sigmund, Anna nasceu na época das vacas gordas da família Freud, em 1895, quando seu pai já estava ficando bem famoso pela Europa com suas teorias sobre a sexualidade e a mente. Depois de ter sido analisada pelo próprio pai (afinal, não havia tantos psicanalistas assim na época), Anna começou a trabalhar como professora de crianças na Áustria, seu país de nascença. Mas "filha de peixe, peixinho é", e ela logo começou a se embrenhar no universo da mente humana. Seu foco, durante boa parte da vida, foi a psicanálise infantil, e ela começou tratando crianças vítimas da guerra, sobreviventes do Holocausto, ou simplesmente aquelas com problemas do dia a dia.

Sua contribuição mais significativa para a psicanálise foi o mapeamento dos chamados "mecanismos de defesa", que ela descreveu bem no livro *O ego e os mecanismos de defesa*, de 1936. Anna acreditava que, para proteger o nosso ego, nós lançamos mão de várias medidas – algumas mais outras menos desesperadas.

Nós podemos até achar que estamos sendo muito originais para lidar com nossos problemas, mas quando o assunto é "mecanismo de defesa", Anna Freud já mapeou tudo por nós. Os mecanismos são dez:

1) Negação (quando o sujeito nega que existe um problema).

Exemplo: "Viciado em séries, eu? Imagina! Umas duas ou cinco vezes por semana eu durmo na frente do computador no trabalho porque virei a noite fazendo maratona, mas está tudo sob controle".

2) Projeção (quando o sujeito projeta no outro uma insegurança ou falha sua – a culpa é sempre de outra pessoa, nunca do próprio sujeito).

Exemplo: "Por que você está me olhando com essa cara? Minha roupa está esquisita?" (Na verdade, a outra pessoa não está olhando de nenhum jeito particular, é o sujeito que está inseguro com a própria roupa).

3) Se voltar contra o ego (ter um pensamento horrível sobre si mesmo, para evitar uma conclusão muito pior).

Exemplo: Uma criança negligenciada pelos pais acha que é uma criança má, ou sem valor. Porque a alternativa é pensar que seus pais, que deveriam cuidar dela e amá-la, não dão a mínima.

4) Sublimação (buscar formas socialmente aceitáveis de satisfazer os desejos inconscientes).

Exemplo: A cantora Adele gravou o seu álbum *21*, que a lançou para o mundo, depois de um belíssimo pé na bunda de seu ex-namorado que a fez comer o pão que o diabo amassou.

5) Regressão (voltar para um estado emocional infantil em situações de grande pressão).

Exemplo: Um adolescente pode voltar a chupar o dedo se precisar ficar internado em um hospital com problemas de saúde.

6) Racionalização (encontrar uma boa desculpa para justificar as nossas ações ou o que acontece na vida, de

forma a mantermos a nossa autoimagem de pessoa inocente, legal e cheia de valor).

Exemplo: Depois de um fracasso em uma entrevista de emprego, o candidato pensa "Esse gerente de RH não entendeu nada do que eu quis dizer".

7) Intelectualização (mergulhar em assuntos que ocupam o intelecto, em vez de lidar com sentimentos difíceis).

Exemplo: Aquele seu amigo que achou o término do namoro um momento maravilhoso para começar a estudar sobre a nova física que pode surgir a partir das descobertas recentes sobre buracos negros.

8) Formação reativa (começar a fazer exatamente o oposto dos sentimentos reais).

Exemplo: Uma pessoa que é compulsiva por sexo se converte a uma religião que prega a abstinência sexual.

9) Deslocamento (direcionar um sentimento, normalmente agressivo, para um objeto diferente do que causou o sentimento).

Exemplo: O cara teve um péssimo dia no trabalho e foi humilhado pelo chefe. Em vez de rebater o chefe, ele briga com a parceira ou o parceiro quando chega em casa.

10) Fantasia ("fugir" do problema fantasiando sobre outras coisas).

Exemplo: Em vez de estudar para a prova cuja matéria você não está entendendo nada, você vai ler a saga *As crônicas de gelo e fogo* mais uma vez.

Anna Freud não achava que os mecanismos de defesa eram exatamente um problema. Para ela, essas ferramentas eram completamente normais, e todo mundo usa entre cinco e dez mecanismos de defesa todos os dias, sem sequer ter consciência disso. O único problema é que o uso deles não passa impune. Eles trazem alívio para o ego, mas também trazem uma série de dificuldades e impedem que o sujeito amadureça de verdade. Por isso, Anna defendia que é necessário evitar usar os mecanismos de defesa e, em vez deles, começar a ter uma postura mais madura com a vida, encarando os problemas de frente.

A herdeira real de Freud teve vários embates profissionais sérios com Melanie Klein, que tinha uma visão bem pouco ortodoxa da psicanálise, como já foi dito. Enquanto o clã Freud acreditava que era impossível fazer a análise de crianças muito pequenas, menores de 3 anos, Klein via nelas um terreno superfértil, cheio de possibilidades.

O historiador da ciência e psicanalista kleiniano Robert Young escreveu o seguinte sobre a relação entre as duas:

> Onde Anna Freud disse que crianças muito pequenas não podiam realizar livre associação, Klein viu um rico mundo de fantasias refletidas no brincar. Onde Anna Freud viu a si mesma como uma professora com suas obrigações educadoras, Klein foi mais fundo, interpretando ansiedades sobre seios e outras partes do corpo, sobre ódio, sofrimento, luto e inveja que chocaram os não kleinianos.

Anna Freud chegou a escrever, no trabalho *O tratamento psicanalítico de crianças*, que aquilo que Melanie Klein fazia não era psicanálise. Aí o caldo engrossou, e Klein respondeu no estilo "olha bem, queridinha" com o livro *Psicanálise de crianças*, que é usado até hoje como base para o tratamento dos pequenos.

Melanie Klein tentou evadir da polêmica se mudando para a Inglaterra, inaugurando lá um braço da psicanálise que tinha características bem próprias e que divergiam bastante do que havia sido postulado pelo próprio Pai da Psicanálise. Mas não teve jeito. Com a ascensão do governo nazista, em 1939, os Freud se mudaram para Londres, e aí as discussões entre Anna e Melanie foram inevitáveis. O bafafá foi tão grande que a Sociedade Britânica de Psicanálise se rachou em duas: de um lado, os freudianos; de outro, os kleinianos. Essa divisão permanece até hoje na psicanálise.

CAPÍTULO 19
Jacques Lacan

O psicanalista francês Jacques Lacan nasceu católico do primeiro fio de cabelo até a unha do dedão do pé. Seu nome, para início de conversa, era Jacques-Marie Émile Lacan. O "Marie" (que ele foi deixando de usar com o tempo) era uma homenagem à Virgem Maria. Na adolescência (idade de rebeldias, agora e no início do século XX), ele rompeu com o catolicismo e começou a estudar os principais filósofos da época: Nietzsche, Espinoza, Maurras, e também a ler autores existencialistas, como James Joyce.

Com essa mente filosófico-científica, ingressou na faculdade de medicina e começou a ir para o lado da psiquiatria. Em 1932, quando morava em Paris, terminou seu doutorado e foi aprovado com sua tese sobre as psicoses paranoides. Nesse mesmo ano, começou a fazer análise com o psicanalista polonês Rudolph Loewenstein, que foi também quem começou a dar os primeiros treinamentos sobre psicanálise a Lacan.

Dois anos depois, já membro da Sociedade Psicanalítica de Paris (SPP), estudando Hegel e frequentador dos grupos dos maiores intelectuais franceses dos anos 1930, ele concluiu que toda a obra de Freud precisava ser relida e reinterpretada tendo o existencialismo como filtro. Depois de uma pausa nos trabalhos como uma forma de protesto durante a Segunda Guerra Mundial foi que Lacan produziu algumas das contribuições mais importantes do mundo para a psicanálise.

Ao passo que Freud acreditava que as pessoas tivessem as fases oral, anal e genital, Lacan achava que o Eu e o inconsciente vivem em conflito pela vida toda. Mas, para ele, um momento é o mais importante na formação do sujeito: a hora em que a criança se reconhece no espelho, em algum ponto entre os 6 e os 18 meses de vida. Pode parecer um momento bobo e sem maior importância, mas, segundo Lacan, aí está a chave para todos os nossos conflitos internos.

Esse instante, em que o bebê olha a imagem refletida e entende que "aquele sou eu" pode ser bastante conflituoso, porque essa é também a hora em que ele percebe que a imagem que vê não se parece nada com a perspectiva que tem de si quando "olha" de dentro para fora. Por dentro, nós somos um turbilhão de pensamentos, emoções, desejos, imagens – tudo junto e misturado, fluindo de forma caótica. Por fora, uma pessoa mais ou menos organizada, de traços simétricos e opaca quanto ao que está acontecendo no mundo interno.

A única forma de fazer os outros entenderem o que está acontecendo dentro da nossa cabeça é a linguagem, e ela muitas vezes não é suficiente para expressar tudo que queremos. Daí vem a teoria lacaniana de que o inconsciente é uma linguagem, porque ela é a única ferramenta existente capaz de comunicar o que está lá dentro.

Diante da realidade de não conseguirmos nos explicar tão profunda e complexamente quanto desejaríamos, só nos resta aceitar um fato: ninguém jamais vai nos entender de forma tão ampla quanto nós mesmos nos entendemos. É uma realidade dura, com a qual não se faz as pazes tão facilmente. E continuamos tentando encontrar outras formas de nos fazermos entender. Uma delas é a moda. "De repente, fazendo essa tatuagem, ou usando uma camiseta *geek*, eu vou conseguir fazer as pessoas me enxergarem do jeito que sou de verdade", pensamos em mais uma tentativa desesperada de trazermos para fora o que está do lado de dentro. Mas é inútil. Tudo é inútil. E, segundo Lacan, o melhor que temos a fazer é aceitar essa solidão e viver bem com ela.

É claro que essa concepção do próprio ser iria impactar a nossa relação com os outros. E, aliás, ela faz com que Lacan seja um dos pensadores menos românticos de todos os tempos. Se ninguém é capaz de entender o outro, é óbvio que com os amantes não seria diferente. Para o psicanalista, tudo que fazemos é pegar todas as nossas fantasias infantis e pendurá-las em cima do corpo de alguém – o namorado ou a namorada.

Mas, antes de se fechar dentro do quarto para sempre e decidir passar o resto da vida sozinho, acalme esse coração. Porque, se por um lado essa verdade nua e crua pode parecer cruel, por outro, ela pode ser libertadora. Já que ninguém se entende mesmo, então não precisamos ficar frustrados quando não sentimos aquela conexão mágica com a pessoa que achávamos que era nossa alma gêmea.

Todo o esforço de Lacan foi para nos mostrar que nós não passamos de criaturas esquisitas, imaturas e solitárias. E tudo bem ser assim, é absolutamente normal – segundo Lacan. O que causa sofrimento é nos recusarmos a aceitar essa condição e não nos darmos tempo suficiente para absorver esses sentimentos. Por isso mesmo, ele achava que todo mundo precisava de análise. Lacan acreditava que o único requisito para procurar um psicanalista era ser humano, e enxergava a psicanálise como a melhor ferramenta para nos ensinar a lidar com nossos conflitos naturais.

Tudo isso e muito mais era demonstrado em estranhíssimas e complexas fórmulas matemáticas, que Lacan adorava usar para explicar suas teorias, em uma demonstração de que até o "povo de humanas" tem suas ovelhas negras.

❈ CAPÍTULO 20 ❈
Erik Erikson

O alemão Erick Erikson, que acabou se radicando nos Estados Unidos no início dos anos 1930, faz parte de uma terceira geração de psicanalistas. Ele, que nasceu em 1902, foi aluno de Anna Freud, depois de um início de carreira como artista plástico. Em 1927, Anna o convidou para dar aulas em Viena e começou a treiná-lo na prática da psicanálise.

Ainda bem que o mundo dá essas voltas, porque as contribuições que Erikson deu à psicanálise foram supervaliosas. Ele começou a discordar de Sigmund Freud no que dizia respeito à força que move o desenvolvimento humano. Enquanto S. Freud acreditava que a libido era o centro de tudo e toda evolução pessoal tinha ela como motor, Erikson achava que eram a socialização e o desenvolvimento do ego os fatores que ditavam as regras do amadurecimento. Assim, ele elaborou sua teoria do desenvolvimento psicossocial.

Ele pegou emprestada de S. Freud a ideia das fases de amadurecimento de uma criança, mas fez algumas adaptações, que resultaram em oito fases de crescimento psicoemocional.

1) Confiança / Desconfiança

O primeiro ano de vida do bebê para Erikson corresponde à fase oral de Freud. O que o bebê quer saber, e desenvolver, é se o mundo onde ele acaba de cair de paraquedas é confiável. Ele precisa descobrir se será alimentado quando tiver fome, coberto quando tiver frio, limpo quando fizer seu cocô e xixi. Se essas necessidades básicas forem atendidas, o bebê aprende que dá para confiar neste mundo. Mas as crianças filhas de pais negligentes acabam aprendendo que não dá para contar com o fato de que irão receber aquilo de que precisam quando precisam.

2) Autonomia / Dúvida e vergonha

Essa fase se inicia por volta de 1 ano e meio, quando a criança começa a andar sozinha, o que permite que ela também comece a explorar o mundo e a se afirmar, dizer o que quer e o que não quer. É também nessa fase que o bebê geralmente deixa de usar fraldas e passa a usar o vaso sanitário, o que é uma marca de independência. Se a criança é incentivada nesse processo, ela vai desenvolver sua autonomia. Mas se os adultos em volta dela brigam quando ela erra e não a incentivam, essa criança vai começar a ter dúvidas sobre as suas capacidades e a ficar com vergonha de não saber controlar a hora de fazer o xixi e o cocô.

3) Iniciativa / Culpa

Por volta dos 4 anos, a criança começa a ter um pouco mais de iniciativa. Ela demanda atenção dos pais e dos adultos que fazem parte de sua vida, quer que eles brinquem junto com ela, mostra seus brinquedos. Se esses adultos incentivam a criança, fazem atividades com ela e atendem aos chamados, ela vai ser estimulada a ter iniciativa. Se não, a criança vai aprender que, sempre que tem a iniciativa de chamar para brincar ou quiser participar do que está acontecendo, vai ganhar uma bronca. Então, ela vai ficar culpada por ter perturbado os adultos.

4) Indústria (produtividade) / Inferioridade

Uma nova fase se abre quando as crianças entram em idade escolar e segue até a puberdade. Se a criança descobriu até agora que o mundo é um lugar "bom" para ela, conseguiu passar pelo desfralde e foi incentivada a tomar iniciativas, provavelmente conseguirá lidar bem com os desafios da escola. Mas se ela aprendeu que não pode esperar muito do mundo, teve a independência minada e não foi encorajada a tomar iniciativa, é bem provável que a fase escolar também seja tensa.

5) Identidade / Confusão de identidade

Essa fase acontece durante a adolescência, e é fácil identificar suas características. É nesse período que o sujeito começa a se perguntar "quem sou eu?". Muitas pessoas experimentam vários tipos diferentes de perfis nessa fase: góticos, emo, sertanejos, *hip hoppers*, *hippie* (e acabam produzindo umas fotos memoráveis para a posteridade). Isso é absolutamente normal. Se a base de desenvolvimento do sujeito foi sólida até agora, ele poderá até experimentar, mas terá uma boa ideia sobre quem é. Do outro lado está a pessoa cuja base é tão firme como angu, e que chega à fase da Identidade / Confusão completamente perdida sobre seu ego.

6) Intimidade / Isolamento

A partir desta fase as diferenças entre Freud e Erikson se acentuam ainda mais. Enquanto Freud acreditava que o amadurecimento psíquico se encerrava na adolescência, Erikson achava que nós continuamos nos desenvolvendo.

No início da vida adulta, é hora de trabalhar os relacionamentos – não só os amorosos, mas de todos os tipos – e desenvolver intimidade. É nessa fase que o sujeito vai aprimorar a habilidade de confiar nas pessoas, compartilhar intimidades etc. Segundo o professor Chris Dula, que dá aulas de introdução à psicologia na East Tennessee State University, é uma fase de negociar relações. E aí, ou você aprende a desenvolver intimidade, ou cai no isolamento.

7) Generatividade / Estagnação

Por volta dos 30 e poucos anos, o sujeito entra na fase de se dedicar à carreira (que pode ser em qualquer área, inclusive como voluntário em algum projeto). Segundo Erikson, essa é a fase mais produtiva do sujeito, quando ele tem energia para gerar resultados e movimentar o ambiente à sua volta. Isso, claro, se a pessoa tiver tido um desenvolvimento sólido até agora. "O outro lado dessa moeda é ser uma pessoa egocentrada, desconfiando de todo mundo, porque ela sabe que não pode confiar nas pessoas. O mundo é um lugar ruim, é melhor ela garantir o seu antes que alguém venha tomar, talvez tenha que dar algumas apunhaladas pelas costas para conseguir o que quer", exemplifica o professor Chris Dula.

8) Produtividade / Desespero

A última fase vai da maturidade até a morte, porque, para Erikson, nós nunca paramos de nos desenvolver. Normalmente, esta fase acontece depois que a pessoa deixa de ser produtiva. É um período de autoavaliação. O sujeito pode olhar para trás e ter um sentimento de realização, de que viveu bem a vida, construiu vínculos e deixou um legado. Ou pode olhar para trás e ter uma sensação de desespero, de ter desperdiçado tempo e de, depois de tantos anos, não ter feito tanta coisa.

Com o aumento da estimativa de vida e também a melhora na qualidade de vida da terceira idade, talvez essas últimas fases precisassem ser revistas, pois cada vez mais gente trabalha até o fim da vida – como o arquiteto Oscar Niemeyer, que morreu trabalhando a dez dias de completar 105 anos, e a designer de interiores Iris Apfel, que continuou intensamente ativa mesmo depois de já estar mais perto dos 100 do que dos 90 anos.

Segundo Chris Dula, as fases apresentam pontos extremos. "São tendências, mas normalmente ninguém está em um polo ou no outro. Se aplicarmos (um gráfico de) distribuição normal em cima desses polos, veremos poucas pessoas nos extremos. A maioria estará no centro, tendendo para um lado ou para outro", considera. Ele também afirma que a própria pessoa pode mudar a inclinação de seu trajeto para o bem ou para o mal, dependendo dos fatos que acontecem em sua vida e de como ela reage a esses fatos.

CAPÍTULO 21
Carl Rogers

Carl Rogers queria se envolver com seus pacientes. Ao contrário de boa parte das demais correntes da psicologia clínica até então, que previam um distanciamento entre o paciente e o analista, Rogers defendia exatamente o oposto.

Aliás, "paciente" era uma palavra da qual ele não gostava nada. Diferentemente da psicanálise, que acreditava que todo mundo possuía uma neurose de base, Rogers defendia que o estado normal do indivíduo era a saúde. Qualquer alteração nesse estado era uma disruptura da normalidade. Por isso, as pessoas que iam até seu consultório não deveriam ser chamadas de pacientes, e sim de clientes.

Nascido em 1902, na cidade de Oak Park, nos Estados Unidos, Rogers acreditava que o indivíduo possuía, dentro de si, a capacidade de entender os aspectos de sua vida que estavam causando o sofrimento e também a tendência de reorganizar a si mesmo e sua relação com a vida para amadurecer. O papel do terapeuta nesse processo seria só conduzir a pessoa por esse caminho.

Ele treinou diversos profissionais, de especialidades variadas – assistentes sociais, religiosos, profissionais de saúde e outros – para trabalharem com essa abordagem. Ao fim de um desses treinamentos, em 1946, houve um evento social. Uma espécie de show de *stand-up comedy*, em que Rogers foi o centro das atrações.

Invariavelmente, havia um esquete satirizando Carl Rogers em seu escritório de aconselhamento no décimo andar, atendendo a um paciente suicida:

— Dr. Rogers — o cliente diria — Estou me sentindo suicida.
— Está se sentindo suicida? — Rogers responderia.
— Sim, estou caminhando em direção à janela, dr. Rogers.
— Entendo. Você está caminhando para a janela — Rogers responde.
— Olha, dr. Rogers, estou abrindo a janela — o cliente diz.
— Você quer abrir a janela? — Rogers reflete.
— Sim, estou colocando um pé para fora da janela, agora.
— Você já está com meio corpo para fora, é isso mesmo?
— Sim, agora estou pulando, dr. Rogers.
— Uhm hum, uhm hum, você está pulando — diz Rogers.
E, claro, o cliente pula, fazendo um barulho de *whoosh* enquanto despenca pelo ar antes de atingir o chão, com um estrondo. Então, Rogers vai até a janela, olha para fora e conclui: "Whooooosh... Plop!". (Kirschenbaum, 1979, em tradução livre)

Foi essa piada – que o psicoterapeuta amargou durante, pelo menos, todos os fins de semana do curso que estava dando – que fez acender a lâmpada de "eureka" na cabeça de Rogers. Foi a partir daí que ele começou a entender que a postura do terapeuta contava tanto quanto a técnica. Isso fez surgir a grande contribuição de Rogers para a psicologia: a terapia centrada no cliente.

Ele sugere que, para o tratamento terapêutico ter os efeitos desejados, o terapeuta deve desenvolver uma relação de confiança com o indivíduo que está atendendo. Para isso, o profissional precisa demonstrar apreço pelo cliente, empatia e congruência (no sentido de estar pleno na relação e demonstrar o que sente). Foi a partir daí que ele deu início a uma nova corrente psicológica: o humanismo.

Também contrariando outras correntes, como a própria psicanálise e o comportamentalismo, que tinham um método de análise, na terapia centrada no cliente não há uma "fórmula" de abordagem. Por isso, o próprio terapeuta precisa ir encontrando sua própria forma de se relacionar com os clientes e amadurecer como profissional.

Em 1965, Rogers participou de uma interessante experiência para mostrar, na prática, como funcionava a sua abordagem. Ele topou atender uma paciente real, Gloria, em frente às câmeras do produtor de cinema Bill McGaw. O experimento fez parte do documentário *Three Approaches to Psychotherapy*, que também teve a participação de Fritz Perls, mostrando a gestalt-terapia, e Albert Ellis, com sua terapia racional emotiva comportamental (REBT, na sigla em inglês).

No vídeo/experimento, Rogers descreve os efeitos esperados de seu método:

> Sentindo que eu tenho apreço por ela, é possível que ela própria tenha mais apreço por si mesma. Sentindo que alguns de seus significados são entendidos por mim, talvez ela consiga escutar a si mesma mais prontamente, escutar o que acontece em sua própria experiência, escutar alguns significados que ela não havia conseguido captar antes. E, talvez, se ela sentir a sinceridade em mim, ela poderá ser mais verdadeira consigo mesma.

Depois de muitos anos aplicando seu tipo de abordagem e fazendo pesquisas científicas com o método, o psicoterapeuta descobriu que as três condições que ele afirmava serem vitais para a análise eram, na verdade, importantes para qualquer tipo de relacionamento humano. A partir daí, Rogers publicou seu livro *Grupos de encontro*, de 1970, e começou a realizar cada vez mais trabalhos de terapias em grupo e mediar conflitos.

Esse projeto evoluiu tanto que, em 1985, ele foi convidado a mediar um workshop na Áustria para 50 líderes mundiais. O objetivo era dissolver as tensões políticas na América Central. Esse trabalho com viés mais político rendeu a Rogers uma indicação ao Prêmio Nobel da Paz, em 1987.

CAPÍTULO 22
Jean Piaget

Na década de 1940, a psicologia cognitiva e do desenvolvimento deu um novo salto, com os estudos do biólogo e psicólogo suíço Jean Piaget. Com a criação da teoria construtivista e sua teoria dos estágios, que define o processo do aprendizado, ele revolucionou por completo as áreas da educação e da pedagogia. Na verdade, ele foi tão fundamental nesse campo, que hoje o nome de Piaget é praticamente um sinônimo de pedagogia.

Ele, que já se interessava pelo tema do aprendizado em crianças, entrou ainda mais fundo no assunto depois do nascimento de seus três filhos. Defendia que as crianças só eram capazes de aprender o que já estavam preparadas para assimilar. Ou seja, não adianta tentar ensinar um bebê de um ano a ler, porque sua mente ainda não está com todos os processos necessários prontos para essa atividade. Ele também relativizava o verbo "ensinar", já que para ele a criança aprende sozinha. O professor é apenas um facilitador do processo.

"A grande contribuição de Piaget foi estudar o raciocínio lógico-matemático, que é fundamental na escola, mas não pode ser ensinado, dependendo de uma estrutura de conhecimento da criança", disse Lino de Macedo, professor do Instituto de Psicologia da Universidade de São Paulo, em entrevista à revista *Educar para crescer*.

O suíço teorizou que as crianças aprendem seguindo quatro estágios, que começam no nascimento e se fecham na adolescência, quando o sujeito tem plenas capacidades de raciocínio. Essas fases são progressivas: a criança não consegue passar para a próxima sem ter terminado a anterior. E, a cada nova etapa, o raciocínio vai se tornando mais complexo.

O primeiro estágio, que vai até mais ou menos os 2 anos é o sensório-motor. É nessa época que a criança começa a desenvolver suas habilidades motoras – como se sentar, andar, pegar, encaixar objetos –, mas ela também começa a aprender a criar categorias para seus conhecimentos. Aí o bebê começa a entender o que são os "au-aus", os "miaus", os "piu-pius" e a formar relações entre essas categorias (o "miau" tem muitas características parecidas com o "au-au", mas eles são bichos diferentes). Um ponto importante dessa fase é a percepção da permanência dos objetos, que é quando a criança finalmente entende que, mesmo quando ela não está vendo um objeto, ele ainda existe em algum outro lugar.

Dos 2 anos até os 7, mais ou menos, a criança entra no estágio pré-operatório, que é quando ela desenvolve o pensamento simbólico. Os seres humanos raciocinam por meio de símbolos, como a linguagem e a matemática. Junto com esse tipo de pensamento vem também a capacidade da comunicação, já que a criança só começa a falar depois de já ter conseguido dominar as habilidades necessárias para isso. Então, é nessa época que ela começa a falar, desenhar, escrever, fazer as primeiras contas. Uma das características fundamentais desse período é o egocetrismo. A criança não se importa com o ponto de vista das outras pessoas, porque ela ainda não desenvolveu as habilidades cognitivas para conseguir entender o outro. A fase também é marcada pelo animismo, ou o fato de pensar que objetos inanimados estão vivos. Assim, a criança conversa com seus carrinhos e suas bonecas, com o carro da família etc.

Entre os 7 e os 11 anos, o sujeito está na fase das operações concretas, quando consegue estabelecer relações entre as categorias que desenvolveu até esse ponto da vida. Ele também desenvolve a habilidade de coordenar pontos de vista e começa a deixar o egocentrismo de lado. Outra característica importante dessa fase é a internalização, ou a capacidade de processar o raciocínio dentro do cérebro, sem precisar falar sobre. Outras habilidades marcantes nesse momento são a compreensão da conservação da massa dos objetos e a da reversibilidade, ou a capacidade de entender que as situações – como a organização dos brinquedos – podem voltar a ser como antes.

Por volta dos 11 ou 12 anos, o sujeito entra na quarta e última fase do desenvolvimento cognitivo, que é a das operações formais. Nessa etapa, ele começa a ser capaz de abstrações maiores e já pode começar a aprender operações mais complicadas de matemática, física, química. É o momento de começar a entender as hipóteses e como podem ser testadas. Este é o ponto máximo de desenvolvimento cognitivo, segundo Piaget. Isso não significa que todos irão necessariamente desenvolver todo o seu potencial intelectual, mas, nesse estágio, todos já podem desenvolvê-lo.

CAPÍTULO 23
Lev Vygotsky

A Rússia do fim do século XIX e início do século XX era um país que vivia isolado da parte do mundo que preferiu o modelo socioeconômico do capitalismo. Em eras sem internet, quando a comunicação dependia, basicamente, de cartas, era difícil saber o que acontecia daquele lado. (Pense no que ocorre nos dias de hoje com a Coreia do Norte, mas com um governante menos surreal).

Enquanto, na parte capitalista do globo, Piaget estava formulando sua Teoria dos Estágios, lá na Rússia, outro sujeito pensava a coisa toda de forma completamente diferente. Esse sujeito era Lev Vygotsky (cujo nome real, em russo, nós nem temos caracteres em nossos computadores para escrever). Para ele, o processo de aprendizagem só podia ocorrer e ser analisado no contexto sociocultural. Na verdade, ele acreditava que o contexto sociocultural era uma parte fundamental do aprendizado e que, sem ele, não havia desenvolvimento.

O eclético Vygotsky – que era formado em Direito, com doutorado em Psicologia das Artes – sabia que fatores como "quais informações estão disponíveis", "quais têm valor social" e "quais são ensinados" moldam a visão de mundo dos indivíduos. As crianças constroem seus significados a partir do que nós, adultos, dizemos para elas: "não coloque o dedo na tomada", "cumprimente seus avós", "o vaso sanitário é sujo, e você não deve colocar a mão dentro dele" –, entre inúmeros outros exemplos. Essa é a forma passiva de aprendizado.

À medida que vão crescendo, as crianças começam a imitar o mundo em que vivem. Não é por acaso que muitas delas brincam de ser mãe ou pai, de fazer compras no supermercado, de ir à escola. Até quando estão brincando sozinhas, com seus bonecos e outros brinquedos, elas criam diálogos muito parecidos com os que escutam e dos quais participam no dia a dia. Essas brincadeiras são representações do mundo ao qual elas têm acesso, por meio de seus contextos socioculturais. Para Vygotsky, quando a criança faz isso, ela está construindo seus próprios significados do mundo em uma ação de aprendizagem ativa.

Quando maiores, os diálogos deixam de ser verbais, e passam a ser mentais. Esse processo dá início à cognição avançada. A partir daí, o indivíduo é capaz de formular possibilidades e agir de acordo com elas. Ele elabora uma hipótese e testa, verifica se é verdadeira ou falsa, se precisa adaptá-la, se o que ele imaginou corresponde à realidade. Esse modo de construção dos significados por meio dos diálogos internos continua por toda a vida. Todo mundo conversa consigo mesmo dentro de sua própria cabeça.

O passar do tempo só veio provar que Vygotsky tinha razão ao inserir o indivíduo em seu contexto. No século XXI, nós temos mais informações ao nosso dispor do que qualquer ser humano jamais teve em toda a história da humanidade. Mesmo assim, o contexto do sujeito ainda molda sua forma de ver o mundo. Mesmo com acesso a, hipoteticamente, todas as culturas do planeta Terra, ainda crescemos em uma subcultura que molda nossa perspectiva e nossa forma de agir e nos relacionar com o mundo. É daí que vêm todas as possibilidades de interpretação de temas como política, sexo, gênero, raça, religião, status social, valores e muitos outros.

Vygotsky morreu muito cedo – em 1934, aos 38 anos – de tuberculose, deixando seu trabalho incompleto. Devido ao contexto (sempre o contexto!) em que ele nasceu e trabalhou, sua obra só foi descoberta pelo Ocidente recentemente. Seu primeiro trabalho foi lançado em inglês em 1962! Mas, até hoje, ainda há obras suas que estão sendo traduzidas do russo. Pode ser que, nos próximos anos, venhamos a descobrir ainda algumas nuances de suas teorias e consigamos entender um pouco mais de seu ponto de vista.

Parte 5

MALDITO REICH!

Ele achava que boa parte dos problemas do mundo estava na falta de um bom sexo. E isso incomodou mais gente do que ele podia enfrentar. Wilhelm Reich foi o psicanalista "louco" que defendeu que o orgasmo era a chave para a saúde mental – saúde essa que impediria o desenvolvimento de mentes sádicas como a de Hitler e dos nazistas.

Reich travou uma batalha contra tudo e contra todos para defender suas ideias. O preço dessa luta foi alto. Ele acabou sendo abandonado por Freud, seu grande mestre, foi desacreditado pela ciência, por seus colegas psicanalistas, por médicos, foi odiado pelos stalinistas e pelos nazistas. Depois, foi odiado também pelos Estados Unidos. Tentou algum laço intelectual com Einstein, mas foi igualmente desprezado por ele. Ficou paranoico, tentou aplicar suas ideias na sociedade ocidental de qualquer jeito, porque elas eram o caminho que ele acreditava para uma sociedade melhor.

Toda a hostilidade que Reich enfrentou, ainda que grande, foi menor que o ostracismo no qual ele foi jogado pela sociedade tacanha da primeira metade do século XX. O homem que já havia sido um psicanalista brilhante, ex-aluno e ex-discípulo de Freud, caiu no esquecimento. Suas ideias nunca foram reavaliadas na comunidade científica. Em alguns cursos de psicologia, ele sequer é mencionado.

Mas ele não foi esquecido completamente. Aliás, vamos ver que Reich está sempre presente. Ele não conseguiu mudar a psicologia com suas ideias, mas provocou uma mudança ainda mais profunda: a cultural. As teorias "loucas" de Reich foram odiadas pelos acadêmicos, mas caíram no gosto de formadores de opinião, que se basearam nelas para moldar a sociedade pós-moderna.

Tem também aquela pequena parcela que acreditou nas "doideiras" que ele falava. Esses, mais espertos que o próprio Reich, não tentaram nadar contra o mar de ressaca da sociedade conservadora, mas infiltraram as ideias do mestre com novos nomes, novas abordagens e uma interface mais fácil de ser aceita pelos carolas pudicos. Assim, sob influência de Reich, surgiram a psicologia corporal, a psicologia do ego, a terapia do grito primal de Arthur Janov.

É por causa das ideias de Reich que hoje damos tanto valor a massagens e outras técnicas de relaxamento. É por causa dele também que é tão natural fazermos associações como "está de mau humor porque dormiu de calça jeans". E também é, em parte, por causa dele que hoje as mulheres podem exercitar muito mais livremente sua sexualidade, os gays podem se assumir e todos podemos falar sobre sexo numa mesa do bar.

Podemos falar tanto, aliás, que vivemos em uma sociedade hipersexualizada. A publicidade, os filmes, as novelas, os livros – tudo explora a temática da sexualidade. A trilogia *Cinquenta tons* e seu sucesso colossal está aí e não nos deixa mentir. Mas talvez isso não signifique que chegamos aonde

Reich queria. A homofobia e a onda de conservadorismo pela qual estamos passando mostram que ainda falta muito, na verdade. Falta muito para conseguirmos nos relacionar com outros seres humanos sem neuroses, falta muito para não descontarmos nossas frustrações sexuais subjugando outras pessoas, falta muitíssimo para começarmos a lidar melhor com a fluidez da nossa própria sexualidade, com sua falta de relação direta do desejo com a anatomia. É aí que nos damos conta: Reich tinha razão o tempo todo.

CAPÍTULO 24
O profeta dos maiores e melhores orgasmos

Aos 21 anos, o galego (hoje seria ucraniano) Wilhelm Reich já tinha a experiência de uma vida inteira. Quando tinha 13 anos, ficou órfão de mãe, depois que ela se suicidou. Mais ou menos um ano antes, Reich havia "dedurado" a mãe para o pai. O menino a viu tendo relações sexuais com um de seus professores (ele recebia educação em casa) e compartilhou a "novidade" com o pai. O chefe da família não achou nada bom e começou uma rotina de espancar a mãe, até que ela não aguentou a pressão e acabou se matando.

Quatro anos mais tarde, Reich também ficou órfão de pai, que morreu de tuberculose. Foi no ano em que estourou a Primeira Grande Guerra na Europa, e Reich estava no centro dos conflitos. Ele se alistou no exército austro-húngaro e lutou por seu país. Em 1918, com 21 anos, já era um homem vivido.

Com toda essa experiência, Reich resolveu que queria ser médico, e entrou para a Universidade de Viena. Não precisou de muito tempo no curso para ficar insatisfeito com o que considerava uma visão "mecânica" da vida, que via nos colegas de curso. Toda aquela coisa de dissecar cadáveres para tentar encontrar os problemas do corpo, definitivamente, não era com ele. Em vez de procurar a origem dos males nos órgãos, começou a se interessar pela energia criativa que acreditava ser a base da vida.

Reich continuou seus estudos na área da neuropsiquiatria e, de 1922 a 1924, fez um mestrado na Neurological and Psychiatric University Clinic, sob a tutela de Wagner-Jauregg ("simplesmente" o cientista que viria a ser o Prêmio Nobel de Medicina em 1927). Ele também trabalhou no atendimento de pessoas com distúrbios psiquiátricos e estudou hipnose e terapia de sugestão.

Na busca por uma abordagem menos mecanicista dos pacientes, conheceu Sigmund Freud, em 1919. No ano seguinte, já era membro da Associação Psicanalítica de Viena. Aos 22 anos, Reich já estava atendendo seus primeiros pacientes e havia se tornado o queridinho de Freud. Diziam até que ele seria o herdeiro de seu legado.

Mas a verdade foi que Reich pegou as teorias psicanalíticas de Freud, recém-formuladas, e aprofundou seus estudos de um jeito muito peculiar. O Pai da Psicanálise havia identificado uma relação entre as neuroses e a repressão da sexualidade. Ele também havia descoberto que há, em toda pessoa, uma energia sexual biológica que é a força vital – a "libido", como ele batizou. Reich levou essas duas partes da teoria freudiana bem a sério, e resolveu mergulhar ainda mais fundo: para ele, a libido era uma energia real, quantificável. O trauma, além de ser escondido nas profundezas do inconsciente, era fisicamente reprimido e iria se manifestar com algum sintoma físico, às vezes, anos mais tarde. Era o início da teoria da somatização.

De acordo com Reich, quando uma repressão ocorre, essa energia vital da libido fica presa em uma contração muscular – a "armadura", como ele chamou. Essa armadura restringiria os movimentos do corpo e se tornaria também o epicentro somático das neuroses, tornando a descarga orgástica impossível. Um círculo vicioso dos que não gozam.

A repressão, nos primeiros anos do século XX, estava em todos os lugares e se manifestava dentro de todas as instituições, começando pela família. Não muito diferente do que acontece hoje, para falar a verdade. Essa repressão acontece, por exemplo, quando os pais cerceiam as liberdades emocionais da criança dizendo que "meninos não choram". Ela também acontece quando, envergonhados, os pais não deixam que a criança comece a conhecer seu próprio corpo, ou quando as "brincadeiras de médico" causam escândalo.

Em nossa sociedade, as crianças são proibidas de exercitar sua sexualidade, e o resultado direto disso são rios de mulheres que não conseguem chegar ao orgasmo quando adultas e homens que "se educam" sexualmente com pornografia. O reflexo são as inúmeras capas de revistas e posts em sites ensinando "Sete dicas infalíveis para satisfazer seu homem na cama" ou "Como chegar ao seu ponto G".

Reich, ao contrário, defendia que as crianças tivessem a liberdade de se tocar, se conhecer e se proporcionar prazer – visão, aliás, que o fez ser bem mal interpretado como um defensor da pedofilia. De seu ponto de vista, se fosse permitido às crianças ter uma atividade sexual com seus amiguinhos desde cedo, elas conseguiriam descarregar as tensões libidinais e teriam uma vida mais saudável de uma forma geral, até depois de se tornarem adultas.

Ele também defendia que os adolescentes tivessem aulas de educação sexual e que recebessem contraceptivos. Em um livreto com o título The Sexual Struggle of Youth [A batalha sexual da juventude, em tradução livre], ele se manifestou contra as mensagens pouco claras que os adolescentes recebiam e que dificultavam seu entendimento sobre sua própria sexualidade. "Os jovens estão contaminados, por um lado, pelos moralizadores e defensores da abstinência e, por outro lado, pela literatura pornográfica", criticou Reich.

São argumentos que nós ainda defendemos hoje, no século XXI, e que nos parecem sensatos. Mas, naquela época, o que Reich conseguiu foi ser expulso da International Psychoanalytic Publishers, associação que reunia cientistas e pesquisadores na área de psicanálise.

Com esses preceitos em mente e seu consultório abarrotado de pessoas com problemas sexuais, além da terapia da fala, as sessões com Reich incluíam umas massagens que os pacientes relatavam ser bem dolorosas. Essas práticas serviam para dissolver a tensão muscular e aliviar o trauma entranhado. O psicanalista também trabalhava a respiração com seus analisandos para que eles conseguissem soltar emoções que estavam reprimidas. Para conseguir trabalhar todas essas questões com eficiência, Reich precisava que seus pacientes tirassem as roupas – por completo ou, pelo menos, uma parte (um escândalo inominável para a conservadora Europa do início do século XX!).

Tanta intimidade levava a mais intimidade ainda: não era segredo para ninguém que Reich tinha uns casos com alguns de seus neuróticos. Mas, também, isso não era algo condenável (ainda). O próprio Freud tinha umas relações "estritamente profissionais" com alguns pacientes e afirmava serem "inevitáveis".

Reich seguiu em frente com suas teorias, terapias e sessões altamente controversas e percebeu que, trabalhando os bloqueios nas duas dimensões (corporal e psíquica), ele conseguia proporcionar um alívio emocional considerável a seus pacientes. Às vezes, esse "alívio" virava mesmo um tipo de prazer físico.

Isso levou o psicanalista a concluir que, por baixo das tensões musculares, havia o que ele chamou de "potência orgástica". Essa potência seria uma espécie de energia vital, que ficava obstruída por conta das tensões e impedia os analisados de terem um alívio orgásmico completo. Sem orgasmo, o paciente também não conseguia ter uma experiência de vida satisfatória.

Toda essa teoria, hoje, parece fazer total sentido – ou, pelo menos, ser inofensiva. Mas, se a patrulha da sexualidade alheia é forte nos dias de hoje, imagine nos anos 1920! A repressão era mais forte ainda, e o resultado disso foi que Reich foi escorraçado socialmente. Além de ter virado uma espécie de anticristo libertino, ele ainda teve que lidar com o escárnio de seus pares. Na comunidade científica, ficou conhecido como o "profeta dos maiores e melhores orgasmos", e sua credibilidade rapidamente começou a cair.

❦ CAPÍTULO 25 ❦
Neurose é falta de um bom sexo

Se no início de seus estudos sobre a psique humana, Freud atribuiu a energia vital à libido – que era também a energia sexual –, continuando suas pesquisas, ele acabou concluindo que não era possível provar toda essa teoria libidinal, e que o tema só poderia ser tratado como uma especulação científica. Mas Reich não comprou essa retratação. Em suas pesquisas, ele observou que a energia sexual era mais do que uma ideia. Aliás, conseguiu até comprovar a existência da energia orgástica em um experimento científico.

Em meados dos anos 1930, Reich viajou para a Escandinávia, onde conseguiu continuar suas pesquisas (travando batalhas épicas contra a burocracia que tentava embarreirar sua forma de fazer ciência). Em Oslo, ele realizou várias experiências para conseguir "enxergar" essa energia que acreditava existir.

Em participantes voluntários, ele conseguiu medir e demonstrar uma descarga na superfície da pele que estava diretamente relacionada aos sentimentos de prazer e ansiedade. Quando o participante sentia prazer, a descarga de energia aumentava nas proximidades da pele. Já quando o participante se estressava, a descarga diminuía. Com essa dinâmica, Reich concluiu que o prazer é causado pelo movimento da energia biológica em direção à periferia do organismo (a pele). A ansiedade, por outro lado, acontece quando essa energia se movimenta em direção aos órgãos internos.

Essas descobertas fizeram Reich conduzir experimentos em laboratório para ampliar as provas da existência da energia vital. Em seus experimentos, ele usou uma câmera fotográfica que fazia sequências em *time-lapse* acopladas a microscópios com capacidade de ampliação de imagem de 3 mil vezes. Com isso, ele registrou o desenvolvimento de protozoários. Durante essas experiências, o cientista descobriu que, em certas condições, substâncias estéreis e não estéreis, como grama, sangue, areia, carvão e alimentos, se desintegravam em vesículas pulsantes que exibiam uma coloração azulada. Reich observou que dentro dessas vesículas existia uma movimentação, que seria o efeito de uma energia. A essa energia, ele deu o nome de *bions* (que era a palavra grega para "vida").

A pesquisa de Reich também o levou a observar que os tais *bions* mostravam um fenômeno radioativo intenso, e que esses *bions* tinham a capacidade de matar bactérias e células tumorais. A radiação presente nessa energia das vesículas confirmou a existência de uma energia que não se comportava nem de acordo com as leis da eletricidade, nem de acordo com as leis do magnetismo. Então, o pesquisador batizou essa nova forma de energia com o nome de "orgônio", já que sua descoberta havia sido derivada de uma pesquisa sobre a função orgástica e também porque essa energia tinha a capacidade de mudar os materiais orgânicos.

Apesar de todas as provas científicas encontradas por ele, quando Reich publicou essas descobertas, elas foram recepcionadas com uma chuva de críticas de seus pares, que publicaram ataque atrás de ataque na imprensa norueguesa. "Toda ciência é ideológica", afirma, em uma matéria do jornal *O Tempo*, a professora Lola Aronovich, do Departamento de

Letras Estrangeiras da Universidade Federal do Ceará (UFC), "e essa parece ser mais uma prova".

Sem se deixar abalar pelos ataques e continuando suas pesquisas com a energia orgástica, na parte clínica, Reich descobriu também que o prazer sexual possuía um efeito de alívio sobre os sintomas dos neuróticos e concluiu que a base de todas as neuroses estava em uma vida sexual mal resolvida. Assim, ele elaborou uma teoria segundo a qual a função do orgasmo é manter o equilíbrio energético do corpo descartando o excesso de energia biológica que vai se acumulando naturalmente no dia a dia das pessoas.

De acordo com o raciocínio de Reich, funciona mais ou menos assim: o seu dia a dia, cheio de estresse, sapos que você tem que engolir e atritos com as outras pessoas com quem tem que conviver, vai fazendo o seu corpo acumular energia. Quando você faz um bom sexo, o orgasmo dispersa esse excesso de energia e equilibra o organismo, promovendo bem-estar e saúde mental. Por outro lado, se você não faz sexo, essas *bad vibes* vão se acumulando no seu cérebro, até o ponto em que você começa a desenvolver sintomas de uma neurose.

A próxima parte do raciocínio seria que, sem a repressão sexual, não haveria neuroses. Isso se mostrou verdade em sociedades que têm uma postura afirmativa para o sexo, como os habitantes das ilhas Trobriand, que fazem parte do arquipélago de Papua Nova Guiné. Lá, a sociedade tem uma estrutura matrilinear – ao contrário da sociedade ocidental (e de grande parte das sociedades asiáticas), em que uma estrutura social patriarcal tem uma postura negativa frente ao sexo.

Isso significa que toda a nossa sociedade é orientada contra a liberdade sexual e, desde a infância, todos os esforços são na direção de inibir e reprimir toda e qualquer manifestação sexual. Por causa das fraldas e das roupas, os bebês ficam incapacitados de tocar seus genitais. Quando já são maiores, suas tentativas de se tocar são impedidas pelos adultos. Tanto meninos como meninas são repreendidos por qualquer curiosidade sobre o corpo do outro, e o adolescente que ingressa na vida sexual "cedo demais" (de acordo com os padrões sociais) pode ser punido de forma severa.

Dessa forma, somente alguns poucos crescem com uma atitude natural para o sexo. Mesmo assim, há a expectativa social de que, quando se casarem, todas as pessoas saberão exatamente como ser sexualmente funcionais. Mas a verdade é que poucos conseguem encontrar ou manter uma relação sexualmente satisfatória, até hoje em dia. O resultado disso é uma sexualidade compulsiva e irresponsável que oferece pouco alívio e é acompanhada de altas doses de pornografia, ao que Reich se opunha frontalmente.

A partir desse raciocínio, ele se dedicou a desenvolver uma técnica que fosse além da psicanálise para tratar esses problemas – hoje conhecida como psicologia corporal. Sua experiência clínica o levou a desenvolver novas (e polêmicas) técnicas terapêuticas para eliminar a armadura muscular e, assim, possibilitar o fluxo da energia sexual para atingir o que ele chamava de "potência orgástica" – que era a capacidade de se excitar sexualmente e ter prazer com o toque nos genitais.

Mas suas técnicas eram tão inovadoras quanto controversas, e Reich estava deixando a pudica Europa dos anos 1920 em polvorosa. Naquela época, o sexo era algo feito mesmo entre quatro paredes (e, de preferência, no escuro), e uma teoria que arrombava as portas dos armários sexuais de todo mundo era muito malvista. Além disso, o psicanalista percebeu que a saúde sexual era uma boa forma de prevenir neuroses, mas uma ferramenta pouco potente para o tratamento, depois que a neurose já estava formada – se não fosse assim, seria muito fácil curar depressões, síndromes de ansiedade, transtornos obsessivos compulsivos e afins. Mas não é isso que observamos no mundo real.

"Você precisa transformar completamente todo o seu pensamento, para não pensar do ponto de vista do Estado e da cultura, mas do ponto de vista do que as pessoas necessitam e por que elas sofrem. Então, você organiza suas instituições sociais de forma apropriada" (tradução livre), escreveu o psicanalista em seu livro *Reich Speaks of Freud*.

Para mudar a forma de pensar dos conservadores do século XX, Reich começou a educar pessoas da classe trabalhadora sobre a importância da vida sexual para o bem-estar e a saúde. Como queria alcançar o maior número de pessoas que conseguisse para disseminar sua teoria, ele se aproximou dos partidos Comunista e Socialista de Viena, depois de Berlim, e é aí que começa um novo capítulo de sua obra intelectual.

CAPÍTULO 26
Guerra é coisa de mal-amados

No fim dos anos 1920, Reich travava sua cruzada pessoal para educar sexualmente o maior número de pessoas que conseguisse. Observando o cenário mundial, ele também estava chocado com a violência que tomava a Europa naqueles anos do primeiro pós-guerra. Diante de todo esse turbilhão e na tentativa de contribuir, Reich se afiliou ao Partido Comunista da Áustria em 1927.

Nesse mesmo ano, ele assistiu à chacina de 84 pessoas pela polícia, no evento chamado de Revolta de Julho, em Viena. Outras 600 pessoas ficaram feridas na revolta. Esse tipo de situação indicava para Reich que alguma coisa estava muito fora de ordem no mundo. Ele observava que a polícia não era só violenta. Os policiais também operavam de forma robótica, mecânica, como se estivessem em uma espécie de transe (qualquer semelhança com a polícia de hoje em dia é mera coincidência – ou não).

Reich encontrava a explicação para esses absurdos na teoria que ele batizou de "economia sexual". De acordo com esse raciocínio, a saúde física (além da mental) depende da potência orgástica – ou seja, da capacidade de se entregar ao êxtase durante um ato sexual. A base para isso está na capacidade de amar. As doenças mentais, por outro lado, são o resultado de uma perturbação na capacidade natural para o amor. Quando a pessoa sofre de uma impotência orgástica (caso da maioria dos seres humanos da atualidade), a energia biológica fica danificada e acaba se tornando a fonte de todos os tipos de comportamentos irracionais – inclusive a violência, o autoritarismo, o belicismo.

Todos os comportamentos antissociais, segundo Reich, surgem de impulsos cuja origem está na supressão da sexualidade natural, até mesmo o ímpeto violento e agressivo que leva seres humanos a enveredarem em uma guerra contra outros seres humanos. O indivíduo criado em um ambiente que nega o sexo desenvolve uma ansiedade do prazer, que é uma espécie de medo de ter uma excitação com prazer. Essa ansiedade, na prática, se manifesta através de espasmos musculares e tensões – a já conhecida armadura. Essa armadura é a base da solidão, do sentimento de impotência, e também do desejo por autoridade, medo da responsabilidade, infelicidade sexual e de uma resignação patológica e não natural.

Seguindo suas tendências socialistas, Reich defendia que os seres humanos, sexualmente reprimidos, assumiram uma postura hostil contra a vida e se alienaram dela, uma alienação social e econômica que ele aponta nunca ter existido antes da sociedade patriarcal. Mas desde que essa nova ordem social foi instaurada, o dever tomou o lugar do prazer natural pelo trabalho e pelas atividades. Com isso, a estrutura psicológica média dos seres humanos deu uma guinada na direção da impotência e do medo de viver. Essa foi a abertura não só para que as ditaduras se formassem e se estabelecessem, mas também se justificassem com base em atitudes como a falta de responsabilidade das pessoas e seu modo infantil de encarar a vida.

No livro *A função do orgasmo: Problemas econômico-sexuais da energia biológica*, Reich analisa o fenômeno da Segunda Guerra:

A catástrofe internacional [guerra] por que estamos passando é a suma consequência da alienação da vida. Essa formação de caráter nos moldes autoritários tem como ponto central não o amor parental, mas a família autoritária. Seu instrumento-chave é a supressão da sexualidade na infância e na adolescência.

Ou seja, o poder destrutivo de uma vida sexual não satisfatória vai muito além de tensões musculares e neuroses com as quais o indivíduo terá que conviver em seu dia a dia. Essa armadura, provocada pela falta de orgasmos para fazer fluir a energia vital, começa a ter consequências sociais graves. Na conjuntura propícia, como era o caso da Europa deprimida e economicamente abalada dos anos 1930, a insegurança gerada pela repressão sexual fez a cama para o surgimento de uma guerra.

O psicanalista se mudou para Berlim em 1930, a tempo de assistir de camarote ao nascimento e crescimento do nazismo. Para ele, a culpa do surgimento da figura de Hitler (ápice da armadura, na visão de Reich) foi da incompetência do Partido Comunista Alemão (KPD) em educar sexualmente seus filiados. No panfleto "O que é consciência de classes?", escrito e publicado de forma independente por ele em 1933, Reich afirma que a postura do partido para tratar do sexo abriu o caminho para que Hitler explorasse o tormento sexual das massas com fins políticos. Se tivesse seguido seus conselhos, Reich diz, o KPD teria educado sexualmente seus membros para criar cidadãos de caráter mais firme e emocionalmente mais estáveis. Essa opinião, é claro, desagradou não só ao KPD, que havia sido chamado de incompetente, mas também ao próprio nazismo, que começou a perseguir Reich.

A mesma explicação vale para o fracasso da Revolução Russa. De acordo com Reich, o país saiu dos trilhos porque o governo bolchevique falhou na tarefa de liderar a revolução sexual do povo russo. O resultado desse fracasso foi que as massas do país continuaram dependentes de autoridade e incapazes de se autorregular democraticamente, e isso tornou uma ditadura inevitável. E, dessa vez, ele arrumou briga com os stalinistas, que também não gostaram nada de alguém colocando o dedo em sua ferida ainda aberta.

Reich interpretava que a repressão sexual individual tinha reflexos em todos os âmbitos da sociedade. Então, além de interferir no cenário político, ela também tinha um papel na economia. Segundo ele, sempre com uma visão socialista de mundo, o domínio do capitalismo na sociedade ocidental também estava ligado à repressão. As restrições à atividade sexual impostas pela sociedade patriarcal produziam pessoas inseguras, dependentes de autoridade, incapazes de raciocinar sozinhas e de agir de acordo com suas crenças.

Mas, se é difícil imaginar uma revolução sexual liderada por um país hoje em dia, dá para imaginar quão absurda a ideia de Reich parecia nas décadas de 1930 e 1940. Se estivesse vivo hoje e acompanhando os desdobramentos da política no Brasil em 2016 – e também a atuação do Estado Islâmico e todos os conflitos do Oriente Médio –, é muito provável que Reich ficasse decepcionado. "Quase oitenta anos falando a mesma coisa, e ninguém ainda aprendeu nada", é minha aposta para o que ele pensaria sobre o nosso contexto.

Enquanto desenvolvia todas essas teorias sobre a relação entre uma vida sexual pobre de qualidade e os desdobramentos na vida política da Europa do século XX, o próprio Reich se via vítima dessas "inseguranças sexuais" dos líderes dos países por onde passava. Em 1933, depois de o jornal nazista *Völkischer Beobachter* ter publicado uma resenha negativa ao livro *O combate sexual da juventude*, ele e sua então esposa, Elsa Lindenberg (segunda, das quatro esposas que Reich teve), fugiram para a Dinamarca.

Mas sua vida não foi muito mais fácil por lá: ele também foi expulso do Partido Comunista Dinamarquês. Eles, então, se mudaram novamente, dessa vez para a Suíça, e lá Reich ficou sob vigilância do governo. Depois que a polícia viu uma fila de pacientes entrando e saindo de seu quarto de hotel, eles tinham certeza de que, em vez de psicanálise, Reich na verdade estava explorando um novo filão: a cafetinagem. E aí ele teve que se mudar novamente, pois as autoridades do país lhe negaram um visto de maior permanência.

As surpresas ainda não tinham acabado para Reich. Em 1934, ele teve o contrato de publicação de seu livro *Análise do caráter* cancelado e, quando chegou para a conferência da Associação Psicanalítica Internacional em Lucerna, na Suíça, descobriu que havia sido expulso da associação no ano anterior. Depois de tanta perseguição, esse episódio foi a gota d'água para Reich romper com a comunidade científica dominante. Reich escreveu em seu livro *A função do orgasmo*, de 1942:

> Quando cheguei a Lucerna, fiquei sabendo, pela secretaria da Sociedade Psicanalítica Alemã, da qual eu havia sido membro, que eu havia sido expulso em 1933, logo depois da minha realocação para Viena. Eu não havia sido notificado sobre isso, e ninguém achou necessário me informar as razões de minha expulsão. Finalmente, me disseram que meu trabalho sobre a psicologia de massa, que era dirigido contra a irracionalidade do fascismo, havia me colocado em

uma posição muito exposta. Portanto, minha afiliação na Associação Psicanalítica Internacional não era mais viável. Quatro anos depois, Freud teve que fugir de Viena para Londres, e os grupos psicanalíticos foram aniquilados pelos fascistas. Juntando-me ao grupo norueguês, eu poderia ter sido reintegrado como membro da Associação Psicanalítica Internacional. Nos interesses de manter minha independência, eu recusei essa possibilidade. Subsequentemente, eu evitei contato com meus colegas de antes. O comportamento deles não era melhor nem pior do que o usual nesses casos. Era baixo e desinteressante. Uma boa dose de banalidade é tudo de que se precisa para encerrar uma questão.

Nesse ponto de sua vida, aos 37 anos, Reich já havia conseguido provocar seu mestre maior, Freud; toda a corrente principal de psicanalistas; já havia sido expulso da Associação Internacional de Psicanálise; enfurecido os nazistas e os stalinistas, e era encarado como uma grande piada no meio acadêmico. Ele estava pronto para uma nova etapa de sua vida. Cheio de esperanças no Novo Mundo, Reich partiu para os Estados Unidos.

CAPÍTULO 27
O acumulador de energia orgástica

Lá no início de sua carreira na psicanálise, quando ainda era discípulo de Freud, Wilhelm Reich intuiu que o orgasmo era uma energia poderosa, capaz de lavar a alma, a mente e o corpo de tensões, neuroses e até sintomas físicos, como uma couraça de tensões musculares que impediam a energia de fluir naturalmente. Aprofundando suas pesquisas no assunto, porém, ele concluiu que o orgasmo era o veículo de uma energia real, que podia ser experimentada, mensurada e quantificada.

Mais do que somente uma vibração de prazer que tinha o poder de trazer relaxamento, Reich acreditava que o orgônio – também conhecido como orgone ou energia orgástica – fosse a própria energia vital (mais ou menos como Freud concebia a libido no início de seus estudos, que, depois, ele deixou para trás, pela impossibilidade de comprovação). Foi na Noruega, onde viveu de 1934 a 1939, que ele começou a desenvolver essa teoria, segundo a qual o orgone permeava a natureza, o cosmos e se expressava sob a forma de um fenômeno atmosférico: a aurora boreal. Sim, na visão de Reich, a aurora boreal não era o impacto de partículas de vento solar com a atmosfera terrestre, mas, sim, a expressão visual da energia da vida. Talvez um conceito "*hippie* tilelê" (*hippie* contemporâneo) demais para os ainda ultraconservadores anos 1930 e a teoria mais controversa de Reich, que tentava levar a psicanálise do campo mental para o físico e para o reino da biologia.

Em um experimento que fez no início de suas pesquisas sobre o assunto, ele afirmou conseguir enxergar a energia, que aparecia na forma de partículas azuis, os *bions*. Depois disso, de ter deixado para trás a teoria da Sex-Pol (que vamos explicar mais adiante) e de ter se mudado para os Estados Unidos pouco antes de a Segunda Guerra estourar, Reich tomou como sua missão de vida (além da forma mais promissora para ele se sustentar no novo país, longe de todos os seus contatos profissionais – com os quais ele já estava com o filme bem queimado) quebrar as "couraças" do maior número de pessoas que conseguisse.

Para isso, ele começou um projeto ambicioso (e bastante louco para a época): um tipo de aparelho que permitisse armazenar e canalizar a energia orgônica. Ele usou uma gaiola de Faraday (gaiola eletricamente isolada do lado de dentro, aparelho muito explorado por diversos cientistas para uma infinidade de experimentos) para criar o que viria a ser seu famoso "acumulador de orgônio".

O apetrecho era isolado com materiais orgânicos, como papelão e madeira, que Reich acreditava ter o poder de forçar a energia orgone a oscilar em zigue-zague dentro da caixa. Esse fluxo de energia tinha a capacidade de curar males mentais e físicos – até o câncer, de acordo com Reich. Em experimentos com a caixa, ele verificou que, dentro dela, a temperatura era ligeiramente mais alta, e a descarga eletroscópica era mais lenta.

Essa teoria (como, aliás, toda a obra do psicanalista) foi recebida com muitas críticas pelo meio científico e pela opinião pública, que se opunha veementemente a esse tipo de novidade. E aí Reich apelou para quem podia dar mais credibilidade à teoria: com bastante lábia, por meio de uma carta, ele convenceu o físico Albert Einstein a testar seu acumulador de orgônio. Além de dar o aval científico de que Reich precisava para ter sua teoria respeitada, se tudo desse certo, Einstein ainda seria uma companhia de pesquisas, alguém que, finalmente, entendia a grandeza do que Reich julgava estar fazendo, porque, a essa altura, ele já estava bem sozinho nesse barco.

O encontro aconteceu em 1941, e deixou Reich bem animado, como relatou sua terceira esposa, Ilse Ollendorf, na biografia que escreveu do ex-marido.

> [Ele] partiu para Princeton no dia 13 de janeiro perto do meio-dia. Ele voltou para casa bem tarde, perto de meia-noite. Eu o esperei acordada, e ele estava tão cheio de animação e impressões, que falou por horas, até de manhã. Ele me contou que a conversa com Einstein foi extremamente amigável e cordial, que era fácil falar com Einstein, que a conversa durou quase cinco horas. Einstein queria investigar o fenômeno que Reich havia descrito para ele, e um pequeno acumulador especial deveria ser construído e levado até ele. Reich falou do quão excitante era conversar com alguém que sabia do contexto desse fenômeno físico, que tinha uma noção imediata das implicações disso. Ele começou a sonhar acordado com possibilidades de trabalhar com Einstein no Instituto de Estudos Avançados, onde ele estaria em uma comunidade de cientistas em um nível que ele, Reich, não seria o que daria (conhecimento) sempre, com todos os outros aprendendo, como era em seu próprio instituto, mas onde ele poderia encontrar uma troca em seu próprio nível. Ele já estava querendo, havia muito tempo, largar o mundo dos neuróticos, para se dedicar somente aos aspectos biofísicos da descoberta. Ele falou naquela noite sobre essas possibilidades e continuou sonhando com elas pelas semanas seguintes.

Mas o entusiasmo de Reich melou pouco tempo depois. Einstein fez experimentos com o acumuladorzinho de orgone que o psicanalista havia feito especialmente para ele e viu que, realmente, havia uma diferença de temperaturas dentro e fora dele. Mas um de seus assistentes ofereceu a explicação de que isso poderia se dever à conversão de ar quente que estava no teto e ar frio sob a mesa. Einstein achou a explicação plausível e deu os estudos com o acumulador de orgone por encerrados.

Reich tentou convencer o físico do contrário, fez outros experimentos, enviou para ele pelos correios, argumentou, escreveu uma carta de 25 páginas e outras notas. Mas não adiantou: Einstein já havia tirado suas conclusões e não estava mais disposto a perder tempo com aquelas pesquisas. Nem um telegrama ele mandou em resposta a Reich.

O psicanalista levou um baque e ficou desapontadíssimo, mas não se deixou abalar. Ele continuou investigando os usos, as aplicações e implicações médicas do acumulador. Comprou umas terras no estado do Maine, nos EUA, e fundou ali seu instituto de pesquisas sobre a energia orgone. Lá, ele descobriu um segundo tipo de energia, que ele batizou de DOR (sigla em inglês para radiação orgone mortal). Essa força, segundo Reich, era um tipo de antimatéria orgásmica que estava presente no ambiente e causava sua degradação. E aí, de repente, ele havia arrumado mais um inimigo: o governo dos EUA, que tinha acabado de jogar suas bombas nucleares em cima de Hiroshima e Nagasaki (espalhando DOR mundo afora para sempre). Ao contrário do governo, Reich estava na corrida pela energia da vida, não da morte.

Desse ponto para frente, parece que a carreira (e até o equilíbrio mental) de Reich começou a rolar ladeira abaixo. Resolvendo diversificar um pouco mais seu campo de atuação e enveredando para os lados da meteorologia, ele investiu na construção de uns acumuladores de orgone gigantes, que chamava de "gerador de nuvens". Essas máquinas tinham como função reverter a desertificação e criar chuva. Os produtores rurais do Maine começaram a contratar Reich para fazer chover sobre suas lavouras, e o psicanalista disse até que outros figurões, muito mais curiosos, começaram a se interessar pelo seu trabalho de geração de nuvens: ETs. Pois é.

Reich começou a acreditar que naves espaciais estavam atacando a Terra com DOR e afirmou ter visto algumas dessas naves sobrevoando o Maine. Teve até uma vez em que seu filho usou um gerador de nuvens para contra-atacar uma batalha interplanetária que aconteceu no estado do Arizona!

Enquanto isso, em seu instituto, Reich atendia seus pacientes e alugava acumuladores de orgone para que eles se beneficiassem de todos os processos de cura que os aparelhos provocavam. Mais uma vez, sua prática despertou a fúria das autoridades.

CAPÍTULO 28
De volta à Idade Média: caça às bruxas e queima de livros

Wilhelm Reich foi uma das vítimas da mentalidade conservadora da comunidade médica e das forças políticas do início e meados do século XX. Pesquisas históricas demonstraram que ele sofreu perseguição dos nazistas e dos stalinistas na Europa. Já nos Estados Unidos, ele foi derrubado por uma combinação de pressões dos agentes stalinistas do Comintern (Internacional Comunista), de jornalistas e também de médicos. Por fim, a perseguição que deu o golpe de misericórdia na carreira de Reich foi a da Food and Drug Administration (FDA), agência dos Estados Unidos responsável por fiscalizar drogas e tratamentos médicos, entre outras coisas. Depois que uma série de documentos soviéticos se tornou pública, e com o acesso aos arquivos do FBI e da FDA garantidos pela Lei de Acesso à Informação dos EUA, novos trabalhos estão surgindo que explicam o motivo de todo o processo contrário a Reich tanto na Europa quanto na América.

Ainda nos anos 1927 a 1931, Reich era um jovem psicanalista e médico que trabalhava no círculo de confidentes e protegidos de Freud. Ele montou clínicas próprias em Viena e Berlim e fazia lá seus atendimentos. Fez alianças de trabalho com o Partido Comunista (PC) da Áustria e, depois, o da Alemanha. As organizações do PC permitiam a Reich dar palestras em suas sedes e vender seus livros nas lojas dos partidos. Suas palestras sobre saúde sexual e as necessidades das crianças e de suas famílias interessavam muito à classe trabalhadora. Não raro, essas palestras atraíam mais gente do que os discursos maçantes sobre a teoria econômica marxista. Às vezes, as palestras de Reich chegavam a ter um público de milhares de pessoas.

Reich viu nesse ambiente a possibilidade de prevenir a neurose em massa, por meio de reformas legais com base nos princípios psicanalíticos. Com a sua teoria da chamada Sex-Pol (que era um misto de psicanálise, noções de marxismo, educação sexual e contraceptivos), ele argumentava pela legalização da contracepção, do aborto e do divórcio, e defendia os direitos de jovens solteiros terem uma vida sexual saudável (contrariando a mentalidade da época, que defendia que o sexo só deveria existir depois do casamento, e mais uma vez enfurecendo os conservadores). Ele era a favor de melhorar as condições – frequentemente terríveis – das mães abandonadas pelos maridos e lutava contra o estigma dos "filhos bastardos", que tinham consequências tanto para a educação futura dessas crianças como na hora em que elas fossem arrumar empregos. Era uma mentalidade muito liberal para a época.

As instituições sociais existentes – o Estado, a Igreja e até os partidos políticos – não faziam muito para contribuir com uma reforma social (altamente necessária nos anos de economia em baixa no primeiro pós-guerra, em que muitas mulheres foram deixadas sozinhas por seus maridos que serviram nas forças armadas de seus países). Assim, a Sex-Pol de Reich tinha o objetivo de ajudar as pessoas a sair dessas condições sociais, familiares e emocionais precárias. Sua intenção era que esses indivíduos conseguissem entrar no caminho de uma vida mais produtiva e feliz – o que tornaria até a terapia psicanalítica obsoleta, pois as angústias já estariam todas resolvidas. Ao se juntar ao PC, ele pressionou para que esses pontos fossem incluídos na plataforma do partido.

No começo, o partido e seus líderes até foram tolerantes com as críticas duras de Reich contra as políticas contrárias à liberdade praticadas pela instituição. Mas depois, com o aumento do número de palestras e a publicação de mais obras com essas opiniões, a relação entre Reich e o PC se tornou impraticável. Reich chegou a chamar tanto os comunistas como os nazistas de "perigosos psicopatas antiliberdade", principalmente em seu livro *Psicologia de Massas do Fascismo*. Ele foi taxado de "trotskista" por seus discursos que desafiavam a teoria marxista-leninista e as declarações stalinistas. Mas, na verdade, ele só estava defendendo sua própria teoria, a Sex-Pol.

Com essas ideias um tanto polêmicas, Reich acabou perdendo o apoio de Freud, e outros psicanalistas proeminentes da Europa rejeitaram suas ideias sobre a economia sexual. Ele havia criticado a letargia de Freud diante de problemas sociais tão grandes e fez discursos públicos criticando o movimento nazista, que seus colegas da época consideraram uma provocação desnecessária. Foi aí que Reich foi expulso da Associação Psicanalítica Internacional.

Nesse momento, Reich estava muito vulnerável e teria pouco apoio se continuasse na Alemanha. Então, ele se mudou para a Noruega, logo depois que Hitler subiu ao poder. Dentro de poucos anos, Reich passou a figurar nas listas negras tanto do partido nazista como do Comintern. Seus livros foram banidos da Europa pelos comunistas e pela Gestapo. Se, como diz o ditado, é impossível agradar a gregos e troianos, Reich provou que desagradar a ambos é bem possível.

Quando chegou à Escandinávia, não demorou muito até ele começar a ser atacado nos jornais nazistas e comunistas.

Além disso, os cientistas de Oslo tiveram uma reação bem negativa ao trabalho de Reich sobre os *bions*. Em menos de um ano, já havia mais de 165 artigos ou cartas denunciando suas práticas em jornais do país.

O patologista Leiv Kreyberg virou uma espécie de inimigo pessoal de Reich. Em 1937, ele recebeu a autorização para examinar as pesquisas do psicanalista sobre os *bions* em um microscópio. E a conclusão dele não foi nada favorável. Kreyberg, depois, relatou que o meio de cultura que Reich havia usado não era estéril, mas de estafilococos comuns – em vez de bactérias cancerígenas nascidas da própria cultura e derivadas dos *bions*, como o psicanalista alegava. O pesquisador, então, concluiu que o experimento de Reich havia sido contaminado pelo ambiente e acusou o forasteiro de ser ignorante em bacteriologia e anatomia. Reich respondeu dizendo que Kreyberg foi quem não soube reconhecer células cancerígenas nas lentes do microscópio.

Não satisfeito em dizer "umas verdades na cara" de Reich uma vez, Kreyberg enviou uma amostra da bactéria para o biólogo norueguês Teodor Thjøtta. Ele também confirmou a contaminação do experimento de Reich. Depois disso, os dois noruegueses publicaram artigos no maior jornal da Noruega expondo o colega – e colocando seriamente em risco a ética profissional.

A caça às bruxas que envolvia Reich não acabou por aí. Em 1938, o visto do psicanalista havia vencido. E aí começou toda uma comoção (inter)nacional para decidir se renovavam ou não a permissão para que ele continuasse no país. Kreyberg declarou que não era o caso de entregar Reich para a Gestapo, mas que, se houvesse uma forma de o país se livrar dele "decentemente", ele apoiaria. E ainda acusou Reich pela crise de refugiados do século XX. "O visto do dr. Reich é um insulto àqueles de nós que gostariam de ver uma política de portas abertas aos refugiados. São pessoas como ele que criaram o problema dos refugiados... por sua irresponsabilidade", alfinetou em seu parecer pela não concessão do visto ao ucraniano.

Por outro lado, defensores de Reich alegavam que não era crime, nem motivo para deportação, alguém não ser um biólogo treinado. Dos Estados Unidos, o antropólogo Bronislaw Malinowski escreveu à imprensa norueguesa que os trabalhos de Reich eram uma contribuição importante para a ciência, e houve quem defendesse que a campanha contra o psicanalista se assemelhava mais às práticas do fascismo e do nazismo do que à democracia.

O resultado dessa discussão toda foi que o governo resolveu renovar o visto de Reich – ufa. Mas isso não sairia barato. A realeza da Noruega emitiu um decreto determinando a obrigatoriedade de uma licença para a prática psicanalítica – e é claro que essa licença não seria concedida ao problemático forasteiro. Ou seja, ele poderia ficar no país, mas não poderia trabalhar (pelo menos, não com psicanálise) por lá.

Sem saber, Reich também tinha começado a ser rastreado pela NKVD soviética (a precursora da KGB). Um documento de 1936 do Comintern classificado como "altamente secreto" identificava "trotskinistas e outros elementos hostis na comunidade do CP alemão" e continha o nome de Reich. Isso bastou para a execução de um mandado de prisão e uma sentença de morte vinda dos soviéticos, pois, apesar de ele nunca ter sido um seguidor de Trotski, só a menção de seu nome já era suficiente para ele constar na lista de morte da NKVD.

Diante de tantas ameaças e com as mãos atadas profissionalmente, Reich fugiu para os Estados Unidos em 1939, logo antes do início da Segunda Guerra Mundial. Em seu novo lar, os simpatizantes do nazismo eram poucos e suprimidos, então ele estaria relativamente seguro. Por outro lado, o Comintern dos EUA possuía uma rede muito ampla de organizações, grupos de frente, apoiadores e espiões da NKVD, além dos agentes extraoficiais, que nunca se juntavam oficialmente ao partido para ter trânsito mais livre entre os países e conseguir vigiar mais facilmente as ações de espionagem e os planos soviéticos. No início, os comunistas norte-americanos ignoravam Reich. Mas não custou muito até ele irritar a todos, como havia feito na Europa.

Nos EUA, o psicanalista (que também era formado em medicina) parou o trabalho com a Sex-Pol e voltou os olhares para os estudos da orgonomia. Mesmo sem autorização para exercer a medicina no país, ele começou a testar seu acumulador de orgônio em seres humanos, especialmente em pacientes com câncer e com esquizofrenia. Tirando uma prisão pelo FBI em 1941, que o governo norte-americano reconheceu depois ter se tratado de um engano, Reich passou alguns anos tranquilos, trabalhando e realizando suas pesquisas na área de orgonomia.

Mas, enquanto ele trabalhava calmamente em seus laboratórios, a parcela sensacionalista da mídia norte-americana também não estava dormindo no ponto. Em 1947, a escritora freelancer Mildred Edie Brady publicou o artigo com título "The Strange Case of Wilhelm Reich" (O estranho caso de Wilhelm Reich, em tradução livre), que inaugurou a era de artigos e matérias negativas e difamatórias sobre o psicanalista.

Para entrevistá-lo, Brady fingiu ser uma entusiasta de seu trabalho, e conseguiu uma conversa bem intimista com Reich. O resultado foi um artigo malicioso. Brady escreveu:

Orgone, nome dado por conta da energia orgástica, é, de acordo com Reich, uma energia cósmica. É, na verdade, a energia cósmica. Reich não só a descobriu; ele a viu, a demonstrou e batizou uma cidade em homenagem a ela – Orgonon, em Maine – depois disso. Lá, ele constrói acumuladores que aluga para os pacientes, que, supostamente, retiram "potência orgástica" deles.

Trocando em miúdos, o que ela estava dizendo era: o acumulador fornece "potência orgástica". A ausência dela é responsável por tudo – das neuroses ao câncer. Ou seja, o acumulador cura neuroses e câncer. Disse também que Reich fazia dinheiro alugando essa "máquina dos milagres" para as pessoas. Ela ainda passou a ideia de que o médico era um charlatão megalomaníaco (imagem essa que foi usada por vários outros autores e jornalistas, que nunca conseguiram nem entrevistá-lo).

Isso despertou a FDA para o "problema Reich". Então, o órgão começou uma espécie de investigação informal, entrevistando médicos, pacientes e alunos de Reich para saber como era o tal acumulador de orgônio que ele havia criado e o tamanho do problema com o qual teriam que lidar.

O resultado dessa investigação foi relatado em uma carta de R. M. Wharton, que era chefe da divisão Leste da FDA na época, para o escritório de Boston.

> De acordo com nossa revisão sobre esse material, parece que temos aqui uma fraude de primeira magnitude sendo perpetrada por um indivíduo muito talentoso, endossado por um considerável corpo de homens da ciência. Para evocar as [...] ações apropriadas, nós devemos nos prover de uma boa base de dados e informação.

Para isso, o investigador Charles A. Wood continuou na cola de Reich, fazendo visitas à sua clínica (sem ser anunciado), fazendo perguntas a Reich, aos médicos que trabalhavam com ele e aos pacientes. Reich não só colaborou com as investigações, como orientou a todos que colaborassem também. Mas ele não sabia que o buraco era mais embaixo: com toda essa história de "energia orgástica", a FDA havia começado a desconfiar que o psicanalista, na verdade, estava fazendo uns trabalhos extras de cafetão. Depois de saber disso, Reich começou a fazer um jogo muito mais duro com o órgão e parou de colaborar.

No início de 1948, ele já estava, em bom português, de saco cheio da perseguição que vinha sofrendo, e manifestou toda a sua revolta em um protesto por escrito, intitulado "Statement Regarding Competence in Matters of Orgone Energy" (Declaração sobre a competência em assuntos de energia orgástica, em tradução livre).

> Eu gostaria de apelar para o meu direito de investigar fenômenos naturais sem ter nenhuma arma apontada para minha cabeça. Também peço o direito de estar errado sem ser enforcado por isso.
> Eu estou com raiva.
> Estou com raiva porque tanto se fala sobre a liberdade de expressão e do *fair play*. Verdade, há muita liberdade e *fair play* quanto a questões do dia a dia. Mas, para minha grande surpresa, eu descobri que jornais e revistas estavam abertos a disparar ataques sobre mim, ou meu nome; que um escritor após o outro copiou as declarações difamatórias de Brady sem, antes, tentar encontrar a verdade em nossa literatura, e que alguns jornais e periódicos parecem ter má vontade em publicar uma simples correção de afirmações falsas.

> Estou com raiva porque uma agência do governo que deveria salvaguardar a saúde humana coletou depoimentos de pessoas que declararam não terem sido ajudadas pelo acumulador, mas não tomou depoimentos de pessoas que lhe contaram terem sido ajudadas.
>
> Estou com raiva porque a maledicência pode fazer qualquer coisa, e a verdade pode fazer tão pouco para prevalecer, pelo que parece no momento.
>
> Estou com raiva porque, uma vez mais, a praga política apunhalou a população pelas costas.

Depois de uma pausa – que Reich achou erroneamente que fosse uma interrupção para sempre – das investigações, a FDA retomou o caso em 1951 para, desta vez, promover uma verdadeira caçada. Eles estavam determinados a colocar o psicanalista atrás das grades, fazendo tudo que era possível (ainda que moral e eticamente questionável) para isso. Em 1954, a agência conseguiu autorização para a execução de uma medida cautelar. A medida ordenava a destruição de todos os acumuladores de orgônio e também de todos os materiais de divulgação das ideias de Reich – incluindo seus livros. Assim, em 1956, 6 toneladas de livros e panfletos publicados por ele foram queimadas no incinerador público Gansevoort, em Nova York. O ato gerou alguma comoção de outros pensadores da época, mas sem grande impacto.

O relato de Reich sobre o episódio foi comovente:

> Todos os investimentos e trabalho precisavam ser fornecidos pelo departamento editorial do Orgone Institute. Um caminhão enorme foi contratado. Senti como as pessoas que, quando estão para ser executadas, são forçadas a cavar a própria tumba antes e, depois, são mortas e jogadas lá dentro. Nós carregamos caixa após caixa de literatura.

Em 1956, Reich também virou réu em um processo que pretendia puni-lo por seus experimentos, por sua prática psicanalítica, pela invenção e aplicação dos acumuladores de orgônio, mas, principalmente, por ser incômodo demais para pessoas importantes demais. No ano seguinte, ele foi julgado e preso no presídio de Danbury, no Estado de Connecticut. Reich morreu em 3 de novembro desse mesmo ano, em sua cela na prisão. De acordo com o relatório do médico, a causa da morte foi um infarto agudo do miocárdio.

CAPÍTULO 29
Uma revolução sexual está a caminho

Ainda que suas teorias sejam pouco conhecidas hoje em dia, que ele tenha caído em total descrédito dentro da comunidade científica e fora dela e que tenha misturado completamente alhos com bugalhos – ou, no caso, a psicanálise com a biologia e até a física –, é inegável o fato de que o trabalho de Wilhelm Reich deixou uma cicatriz profunda em nossa sociedade. Se hoje podemos exercer nossa sexualidade com relativa liberdade, se podemos conversar sobre sexo na mesa de um bar com amigos e se o fato de a mulher não casar virgem não é mais motivo de escândalo, sem dúvida, devemos boa parte a Reich e a suas "teorias malucas" sobre o poder do orgasmo, sua defesa da educação sexual e da saúde sexual até para crianças e adolescentes.

Na verdade, não é errado nem exagerado dizer que a revolução sexual que aconteceu plenamente nas décadas de 1960 e 1970 foi o fruto de uma sementinha plantada por Reich ainda no início do século. A própria expressão "revolução sexual" pode ser atribuída a ele, que declarou, ainda no início dos anos 1930, que "uma revolução sexual está a caminho e nenhum poder sobre a Terra poderá pará-la". O que ele tinha em mente era sua teoria da Sex-Pol e como uma revolução política só seria possível uma vez que o povo tivesse uma boa educação sexual e se livrasse de suas neuroses e vícios.

Ele acreditava que a sociedade livre só viria quando uma boa quantidade de indivíduos tivesse se libertado sexualmente.

Provavelmente, foi esse o fator que fez com que as ideias de Reich tivessem tanto sucesso em determinados grupos. A teoria da liberdade sexual de Reich era uma base ideológica satisfatória para a luta contra o código sexual que existia na época, mas que já não atendia mais às necessidades daquela sociedade.

Apesar de ainda serem muito puritanos, os Estados Unidos eram o país mais pronto para receber as teorias do polêmico psicanalista. No ano anterior à chegada de Reich aos EUA, o famoso trabalho de Alfred Kinsey, que fez um dossiê da vida sexual dos estadunidenses, abriu as portas para que o assunto saísse das trevas do tabu.

Enquanto Reich estava cortando um dobrado para ser aceito na comunidade científica e para dar alguma credibilidade a suas teorias, no mundo *cult* ele estava "bombando". Os acumuladores de orgone viraram uma febre entre os formadores de opinião e outros *trendsetters*. Figurões das artes, da literatura, do cinema, nomes como o dos escritores Norman Mailer (*Os exércitos da noite*), J. D. Salinger (*O apanhador no campo de centeio*), Jack Kerouac (*On The Road – Pé na estrada*), Saul Bellow (*Humboldt's Gift*) e Allen Ginsberg (*Howl*). Em 1973, Woody Allen "citou" o acumulador em seu filme *O dorminhoco*, apelidando a traquitana de "orgasmatron".

Se, de um lado, a tradicional família ocidental, carola e conservadora, via o acumulador de Reich como uma caixa de Pandora, de onde poderia sair a praga da promiscuidade sexual e da anarquia, a galera artística e *cult* o enxergava como um armário que levava para a Nárnia da liberdade. Em um artigo publicado no jornal inglês *The Guardian*, em 2011, o articulista Christopher Turner até divide o mundo de acordo com a visão que as pessoas tinham do acumulador de orgônio. "O aparelho excêntrico de Reich pode ser visto como um prisma pelo qual olhar para os conflitos e para as controvérsias de sua época, que testemunhou uma politização sem precedentes do sexo."

O mundo na década de 1950 (ou, pelo menos, o "centro" do mundo, que eram os EUA), estava dividido assim: de um lado, a direita, conservadora, puritana, "careta", pudica, politicamente liberal. De outro, a esquerda, da qual faziam muitos artistas, pessoas sexualmente livres, usuários e defensores da maconha, meio órfãos de modelo sociopolítico, lutando pelas liberdades individuais e pelos direitos das minorias. Se o cenário se assemelha ao que vivemos hoje em dia, não é coincidência: é um legado de Reich.

A perseguição do governo dos EUA a ele também não foi só uma preocupação com a saúde dos pacientes que o psicanalista estava tratando com seu acumulador de orgônio, menos ainda um zelo pela saúde financeira deles. A FDA e o FBI se deram ao trabalho de perseguir Reich por mais de uma década e "gastar os tubos" nessa caçada, não por suas práticas, mas pelo recado que ele passava para o mundo. Se o lançamento do Relatório Kinsey (dois tratados detalhadíssimos sobre o comportamento sexual dos norte-americanos), em 1953, era um despertar para as questões da sexualidade e uma forma de colocar aquelas cartas na mesa, as teorias de Reich eram uma justificativa filosófica para os dados. E isso era perigosíssimo!

Mais uma vez, não era exatamente com as práticas sexuais em si que o governo estava preocupado, mas com as consequências econômicas da revolução sexual que Reich estava propondo. Além da liberdade na cama, ele defendia também acabar com a dependência financeira de mulheres e crianças da família. E não era só: ele explicitamente se colocava a favor do divórcio, estimulava que as mulheres ingressassem no mercado de trabalho e defendia que o governo deveria promover programas sociais para que essas mulheres pudessem levar suas vidas sem os homens, além de educação e creche garantidas para os filhos de mães solteiras.

Os filhos nascidos fora do casamento não mais seriam, segundo as ideias de Reich, vistos como "bastardos" pelo sistema legal, e a rede de impostos seria responsável por manter essas crianças com tudo a que as outras, nascidas de casamentos regulares, tinham direito. Mas a mulher não precisaria ter o filho se não quisesse, e o acesso ao aborto seria garantido para as que assim o desejassem – e isso não implicaria condenações sociais.

Para o psicanalista, "mulheres sexualmente despertas, seguras e reconhecidas como tal significariam o completo colapso da ideologia (cristã) autoritária". Hoje, com algumas décadas de luta feminista em mente, sabemos que ele tem razão. Talvez por isso mesmo ainda não conseguimos a implementação desse modelo social que Reich propunha lá nos anos 1930. Mas a revolução sexual iniciada por ele é, a esta altura, um caminho sem volta, que está progredindo a pleno vapor.

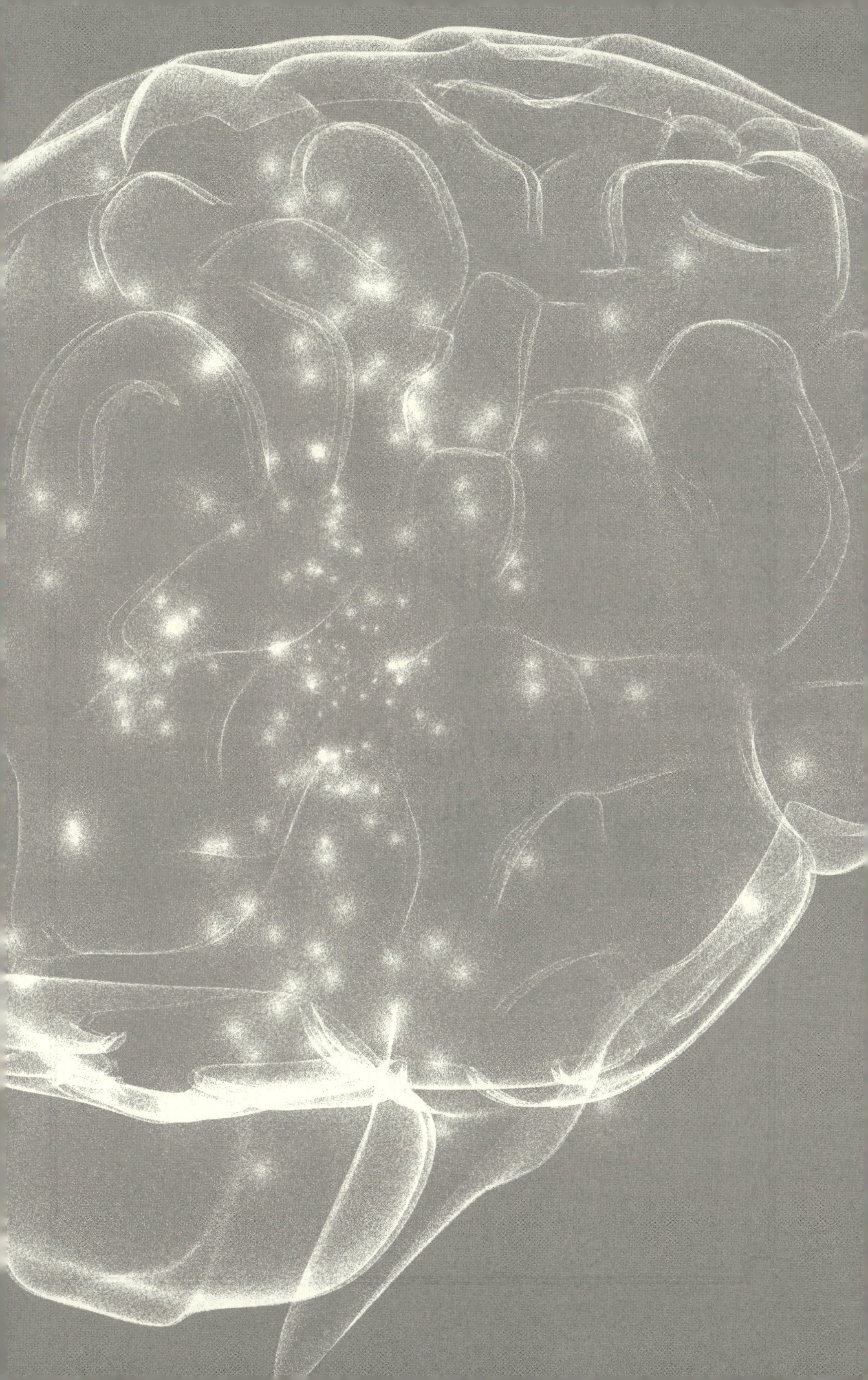

Parte 6

O OUTRO LADO DA PSICOLOGIA

É um poder enorme compreender como funciona a mente humana. Alguns cientistas dizem que, quando a humanidade entender todos os mistérios do cérebro e da mente, teremos zerado a ciência. Mas e se a psicologia fosse usada para promover um governo totalitário e dizimar uma população? E se ela tivesse sido usada para segregar?

Ainda que absurdo, isso já aconteceu. A psicologia já segregou por gênero, dificultando a entrada de mulheres em faculdades, já segregou por etnia, quando foi usada para justificar o nazismo e o genocídio judeu. Lembrando que, até a década de 1980, a homossexualidade era considerada uma psicopatologia, e que a transexualidade ainda é tratada como um distúrbio pela psiquiatria. Ou seja, a psicologia segrega até hoje – apesar de todos os avanços.

Como toda ciência, que sempre é ideológica e política, a psicologia também é usada de acordo com os interesses vigentes. E não é difícil entender isso: todo pesquisador quer fazer pesquisas que atraiam visibilidade e confiabilidade para si e para a instituição onde trabalham. Para isso, precisam de verbas e recursos. Se todos os recursos vão para as pesquisas de um determinado viés, é natural que eles acabem migrando para lá. O perigo disso a história nos mostra muito bem: a ciência acaba ficando tendenciosa e defende os interesses de uma minoria (numérica, mas maioria em termos de poder) dona do dinheiro.

Para quebrar essa tendência, às vezes, alguns pesquisadores acabam desenvolvendo suas investigações em paralelo com outras áreas em que também trabalham. Daí começam a surgir outras tendências, mais independentes, que abrem portas para que outros estudiosos peguem carona e comecem novas investigações sobre esses assuntos. Graças aos céus existem esses caminhos para fugir da lógica do dinheiro – ou talvez ainda estivéssemos encarcerando pacientes esquizofrênicos em jaulas.

CAPÍTULO 30
A ciência onde meninas não entram

Que mulheres e homens são biologicamente diferentes é absolutamente indiscutível. Mas que suas diferenças interfiram em aspectos sociais e psicológicos é uma noção altamente questionável. Enquanto pesquisas da chamada "psicologia evolucionista" relatam que as mulheres são naturalmente competitivas entre si, são mais sensíveis, mais amorosas, compreensivas, mais delicadas, pacíficas etc., outras pesquisas, mais modernas, já demonstraram que esse discurso é uma grande balela científica e que toda diferença entre homens e mulheres vem exclusivamente dos processos de socialização que os gêneros recebem.

Se hoje temos uma visão nova é porque várias mulheres (e alguns homens também, justiça seja feita) lutaram por ela ao longo dos últimos dois séculos, mais ou menos. Mas, até que as mulheres tivessem, de fato, alguma voz dentro da psicologia, muita água passou embaixo dessa ponte, e muitos "clubes do Bolinha" foram formados nos círculos de psicólogos e pesquisadores do assunto mundo afora. Isso sem falar no papel que foi atribuído à mulher por várias correntes da psicologia e por vários figurões da área – e aí, nem Freud escapa.

Em 1904, o psicólogo inglês Edward Bradford Titchener resolveu fundar sua própria associação de psicólogos. Criador da chamada psicologia experimental, Titchener só se interessava em descobrir o que estava por trás das estruturas da mente. Prestar atenção, perceber, recordar, aprender, decidir, reagir emocionalmente e interagir eram os objetos de estudo do psicólogo, que media todos esses fatores com experimentos bem matemáticos, nada subjetivos.

Como a Associação Americana de Psicologia (APA, na sigla em inglês) estava crescendo demais e abordando muitos assuntos que fugiam ao escopo de sua ciência, o psicólogo resolveu criar uma associação só para os pesquisadores que rezavam pela sua cartilha. Usufruindo das prerrogativas de criador do projeto, ele mandou cartas para cerca de 20 pesquisadores que ele julgava merecedores de participar do seu *hall* da fama da psicologia experimental e os convidou para entrar no clube, aliás, na associação.

Até aí, nada de extraordinário. Mas a coisa começa a ficar estranha quando damos uma olhada no critério de escolha de Titchener. A participação era "exclusiva para homens que estejam trabalhando no campo da psicologia experimental", nas palavras do próprio. Homens. E isso não era uma generalização linguística: mulheres realmente não eram permitidas na "casa na árvore" de gente grande de Titchener.

Alguns pesquisadores reclamaram da escolha "peculiar" do mestre, mas teve gente que apoiou a decisão. E você pode estar aí se perguntando o que as pesquisas em psicologia experimental podem ter a ver com o gênero de uma pessoa. De acordo com o historiador da psicologia e estudioso de Titchener, Edwin G. Boring, o que o pesquisador queria mesmo era criar um clubinho informal de psicólogos experimentalistas, com um encontro anual dos chefes de laboratório, que trariam para discussão seus alunos mais promissores para serem estimulados em suas pesquisas. Ele queria encontros que tivessem colóquios que pudessem ser interrompidos, questionados e criticados – tudo em uma sala cheia de fumaça de cigarro, e sem nenhuma mulher presente. Trocando o tipo de fumaça, é a descrição de uma sauna. A exclusão das pesquisadoras mulheres se explicava pelo fato de, em 1904, elas serem consideradas "puras demais" para fumar.

Daí a carta resposta de Edmund C. Sanford, da Universidade Stanford, para Titchener questionando:

> A questão que diz respeito às mulheres na associação é uma questão delicada. Muitas delas na área científica têm total direito a estar lá e podem se sentir magoadas se mulheres não forem convidadas. Por outro lado, elas certamente iriam interferir no cigarro e, de certa forma, na liberdade geral de uma assembleia puramente masculina. Seria possível conceder-lhes também a chance de opinar se elas gostariam de se juntar a nós – esclarecendo, por meio de uma nota pessoal, que as discussões não ocorreriam, exceto em uma atmosfera parcialmente enfumaçada?

De fato, Sanford tinha razão quanto a uma coisa: muitas mulheres estavam produzindo pesquisas em psicologia experimental e tinham mesmo o direito de participar dessas reuniões. Uma dessas era a pesquisadora Christine Ladd-Franklin, que fez várias tentativas de ingressar no clubinho de Titchener. Em 1912, ela enviou uma carta ao pesquisador requisitando sua participação nas reuniões da associação. Ao ter seu pedido negado simplesmente pelo fato de ser mulher, ela escreveu uma segunda carta, menos polida, para o sr. Titchener.

> Estou chocada em saber que o senhor ainda – no ano em que estamos – exclui mulheres de suas reuniões de psicólogos experimentalistas. É uma mentalidade tão ultrapassada! (Como é ilógico) que o senhor

> inclua em seus convites [...] os alunos de G. Stanley Hall, que não são nada experimentalistas, e exclua as mulheres que estão fazendo um trabalho particularmente bom no laboratório experimental do professor (John Wallace) Baird. [...] Separe seus fumantes, se o senhor quiser (apesar de eu sempre fumar quando estou em sociedades modernas), mas um encontro científico (não importa quão pessoal seja) é um assunto público, e não cabe ao senhor deixar de fora uma classe de colegas pesquisadores sem uma falta de cortesia extrema.

E essa não foi a única carta desaforada que Ladd-Franklin enviou ao professor. Em 1914, ela ainda estava tentando ser aceita na sociedade que debatia a área da psicologia em que ela atuava. "Seria agora uma boa hora, meu caro professor Titchener, para o senhor se ater à sua atitude medieval de não me admitir em sua próxima conferência psicológica em Nova York – bem diante de minha porta?! Tão desconsiderado, tão imoral – pior que isso – tão não científico!", bradou ela. E não era para menos, convenhamos: Ladd-Franklin estava morando em Nova York, e ser barrada da conferência que ocorreria em sua cidade de residência só pelo fato de não ter pênis era mais que um insulto.

A pressão foi tanta que Titchener começou a se incomodar. Em uma carta ao professor Robert M. Yerkes, da Universidade Harvard, em abril desse mesmo ano, ele falou sobre o assunto.

> Não estou tão certo sobre o fato de não devermos nos desintegrar! Tenho sido importunado abusivamente pela sra. Ladd-Franklin por não aceitar mulheres nos encontros, e ela me ameaça de fazer várias cenas, em pessoa e por escrito. Possivelmente, ela terá sucesso em nos separar, nos forçando a nos encontrarmos – como coelhos – em algum lugar escuro e subterrâneo.

Um trabalho que seria evitado se Titchener deixasse a baboseira machista de lado e acolhesse as cientistas mulheres – o que estaria longe de um favor, já que elas possuíam conteúdo para mostrar.

De tanto insistir, Ladd-Franklin conseguiu ir a uma das sessões dos encontros de 1914, na Universidade Columbia, mas não se sabe se por sua própria iniciativa, ou se por convite do professor James McKeen Cattell. Essa foi a única presença feminina nas reuniões dos estruturalistas até depois da morte de Titchener, em 1927.

O caso de Ladd-Franklin não era isolado. Ao contrário, as mulheres que queriam seguir uma carreira, seja na psicologia clínica, seja na pesquisa científica em psicologia, precisavam brigar para se inserir. Algumas, como a psicóloga e filósofa Mary Whiton Calkins, tiveram dificuldade até para serem aceitas nas universidades. Mesmo assim, Calkins conseguiu ter uma carreira brilhante. Foi a inventora da técnica de associação aos pares para o estudo do aprendizado e da memória, fundadora do primeiro laboratório de psicologia em uma universidade feminina, conseguiu romper a barreira de gênero em Harvard. Ela foi também a primeira mulher a ser eleita presidente da APA, em 1905, da Associação Filosófica Americana, em 1918, e foi a primeira a ser eleita membro honorário da Associação Psicológica Britânica, em 1928.

Enquanto isso, na Áustria, Sigmund Freud criava a psicanálise e, se de um lado, era brilhante em suas percepções de que as origens da histeria eram psicológicas, e não físicas, e em tantos outros *insights*, mandava muito mal no que dizia respeito a entender as mulheres e seu papel na sociedade. Ele mesmo admitiu isso: "A grande questão que nunca foi respondida, e que eu ainda não fui capaz de responder, apesar de meus trinta anos de pesquisa na alma feminina, é 'o que quer uma mulher'?". O questionamento foi colocado no livro *Vida e obra de Sigmund Freud*, de Ernest Jones, publicado em 1953. E, por não entendê-las, Freud elaborou uma série de teorias bem erradas sobre as mulheres.

Para começo de conversa, ele achava que "as mulheres se opõem às mudanças, recebem tudo passivamente e não contribuem em nada por si mesmas", como ele escreveu na publicação "As consequências psíquicas da distinção anatômica entre os sexos", de 1925. Freud era um homem de seu tempo e analisava o universo feminino com os olhos da sociedade do início do século XX. Se vivesse hoje, talvez não tivesse dificuldade em enxergar que, se as mulheres tinham uma contribuição social pequena, isso se devia às oportunidades que (não) tinham e ao silenciamento que sofriam em uma sociedade machista.

Assim, Freud desenvolveu uma série de teorias tortas que "explicavam" a mente feminina. A primeira delas era a inveja do pênis. Se, por um lado, os meninos na fase fálica (mais ou menos dos 3 aos 5 anos) tinham o complexo de castração, ou medo de perder o pênis, as meninas se distanciavam de suas mães e se apegavam mais ao pai. "As meninas julgam que sua mãe é responsável por não terem um pênis e não a perdoam por, portanto, estarem em desvantagem", afirmou o psicanalista em 1933.

Depois, veio a teoria da histeria, sobre a qual ele baseou todo o seu método da livre associação. De início, ele acreditava que esse distúrbio, responsável por sintomas como alucinações, amnésias e até um certo grau de paralisia, era fruto de algum abuso sexual na infância. Mas, analisando melhor, mudou de ideia, e concluiu que a "culpa" era das fantasias sexuais. Hoje nós sabemos que não é bem assim – senão, haveria uma quantidade enorme de histéricas que andariam soltas por aí por falta de realização dos fetiches.

Mas, em defesa de Freud, também temos que apontar que, se, por um lado, ele tinha essas visões distorcidas da mente e da sexualidade feminina, por outro, ele prestou um grande serviço às mulheres de sua geração e de todas as gerações posteriores. Antes de Freud, nem mesmo se cogitava que mulheres tivessem desejos sexuais! O sexo, para elas, era somente uma obrigação com fins de procriação.

As ideias do Pai da Psicanálise foram rebatidas por psicanalistas mulheres ao longo da história e por psicólogas contemporâneas a ele também. Uma das principais foi Karen Horney, que classificou as ideias de Freud como distorcidas e condescendentes. Ela, inclusive, rebatia o conceito da "inveja do pênis" com outro, da "inveja do útero". Para Horney, eram os homens que se ressentiam pelo fato de não poderem gerar vidas.

Mas o sumo psicanalista não aceitou tão facilmente a ideia, não. "Não devemos nos surpreender tanto se uma analista mulher que não foi suficientemente convencida da intensidade de seu desejo por um pênis também falhe em atribuir a importância devida a esse fator em seus pacientes", ele escreveu em 1949. O mais curioso nessa resposta é imaginar como é que Freud, um homem nascido, criado e convicto, tinha tanta certeza assim sobre o desejo de Horney – sem nunca ter tido sua experiência. Mas vai ver que ele tinha uma bola de cristal, e o fato nunca passou para a história.

Hoje em dia, quase um século depois da criação da psicanálise, ainda há (várias) teorias que colocam as diferenças entre homens e mulheres na conta da biologia. Em 2013, a revista científica inglesa *Royal Society* dedicou uma edição inteirinha às pesquisas que "comprovavam" por A + B que a competição entre as mulheres é fruto da evolução da espécie. Mas não faltam argumentos para derrubar essas teorias.

"A espécie humana está completamente descolada das questões instintivas. Quando entra em jogo a linguagem, toda forma de ver a própria espécie é uma construção sócio-histórica. Nós nos vemos por uma perspectiva que é construída pela história e pela cultura", destacou o psicanalista Alberto Timo, que pesquisa violência contra as mulheres em seu doutorado pela Universidade Federal de Minas Gerais (UFMG), em entrevista ao jornal *O Tempo*, em março de 2016. "Se o comportamento (competitivo) fosse completamente biológico, nós não teríamos amigas, não teríamos afinidade com nossas mães, irmãs, primas", defende, na mesma reportagem, a antropóloga Michele Escoura, especialista na área de sexo e sexualidade e pesquisadora de gênero na Universidade de São Paulo (USP) e na Universidade de Campinas (Unicamp).

O que se conclui de tudo isso é que a psicologia já percorreu um caminho próspero de avanços no sentido de incluir as mulheres, tanto do ponto de vista acadêmico, quanto do social. Mas ainda estamos a umas boas léguas de conseguir paridade de inserção nesse campo.

CAPÍTULO 31
Psicologia da lei

Além da área clínica, a psicologia moderna está inserida em diversos campos de atuação: hospitalar, social, escolar, organizacional, esportivo, de trânsito e jurídico. De uns anos para cá, a psicologia forense ficou muito popular por conta de séries de TV como *Criminal Minds*, *Law and Order* e *CSI*. Só para lembrar, esse ramo da ciência é a utilização de especialidades clínicas da psicologia em instituições legais com pessoas que tiveram algum conflito com as leis. Basicamente, é a psicologia ajudando a resolver questões legais – seja traçando o perfil de um suspeito, avaliando os danos causados a uma vítima, mensurando se um preso tem ou não capacidade de voltar a conviver em sociedade, ou até determinando se o acusado por um crime tinha ou não a capacidade de discernimento no momento em que cometeu o ato.

Além de a carreira ter começado a ser mais procurada por estudantes de psicologia depois dessas séries de sucesso, o interesse (e, de certa forma, até o conhecimento) do público pelo assunto cresceu. Hoje, a psicologia forense é uma subárea da psicologia, e tudo isso começou com Hugo Münsterberg e seu laboratório na Universidade Harvard.

Münsterberg foi um doutor em psicologia e filosofia alemão convidado por William James, chefe do departamento de psicologia da universidade no fim do século XIX, para lá montar um laboratório de psicologia – já que Harvard era a única a não possuir um. Ele foi o autor de diversos livros que servem de base para o estudo de psicologia até hoje, e um deles foi *On the Witness Stand*, um livro de ensaios sobre a aplicação da psicologia na criminologia, publicado em 1908. Ele escreveu sobre a precisão da memória, a validade dos depoimentos de testemunhas oculares, as falsas confissões, a prevenção de crimes, a detecção de mentiras e o processo de decisão de jurados.

O interesse de Münsterberg pela criminologia veio depois de um julgamento de um assassinato controverso em Chicago. O ano era 1906, e o médico e criminologista John Sanderson Christison escrevera uma carta para Münsterberg e outros psicólogos pedindo a opinião deles sobre as faculdades mentais de Richard G. Ivens, condenado, que já estava no corredor da morte. Ele estava sendo julgado pelo assassinado de uma mulher. Primeiro, ele confessou o crime, mas, depois, retirou a confissão. William James, que também havia sido consultado sobre o caso, achava que Ivens era inocente, e Münsterberg também concordava com a opinião do colega. Münsterberg comentou em uma carta a Christison.

> Depois de ler sua brochura, me sinto obrigado a dizer que concordo com você em todos os pontos essenciais. Estudei anormalidades mentais e, especialmente, casos borderline (personalidade limítrofe, que causa uma grande variação brusca de humor) por vinte anos, e hipnotizei um grande número de pacientes. Com isso em mente, tenho certeza de que as chamadas confissões de Ivens são falsas e que ele não teve nada a ver com esse crime.
>
> É um caso interessante e bem claro de desassociação e autossugestão. Provavelmente, precisaria de um tratamento cuidadoso para reconstruir sua mente desassociada e, então, despertá-lo em uma memória clara de sua experiência real.

As bruxas do século XVII foram queimadas por confissões similares, e o entendimento popular de aberrações mentais não fez muito progresso desde então.

O parecer de Münsterberg não adiantou de muita coisa – na verdade, não adiantou nada. A defesa de Ivens não usou as cartas dos psicólogos como argumento, achando que eles conseguiriam livrar Ivens da condenação sem essas opiniões. Bem, não conseguiram, e ele acabou sendo enforcado.

No ano seguinte, a opinião de Münsterberg foi solicitada de novo para outro caso. William Haywood estava sendo julgado por encomendar a morte de um ex-governador do Estado de Idaho. O crime foi concretizado por Harry Orchard, que deixou todo mundo do júri de boca aberta confessando não um, mas 18 assassinatos, todos encomendados por Haywood e outros líderes da Federação dos Mineiros do Oeste.

Dessa vez, quem pediu que Münsterberg acompanhasse o caso foi o editor da revista *McClure*, interessado em um "furo" jornalístico. Para o psicólogo, que já se interessava pela psicologia forense, foi uma ótima oportunidade de assistir a mais um caso de perto. Ele acompanhou todo o julgamento de dentro do Tribunal, assistindo ao depoimento de Orchard e às reações de Haywood. Münsterberg tinha como objetivo determinar se o confesso assassino Orchard realmente estava dizendo a verdade sobre o envolvimento de Haywood. Escreveu em suas anotações sobre o caso, que não chegaram a ser publicadas por ele:

Como meu assento era na menor mesa dos advogados de acusação, eu o tinha (Orchard) a poucos metros de mim para uma observação criteriosa. Não posso negar que a impressão daquela primeira visão foi muito ruim. Eu o via de lado, e seu perfil, especialmente a mandíbula, me parecia muito brutal e vulgar; também vi, logo de cara, a deformação da orelha, a irregularidade do movimento dos olhos e o lábio inferior anormal. Que esse era o perfil de um assassino, não me pareceu improvável [...] Instintivamente, eu olhei para o outro lado, onde Haywood estava sentado, com a cabeça de um líder e um pensador. Não havia um contraste mais agudo possível: toda a minha compaixão foi para a face brilhante do acusador, e todo o meu desgosto para a testemunha,

Depois dessa primeira análise usando descrições da frenologia e fisionomia, ramo da psicologia que julgava o caráter de uma pessoa por traços em seu rosto, Münsterberg entrevistou Orchard por várias horas na prisão e acabou concluindo que, sim, Haywood realmente estava envolvido no assassinato do ex-governador.

No Brasil, um dos casos mais famosos que contou com a ajuda fundamental da psicologia forense foi o de Chico Picadinho. Nascido Francisco da Costa Rocha, em 1966, aos 24 anos, assassinou e esquartejou uma bailarina na cidade de Vila Velha, no Espírito Santo. Ele foi condenado pelo crime e preso. Depois de cumprir oito anos em regime fechado, conquistou progressão da pena por bom comportamento, e ficou livre.

Dois anos depois, em 1976, Francisco voltou a matar e a esquartejar, dessa vez, uma prostituta. No julgamento por esse crime, ele foi considerado semi-imputável, ou seja, julgaram que ele tinha sua capacidade de discernimento ou vontade comprometida. Mesmo assim, ele foi condenado a 32 anos de prisão. O caso teve uma repercussão enorme no país inteiro, e, pelo perfil de seus dois crimes, Francisco acabou ganhando o apelido de "Chico Picadinho".

O tempo máximo que alguém pode ficar preso no Brasil são trinta anos. Assim, mesmo se condenado a cem anos de prisão, ele não poderá ficar preso mais do que trinta. Uma exceção é feita no caso de a pessoa ser diagnosticada como portadora de algum transtorno mental – o que foi o caso de Chico Picadinho.

Depois dos trinta anos que ele tinha para cumprir em reclusão, o Ministério Público entrou com uma intervenção civil alegando que Picadinho era psicopata e apresentava riscos para a sociedade. Depois de novos exames, a Justiça concluiu que, realmente, o caso de Picadinho já não era mais de polícia, mas, sim, de psiquiatras, e sua pena foi transformada em medida de segurança. A partir daí, ele não ficou mais preso em uma penitenciária, mas foi transferido para uma instituição para tratamentos mentais. Em novembro de 2015, a Justiça negou um pedido de liberdade que sua defesa apresentou.

CAPÍTULO 32
A psicologia infantil de Locke

Hoje em dia, quando falamos em John Locke, lembramos logo de sua teoria liberal e de como ele criou esse postulado de que a propriedade privada é a base das liberdades individuais em nossa sociedade. Ele também é muito lembrado por ter sido o primeiro filósofo empirista, que elaborou a teoria segundo a qual o ser humano nasce sem saber nada e vai adquirindo conhecimento à medida que vai vivendo suas próprias experiências, tentando, acertando e errando. Mas o que você não deve saber é que Locke também teve um pé na psicologia. E digo mais: na psicologia infantil!

Na verdade, é tudo parte de uma mesma carreira científica e filosófica. Locke foi educado em casa por seu pai. Só aos 20 anos ele foi para uma instituição de ensino – e que instituição! Em 1656, ele se formou bacharel na Universidade de Oxford. Lá, ele estudou medicina, filosofia e meteorologia. Dois anos depois, concluiu o mestrado na mesma universidade. Enquanto os outros filósofos se preocupavam com o que estava dentro da nossa mente, Locke queria mesmo saber como é que essas coisas vão parar – e se fixar – lá dentro. Daí a sua teoria da mente como uma "tábula rasa", que vai sendo preenchida de acordo com o que vivemos e experimentamos.

Já no fim do século XVII, quando Locke estava refugiado na Holanda, acusado de ter sido membro de uma conspiração contra o rei Carlos II, ele começou a se corresponder com Edward Clarke, marido de sua prima Mary Jepp. Clarke, que ficou muito amigo de Locke, queria uns conselhos sobre como educar seus filhos, e o filósofo se dispôs a ajudar (não sem antes avisar que suas ideias eram todas teóricas, já que ele mesmo não tinha filhos).

Nas cartas, os dois amigos trocavam ideias sobre a importância de uma boa saúde física para as crianças, do aprendizado de música, dança, poesia, de quando as crianças deveriam começar a aprender latim e grego e também falavam sobre como criar meninos e meninas (Clarke tinha um filho e duas filhas). Todo esse material foi usado posteriormente por Locke como base para escrever *Alguns pensamentos sobre a educação*, seu livro de 1693.

Locke era a favor de uma educação gentil. Em uma de suas cartas a Clarke, por exemplo, ele recomenda que Edward (filho mais velho de Clarke e o preferido de Locke) pudesse andar descalço, mas que ele tivesse seus pés lavados com água morna todas as noites. Pode parecer uma grande bobagem para nós alguém recomendar que os pais deixem os filhos andarem sem sapatos, mas que lavem os pés antes de dormir (na verdade, você pode estar aí se perguntando por que ele não falou logo para dar um banho na criança). Mas vamos lembrar que estamos falando da Europa no século XVII. Se o banho não é um hábito diário dos europeus nos invernos de hoje em dia – e não é –, valha-me Deus no século XVII, quando o chuveiro elétrico nem tinha sido inventado ainda. Além disso, nessa época, as pessoas acreditavam piamente que muitas doenças, como a gripe, entravam no corpo pelos pés, principalmente quando se pisava no chão frio.

Para o filósofo, contudo, era muito importante que as crianças pudessem brincar com os pés no chão para que se desenvolvessem melhor, seguindo a filosofia do *mens sana in corpore sano* (ou "a mente sã habita um corpo são"). E ele também afirma que essa história de que a doença entra pelo pé é conversa para boi dormir. Locke defende em uma carta de 1684 para Clarke:

> E qual é, eu pergunto, a grande diferença entre pés e mãos, senão o costume? Eu não duvido que, se desde o berço um homem for acostumado a andar de pés descalços, mas tiver suas mãos sempre enroladas em cobertores grossos e sapatos de mãos (que os holandeses chamam de luvas), que esse costume faça com que mãos molhadas se tornem tão perigosas para ele, como agora o é molhar os pés para muitos outros.

Sobre a lavagem dos pés, Locke recomenda que a água seja fria, mas até que isso aconteça, a criança deve ser acostumada aos poucos.

> Mas comece no início da primavera com água morna, e vá esfriando e esfriando a cada noite até que, em alguns poucos dias, você chegue à água perfeitamente fria, e continue assim. Pois precisamos observar que, nesta e em outras alterações do nosso dia a dia, a mudança deve ser feita de forma gentil e em graus imperceptíveis. Assim conseguimos fazer nossos corpos fazerem qualquer coisa sem dor e sem perigo.

O filósofo também via poucas diferenças no que deveria ser a criação de meninos e meninas. Ele achava que os dois sexos deviam ser educados sem punição física (a famigerada "surra"), e que as meninas também deveriam brincar com os pés no chão e no molhado para ter uma melhor saúde. "Isso não só as tornará frescas e saudáveis, mas melhores donas de casa também", ele dizia. Uma coisa de diferente que ele sugere, no entanto, é que os pais tomem cuidado para não deixar as garotinhas expostas demais ao sol, porque isso poderia "estragar sua pele delicada". Por isso, os pais deveriam construir um alpendre ao ar livre para que elas tivessem a oportunidade de brincar sem se queimar.

Ele achava também que criança tinha que dormir cedo, "quando o sol se põe", e acordar cedo, "à primeira luz da manhã", além de andar um ou dois quilômetros por dia – tudo em prol da boa saúde. Para as meninas, ele recomendava aulas de dança desde bem pequenas, antes de começarem a escola. Isso as tornaria mais graciosas e desinibidas. Já para os meninos, a dança era inútil, porque eles "se esqueceriam de tudo aprendido depois que começassem a ter contato com os colegas, mais brutos, na escola".

Na opinião de Locke, as dúvidas das crianças deviam ser levadas muito a sério, e respondidas sempre. Ele percebia que a curiosidade era natural nas crianças e achava que, se essas dúvidas fossem ridicularizadas ou reprimidas, elas perderiam o prazer pelo aprendizado. Outra coisa que fazia bem para os pequenos era poder mostrar todo o seu conhecimento para as visitas, para que eles se sentissem valorizados e inteligentes – uma massagenzinha no ego, que, de vez em quando, não faz mal a ninguém. Quando os adultos não souberem uma resposta, ou quando as crianças estiverem querendo saber coisas que são "de adulto", o melhor a fazer, para Locke, é não enganar: diz logo que não sabe, ou que aquilo ainda não é para a idade dela, e bola para frente. O filósofo achava que falar mentira para não admitir que não sabe, ou para não ficar constrangido na frente dos filhos, era um mau negócio. "Se praticarmos falsidades com eles, não só frustraremos suas expectativas e minaremos seu conhecimento, como corromperemos sua inocência e lhes ensinaremos os piores vícios", disse ele em uma carta.

Locke também se preocupava com a relação das crianças com os animais. Para ele, se a criança aprendesse a maltratar os bichos, ela não se restringiria a essas espécies, mas faria mal a outras pessoas, assim que tivesse a oportunidade.

> Se eles (crianças) forem inclinados a essas crueldades, deverão ser ensinados o contrário. Pois o hábito de atormentar e matar animais progressivamente endurece suas mentes até para com os homens, e aqueles que se acostumam a sentir prazer com o sofrimento e a destruição de criaturas menores não estará apto a ser muito compassivo ou benigno para os de sua própria espécie.

Então, ensinar uma criança a amar e respeitar os animais, para o filósofo, não era só um ato de "bom samaritanismo". Era também um investimento em paz e bom caráter.

Mesmo sem filhos, Locke entendia que o único remédio possível para pirraça era não ceder ao terrorismo da criança em pedir o que ela queria (no exemplo que ele dá para Clarke, eram balas). Isso vale para crianças de um mês, um ano ou mais, na opinião de Locke. Música, poesia, literatura e dança deveriam ser incluídas na vida da criança o quanto antes, com contos, poesias e jogos apropriados para sua idade. E também nunca era cedo demais para ensinar às crianças o valor do trabalho. Locke escreveu para Clarke em uma carta de 1686:

> Ensine-o a escolher uma profissão para a qual esteja inclinado, e aguce seu apetite para a razão, e a parte mais dura da tarefa já estará feita. Para (obter) aquele estado de espírito feliz, eu não conheço

nada que contribua mais do que o amor, o orgulho (pelo próprio trabalho) e o elogio, que, então, eu acho que você deveria inserir nele por todos os meios imagináveis. Torne sua mente tão sensível para o crédito e para a vergonha quanto possível: e quando tiver feito isso, terá colocado em sua mente um princípio que influenciará suas ações quando você não estiver por perto.

Considerando o contexto social do século XVII, que inevitavelmente balizava o pensamento de Locke, chega a ser impressionante os quão atuais são suas noções de psicologia infantil e de como deva ser a criação de um filho. Até hoje, psicólogos escrevem livros sobre esse assunto e elaboram manuais sobre como "cortar a pirraça", a importância de as crianças começarem a fazer tarefas de casa desde bem cedo, como lidar com aquelas perguntas "cabeludas" que os pequenos fazem a toda hora. E nunca se falou tanto sobre como é fundamental a prática da atividade física e da brincadeira ao ar livre para a saúde, tanto mental como física. Descontadas as peculiaridades do contexto sócio-histórico e uma ou outra noção ultrapassada (como a história de não deixar as meninas brincarem ao sol para não "estragar" a linda pele), os pais do século XXI ainda têm muito a aprender com esse senhor de quase 400 anos.

CAPÍTULO 33
O segredo do conhecimento

Desde os grandes filósofos gregos, o homem tenta entender como é que as informações entram em nossas cabeças, se processam, se fixam, interagem lá dentro e depois voltam para nós em forma de memória. Todos mistérios muito grandes, já que, sem o suporte das ferramentas adequadas, isso não podia passar do que Einstein batizou de "experimentos mentais", ou seja, hipóteses que não eram possíveis de se verificar.

Foi só na segunda metade do século XX que uma verdadeira ciência do conhecimento começou a ser possível. Com o surgimento de outras áreas, como a cibernética, as ciências da computação, as disciplinas de estudos da neurologia, e o desenvolvimento de áreas como a linguística e a biologia, a ciência abriu espaço para o estudo de como nós aprendemos, raciocinamos e memorizamos.

A psicologia cognitiva surgiu, formalmente, em 1967, com a publicação do livro *Cognitive Psychology*, do psicólogo alemão Ulric Neisser. Ele descreveu a nova disciplina como o estudo de todos os processos através dos quais os *inputs* sensoriais são transformados, processados, elaborados e "arquivados", recuperados e usados na cabeça. Todos esses são processos inconscientes – ou seja, não temos como observá-los diretamente (porque tudo acontece por meio de impulsos elétricos entre os neurônios), mas conseguimos inferir como são a partir das nossas respostas comportamentais.

Mas para chegar até aí, Neisser se valeu das bases científicas que já haviam sido estabelecidas por diversas outras escolas de pensamento da psicologia. A primeira delas foi o estruturalismo de Wilhelm Wundt, que surgiu com a fundação do primeiro laboratório de psicologia experimental, em 1879. Esse fato foi considerado como o marco do nascimento da psicologia, que a partir de então foi estabelecida formalmente como ciência, emancipando-se da filosofia e da psiquiatria.

Para Wundt, todo o nosso conhecimento vinha da elaboração das sensações. Para entender o mundo, bastava só olhar para dentro de si mesmo e, partindo do conhecimento, ir "fazendo o processo contrário", até chegar à sensação que gerou aquela informação na mente. Quase uma meditação.

Encantado com as descobertas dos átomos na química, Wundt achava que, analisando com bastante cuidado, todos os nossos processos mentais poderiam ser reduzidos a átomos psíquicos, ou a unidades psíquicas. A ideia era até boa, mas ainda continha vários problemas. Por exemplo, uma técnica que se baseia em uma análise verbal (mesmo que feita em silêncio) nunca iria conseguir descobrir os processos que acontecem com os bebês, ou com os pacientes psiquiátricos. Além disso, nessa época, já começavam a surgir pesquisas que mostravam como o inconsciente também era responsável por processos de aprendizado. E ainda tinha outro problema: a experiência que uma sensação causa é totalmente subjetiva. Então, não daria para confiar uma ciência a esses relatos.

Mas aí surgiu o funcionalismo, pelas mãos dos psicólogos William James e John Dewey, dos Estados Unidos. Pegando carona nas teorias de Darwin, eles achavam que o comportamento humano devia ser considerado um processo de adaptação do organismo ao ambiente. Todos os processos mentais eram uma forma que o organismo encontrava para sobreviver. Essa relação entre o comportamento e o ambiente levou a psicologia a começar a estudar o comportamento.

É nesse contexto que surge o comportamentalismo, ou behaviorismo. Depois do "fracasso" da teoria estruturalista de Wundt, John Watson, professor da Universidade de Chicago, acreditava que a psicologia só poderia se ocupar de fatos que pudessem ser medidos, avaliados, comprovados. Ou seja, sobrava só o comportamento. Na visão dos behavioristas, o corpo é como se fosse um computador, que recebe as informações (*inputs*), processa e devolve o resultado. Mas é elementar, meu caro Watson, que não dá para ser assim. Aos poucos, os próprios behavioristas perceberam que esse tipo de pesquisa não iria levá-los muito longe, e aí surgiram os neobehavioristas, que acreditavam que, entre o estímulo e a resposta, existia algo a mais que acontecia dentro do cérebro e (ainda) não era possível mensurar.

Enquanto nos Estados Unidos o pessoal estudava o comportamento, na Alemanha, surgia a escola da Gestalt, que foi uma resposta imediata ao estruturalismo de Wundt. Esses psicólogos acreditavam que o que contava mesmo era a totalidade do fenômeno, e não suas partes, como Wundt defendia. Para eles, dois mais dois eram mais que quatro – ou menos, dependendo do caso. Às vezes, só um! Por exemplo: se você tem quatro ângulos de 90º dispostos um virado para o outro, você nunca verá quatro ângulos de 90º. Você enxergará, imediatamente, um quadrado.

Todas essas teorias, cada uma muito diferente da outra, desenvolvem as bases para que, já na segunda metade do século XX, Ulric Neisser crie, finalmente, o cognitivismo, ou a psicologia cognitiva, que estuda o conhecimento. O interesse, aqui, era muito mais sobre os processos que estavam entre o estímulo e a resposta, do que sobre os resultados. Neisser entendeu, de cara, que, se o tempo entre um processo e uma resposta é curto, os processos que acontecem no cérebro são simples. Já se o tempo de resposta é demorado, é porque precisamos fazer mais esforço para encaixar as peças daquele quebra-cabeça. Ele tinha tanta razão que agora isso parece óbvio. E até hoje, apesar de todos os avanços tecnológicos que aconteceram dos anos 1960 para cá, é essa a abordagem utilizada no estudo da psicologia cognitiva.

CAPÍTULO 34
A psicologia a serviço do nazismo

No início do século XX, a Alemanha era o principal centro de pesquisas e desenvolvimento de teorias e ramos da psicologia no mundo. Em 1873, o psicólogo e filósofo Wilhelm Wundt publicou seu *Princípios de psicologia fisiológica*, em que declarava ter a intenção de demarcar na psicologia um novo domínio da ciência. Esse foi o marco do surgimento da psicologia experimental moderna. A partir daí, e até o início dos anos 1930, a Alemanha floresceu como centro de estudos da área.

De um lado, tínhamos o próprio Wundt com o estruturalismo. De outro, os pesquisadores Christian von Ehrenfels, Felix Krüger, Wolfgang Köhler e Kurt Koffka com a Gestalt. E ainda tinha Freud com o pessoal da psicanálise. Uma efervescência de ideias que estava com os dias contados.

Em janeiro de 1933, Adolf Hitler assumiu como chanceler da Alemanha. A partir daí, a vida mudou muito rápido no país e, em abril, o nazismo foi declarado o regime oficial alemão. A hostilidade com os judeus norteava absolutamente tudo na vida do país, e a psicologia sofreu enormes consequências disso. A começar pelas universidades que tinham cursos de psicologia. Aos judeus, foi proibido exercer uma série de profissões – professor, claro, estava entre elas. Assim, todos os professores judeus foram demitidos, inclusive (ou, talvez, principalmente) os dos cursos de psicologia.

Figuras como Wertheimer e Lewin, ambos judeus, foram chutadas para fora de seus cargos nas universidades e acabaram fugindo para os Estados Unidos, onde a perseguição aos judeus ainda não havia chegado. Depois, o governo nazista começou a ficar no encalço também de alemães arianos defensores de judeus, como era o caso de Wolfgang Köhler. Ele, por ficar do lado dos colegas, também foi demitido e, em 1935, se juntou aos outros dois amigos nos EUA.

A perseguição aos judeus, contudo, não impediu que os nazistas usassem suas teorias para justificar e embasar o regime totalitário. Ao contrário, o nazismo pegou tudo que podia e subverteu, usando a seu favor. As correntes psicológicas dominantes na época, principalmente a Gestalt e o holismo, foram ferramentas bem importantes utilizadas pelos nazistas. Essas correntes, aliás, ficaram conhecidas no nazismo como "conceitos fundamentais da psicologia alemã".

A psicologia holística, que era encabeçada por Max Wertheimer, Felix Krüeger e Wolfgang Köhler, estudava a relação entre as partes e o todo (ou entre o indivíduo e a coletividade) de qualquer sistema que se esteja analisando – família, escola, comunidade, país etc. Já a Gestalt olhava particularmente para as interações entre as partes do cérebro e sua relação com o sistema inteiro. Só por essas breves descrições já dá para começar a imaginar como o nazismo se beneficiou dessas correntes de pensamento.

Outra teoria que foi muito bem aproveitada pelos nazistas era a da eugenia, segundo a qual uma seleção natural fazia com que determinadas raças fossem superiores a outras (e nem precisamos lembrar qual era a "superior" nesse caso, né?). Essa teoria foi "provada" por um experimento do psicólogo nazista Erich Jaensch, que organizou seu trabalho biopsicológico todo em torno da ideia de um "tipo nórdico integrado", que ele chamou de tipo "J". Os indivíduos desse biotipo tinham qualidades que se contrastavam com o "tipo dissoluto de judeu-liberal", que ele chamou de "S", ou de antítipo (ainda bem que era tudo pelo bem da ciência, sem juízos de valor, não é mesmo?). Os indivíduos desse último grupo eram descritos como intelectualmente rígidos e abstratos, com uma tendência a se tornarem fragmentados.

Ou seja, depois que ele publicou esse estudo, em 1935, os judeus, subitamente, "viraram" a personificação do caos em forma de gente, pessoas que precisavam da solidez e da coesão dos arianos. Mais um motivo para os alemães perseguirem os judeus. Afinal, segundo a própria ciência, eles nem eram completamente humanos.

As vagas em universidades que pertenciam a professores e pesquisadores judeus ficaram vazias depois que eles foram expulsos de seus trabalhos, e aos poucos foram sendo preenchidas por outros pesquisadores nazistas. Aí começou um círculo vicioso: os pesquisadores incluíam em seus estudos experimentos que "provavam" as premissas nazistas. E o governo dava mais verbas de financiamento às pesquisas que mais lhe agradavam. Como boa parte dos pesquisadores está sempre (muito) interessada em conseguir mais verbas para seus laboratórios e suas universidades, em pouco tempo, a psicologia alemã deixou de ser aquela ciência séria que se praticava no fim do século XIX e início do século XX para virar uma ferramenta de propaganda política e uma justificativa dos atos do governo nazista.

Conceitos como raça, povo, comunidade e herança genética começaram a pipocar em todas as pesquisas feitas no país. E os estudos sobre as psicologias social, infantil, da educação e da personalidade foram ficando cada vez mais alinhados com a psicologia nazista da mentalidade de massa.

Cada escola da psicologia alemã que já existia antes do nazismo foi se moldando e se "especializando" no estudo de algo que interessava ao novo regime. Por exemplo, a Gestalt virou a escola que estudava a "alma alemã" e se tornou um dos principais centros de pesquisa da psicologia das raças. O holismo, de Felix Krüeger, que começou estudando aspectos da psicologia social, passou a fazer parte dos esforços nazistas para criar uma população totalmente subserviente. Com todo aquele discurso da coletividade, pesquisadores e nazistas foram conseguindo moldar a ciência que justificava o novo modelo social e de governo.

Enquanto isso, os pesquisadores judeus alemães e contrários ao nazismo que se refugiaram nos Estados Unidos assistiam a tudo e se revoltavam com o que estava acontecendo em seu país natal. "Não é possível ser suficientemente antinazista! Eles são os inimigos de toda a real moralidade, a qual consideram preconceito intelectualístico. Criaturas furtivas e dissimuladas é o que eles são", escreveu Kurt Koffka em uma carta de 1934.

Quatro anos depois, pouco antes de a guerra estourar, ele foi a Berlim e pôde ver de perto o quadro de seu país. Em carta para Molly Harrower, sua colega na Universidade Smith, ele escreveu:

> A situação dos judeus é indescritivelmente insuportável. [...] Todas as lojas de judeus têm que levar os nomes de seus donos em letras grandes e brancas em uma placa de vidro. Isso já está em vigência. Mas eles temem, com base em documentos nazistas, que eles serão despejados de seus apartamentos, já que judeus não devem habitar

imóveis cujos proprietários são alemães. Sob essas condições, eu só pude confirmar as resoluções de minha mãe e meu irmão de emigrarem para a América. Isso significa novas responsabilidades para mim. Eu devo responder por eles, e devo tentar encontrar algum tipo de emprego para meu irmão. [...] Contudo, meu bom senso me diz que uma catástrofe está para estourar.

Os estudos sobre hereditariedade também cresceram muito durante o nazismo – claro, tudo para justificar a superioridade ariana, que passava de pai para filho como um grande tesouro. Foi justamente esse campo de estudos que abriu o caminho para embasar práticas de eugenia, como a esterilização e o assassinato, afinal, tudo em prol de melhorar a raça para as gerações futuras.

Usando esse mesmo argumento, os estudos da hereditariedade justificaram também um novo protocolo de tratamento para os pacientes psiquiátricos: matá-los todos, ou esterilizá-los. Pois, se tudo podia ser colocado na conta da genética, as chances de o distúrbio ser passado para as gerações futuras eram grandes. Assim, para "melhorar" a raça e ajudar na construção de um mundo melhor, nada mais eficiente do que eliminar, logo de vez, as "sementes defeituosas".

Hitler era um entusiasta da eugenia, e chegou a declarar que "aqueles que não forem física ou mentalmente sãos não devem passar seus defeitos para suas crianças. O Estado deve cuidar para que somente os sãos produzam crianças". Logo, logo, isso virou lei. Em agosto de 1933, a Lei de Prevenção de Progenia Geneticamente Defeituosa foi aprovada, e garantia a esterilização de pessoas portadoras do que se acreditava que fossem doenças hereditárias: os "fracos da mente", esquizofrênicos, alcoólatras, loucos, cegos, surdos e nascidos com alguma má-formação. Um ano depois de aprovada a lei, mais de 56 mil pacientes psiquiátricos alemães já haviam sido esterilizados.

Mas a castração começou a não dar conta de tanta gente "defeituosa", e os hospitais alemães precisavam "abrir espaço" para os feridos na guerra. Foi assim que a psiquiatria alemã começou a matar pacientes com sofrimento mental. Eles chegaram a usar câmaras de gás, mas tiveram que descontinuar o método, porque a opinião pública achou uma medida extrema demais. Mas isso não impediu que os nazistas continuassem usando outras técnicas, como deixar os pacientes morrerem de fome, por falta de cuidados básicos, ou aplicando injeções letais. Durante os anos da guerra, cerca de 180 mil pacientes psiquiátricos foram assassinados, com a desculpa de que isso servia para que não passassem suas doenças para as gerações seguintes.

Falando em guerra, ela também usou muito os conhecimentos da psicologia. Análises detalhadas eram feitas nos soldados, para ver quem tinha condições de ocupar postos de destaque, ou de continuar lutando. Com o passar dos anos, o recrudescimento das batalhas e o surgimento de hordas de ex-combatentes com todo tipo de estresse pós-traumático, abriu-se um buraco enorme de necessidade de psicólogos clínicos, que ajudassem o país a lidar com tantos homens incapazes de trabalhar e produzir novamente. Assim, os anos 1940 em diante foram um período de prosperidade para esses profissionais. Quem não conseguiu um emprego na saúde pública, atuava em consultórios particulares atendendo pacientes traumatizados.

CAPÍTULO 35
A psicologia nos grupos terroristas

Foi-se o tempo em que terrorismo era um ato isolado, de alguém que tinha uma questão pessoal com um grupo de pessoas e decidia "resolver" a questão por si mesmo. Esses atos até existem ainda, mas viraram raridade. Hoje, o mundo está tentando lidar é com o chamado "novo terrorismo".

O atentado de 11 de Setembro de 2001 inaugurou um novo tipo de ação de terror. Se, antes, o terrorismo costumava ser geolocalizado e era nacional, vinculado a posicionamentos políticos e vinha de grupos como IRA (Irlanda) ou ETA (Espanha), por exemplo, agora temos um perfil bem diferente. O inimigo não tem cara, não tem endereço, não tem uma sede fixa. Ele é alguém que não concorda com determinada visão de mundo – na maioria das vezes, a ocidental – e deseja impor a sua própria filosofia de vida para todo mundo.

Seu único objetivo é, mesmo, tocar o terror. Impor o regime do medo para, depois de tornar tudo instável e as pessoas desesperadas, conseguir conquistar o poder. Foi assim com o atentado ao jornal francês *Charlie Hebdo*, à boate também francesa Bataclan, à maratona em Boston, e em vários outros exemplos que aconteceram desde 2001.

Os grupos terroristas de agora, mais sabidamente o Estado Islâmico, autor da maioria desses ataques, também têm uma estrutura muito peculiar – e que torna as coisas muito mais difíceis para os países que precisam lidar com eles. Sua formação é em células, ou seja, além de um quartel general em um lugar fixo, eles têm representantes espalhados mundo afora. Essas pessoas são como agentes secretos, que vivem uma vida normal em suas comunidades e ficam aguardando instruções de como e quando agir. Tudo isso facilitado pela comunicação via internet, que torna possível falar em tempo real com alguém que está em praticamente qualquer lugar do mundo. Muitos desses adeptos não são nem do mesmo lugar de origem desses grupos terroristas. Por exemplo: no Estado Islâmico, grande parte de seus membros não são do Oriente Médio, mas europeus. São jovens nascidos e criados em países da União Europeia que, por algum motivo, acabam se identificando com a filosofia do grupo.

Para nós, ocidentais, os atentados terroristas que se tornaram tão frequentes na segunda década do século XXI podem parecer, muitas vezes, "loucura". Outras vezes, esses atos são interpretados como coisa de "gente ruim". Mas essa visão simplista venda os olhos para uma lógica muito mais complexa e obscura. Ao contrário do que a maioria pensa, os terroristas não são "maus", ou psicologicamente instáveis. Ao contrário, pesquisas dos padrões de personalidade nesses grupos mostraram que eles tendem a ser indivíduos estáveis, que não são paranoicos ou delirantes.

De acordo com a psicóloga Lígia Gonçalves Silva, que defendeu uma tese de mestrado pela Universidade de Coimbra sobre o processo de recrutamento das organizações terroristas, há mais de um nível de psicologia envolvido na lógica desses grupos.

> O terrorismo pode ser analisado a partir de três níveis psicológicos – individual, grupal e organizacional – que são interdependentes e se reforçam mutuamente. O nível individual diz respeito ao comportamento terrorista e traços de personalidade; o nível grupal

compreende o processo de construção de uma realidade partilhada, as dinâmicas de influência social no recrutamento e instrução, e o papel da linguagem na formação de normas; por fim, o nível organizacional diz respeito ao treino, à logística e às questões de custo – benefício das ações terroristas.

O resultado da atuação dessas três esferas é a cultura do terrorismo, que estabelece dois tipos de ligação entre o indivíduo e a organização. Um deles é o processo *bottom-up*, que ocorre quando os próprios indivíduos procuram a organização e se apresentam voluntariamente para atuar em missões. Eles fazem isso por uma questão de identificação com os valores, as atitudes e as características das organizações terroristas. Por outro lado, existe o processo *top-down*, que ocorre quando o grupo terrorista seleciona membros. Nesse caso, ele procura perfis adequados entre os indivíduos, que, depois, seguem para um processo de socialização para se ajustar melhor à missão.

Do ponto de vista individual, o que pesquisadores já perceberam é que o fator-chave que diferencia os terroristas de pessoas "normais" é sua capacidade de "desligar" a função da empatia para seguir suas crenças e atingir seus objetivos. Como afirma o doutor em psicologia Steve Taylor, professor na Universidade Metropolitana de Leeds, no Reino Unido, a empatia e a compaixão são funções inatas do ser humano. "É natural, para nós, sentirmos o sofrimento dos outros e responder ao desejo de aliviar seu sofrimento. Se você não tem a habilidade de se empatizar, provavelmente, você poderia ser diagnosticado como psicopata", ele explica em seu artigo "The Psychology of Terrorism", publicado no site *Psychology Today*.

Os terroristas, contudo, conseguem se desligar dessa empatia natural e começar a tratar outros seres humanos (os "outros", na visão do grupo terrorista) como objetos. Está aí a chave para matar com a tranquilidade que vemos em vídeos vazados na internet e nem sentir culpa ou remorso depois. "Só uma completa falta de empatia torna possível para um ser humano decapitar outro", analisa Taylor.

Assim, não é uma coincidência que a maior parte dos membros dos maiores grupos terroristas atuais, como o Estado Islâmico, por exemplo, sejam homens jovens (algumas vezes, adolescentes). A adolescência, por si só, já é um período de mudanças que podem ser bem difíceis para todo mundo. É nessa época que a pessoa se percebe como um indivíduo e, junto com essa percepção, vêm os sentimentos de vulnerabilidade e de fragilidade. A partir desses sentimentos, vem uma necessidade forte de identificação e pertença. Por isso, é comum que adolescentes se unam a grupos de teatro, bandas, fã-clubes, times, associações de jovens religiosas ou não, e até gangues. Essa necessidade de pertencimento também explica por que adolescentes e jovens são suscetíveis ao extremismo religioso.

Em 2014, a decapitação dos jornalistas estadunidenses James Foley e Steven Sotloff chocou o mundo. O crime foi gravado, e o vídeo foi colocado no YouTube pelo Estado Islâmico. O autor foi o jovem Andre Poulin, canadense convertido ao islamismo. No vídeo – que, depois, veio a ser usado pelo EI como sua propaganda – Poulin explica por que ele resolveu se tornar um jihadista. "Antes de vir para a Síria, eu tinha dinheiro, tinha família, tinha bons amigos. Não é como se eu fosse um anarquista, ou alguém que só quer destruir o mundo e matar todo mundo. Eu era uma pessoa normal", ele declara. No vídeo, Poulin também manda um recado para o mundo: "Nós precisamos de engenheiros, médicos, precisamos de profissionais. Todo mundo pode contribuir com alguma coisa para o Estado Islâmico".

Além da mensagem direta, o discurso de Poulin escondia outro conteúdo. "Muito frequentemente, vemos os radicais que decidem se tornar terroristas desistirem no último minuto. Mas a mensagem de Poulin acerta em cheio ao dizer que há um caminho para todos. Isso torna a radicalização e o recrutamento muito mais fáceis. É uma organização de oportunidades iguais para todos. Ela tem de tudo, do psicopata sádico, ao humanitário, ao idealista", analisa o psicólogo John Horgan em uma entrevista para o site *International Business Times*. Horgan é professor do Centro de Terrorismo e Estudos de Segurança da Universidade de Massachusetts. Ele afirma que os jovens são atraídos para o EI na esperança de pertencer a "algo especial". "Eles querem encontrar algum significado para suas vidas. Alguns estão procurando aventura, outros estão buscando a redenção", diz Horgan.

O fato é que o pertencimento a uma religião – e a um grupo terrorista dentro daquela religião – provê para esses indivíduos uma comunidade coesa, crenças que apoiam suas ações e até uma estrutura similar à de uma família. Quem entra para essas organizações também conquista algum status, o que já é muito para aqueles que, em seus contextos originários, possuem muito pouco, ou nenhum.

Esse "plug" de falta de empatia que leva os jovens a cometerem atos como o de Poulin, contudo, não vem assim, de forma tão natural. Ele é criado, de forma subconsciente, por um tipo de intoxicação provocado pelo sentimento de pertença e identidade. Os líderes dessas organizações usam uma série de métodos e técnicas para conseguir isso, como explica o psicólogo Steve Taylor:

Eles desumanizam os membros de outros grupos, encarando-os como um coletivo, em vez de indivíduos, e responsabilizam a todos pelos crimes uns dos outros. A moralidade é retirada dos outros grupos, e seu sofrimento é minimizado. O comportamento do terrorista é "neutralizado" pela crença em que a magnitude de sua causa torna atos individuais de brutalidade necessários e insignificantes.

A atração que o extremismo islâmico apresenta para jovens ocidentais aponta para um problema ainda mais profundo, que é a crise de significado e de propósito que mora debaixo da superfície do mundo moderno. O sistema econômico e social da sociedade ocidental nos encoraja a pensar no bem-estar em termos de posses. As escolas, as universidades, o entretenimento, tudo é moldado para nos fazer crer que ser bem-sucedido é igual a ser rico, ter um carro moderno, morar em uma casa grande, em um bairro cujo PIB é acima da média da população do país, fazer viagens caras e, acima de tudo, ter poder de compra. "Se a vida tem um sentido, é 'fazer o bem para nós mesmos'", sintetiza Taylor.

Desde que iniciamos nosso processo de socialização, somos incentivados a passar a maior parte de nossos dias executando tarefas repetitivas e monótonas, com o objetivo de alcançarmos esse propósito de ter mais. Outros aspectos, mais profundos, como o contato com a natureza, o autodesenvolvimento, a criatividade, a espiritualidade, o serviço, a apreciação estética, tudo foi sendo substituído pelo materialismo. O fundamentalismo religioso e o extremismo que ele criou podem ser vistos, em parte, como uma reação contra essa tendência superficial da sociedade. É uma tentativa "torta" de se atingir algum grau de propósito e significado para esta vida.

Parte 7

OS EXPERIMENTOS MAIS LOUCOS
(COM PERDÃO DO TROCADILHO)

Verdadeiros absurdos já foram feitos em nome da ciência. Na psicologia, então, alguns experimentos estão ali, na fronteira entre o ímpeto científico e o sadismo.

Se, por um lado, é verdade que os experimentos são fundamentais para confirmar teorias, ou, em alguns casos mais raros, até para refutá-las e começar tudo do zero, por outro lado, nem tudo vale na hora de submeter cobaias às ideias mais loucas dos pesquisadores. Nem tudo vale agora. Porque, no século passado, as regras eram outras.

No Brasil, o Código de Ética Profissional do Psicólogo é um documento bastante recente, de 1987. A Associação Americana de Psicologia, nos Estados Unidos, só definiu seu código em 1992, e a Federação Europeia das Associações de Psicólogos não tinha o seu até 1995. Ou seja, até o fim do século passado, os limites do pode/não pode eram todos meio borrados, cabendo a cada profissional, ou grupo de profissionais, julgar até onde deveriam ir seus experimentos "pelo bem da ciência".

Algumas coisas – muitas coisas – foram aprendidas ao longo do caminho. Experimentos como o caso de David Reimer ensinaram, em caráter definitivo, uma série de conceitos sobre a sexualidade, como orientação e identidade de gênero, além do fato de que a orientação sexual não é completamente determinada pelo ambiente (ainda que alguns psicólogos de hoje em dia teimem em afirmar o contrário).

Outras experiências, como a da Prisão de Stanford, infelizmente não ensinaram tanto assim. Ou ensinaram, mas pouca gente quis aprender. Esse experimento, quase sessenta anos depois de sua realização, continua dizendo muito sobre nossas instituições, que tipo de valores alimentamos e o que seria necessário mudar para alcançarmos uma sociedade mais igualitária e menos violenta. Cerca de sessenta anos depois, ainda não aprendemos, e não foi por falta de quem ensinasse.

Houve ainda alguns experimentos que viraram ícones de suas escolas, sendo lembrados até por pessoas que não são da área. Todo mundo já ouviu falar do cão de Pavlov, até quem não sabe a fundo como foi feito esse experimento. Ele estabeleceu as bases para os estudos da psicologia comportamental e também da psicologia cognitiva, que só seria desenvolvida pra valer cerca de seis décadas depois, com o aprimoramento de outras ciências.

Aqui, vamos falar sobre esses e outros experimentos que fizeram história nos estudos da psicologia. Seja porque ficaram muito famosos, seja porque foram absolutamente antiéticos, seja porque deixaram um legado que dura até hoje, ou pelo questionamento de seus métodos, todos eles foram bizarramente importantes para a psicologia.

CAPÍTULO 36
Olhos azuis x olhos castanhos

A morte de Martin Luther King Jr., líder do movimento negro dos Estados Unidos, em 1968, causou uma comoção mundial, e uma enorme instabilidade nos EUA. Havia uma tensão no ar, um medo de que a situação entre negros e brancos fosse sair do controle, já que Luther King era visto como um "porto seguro" para os negros. Com sua ausência, havia o temor de que os níveis de violência de negros contra brancos fossem subir incontrolavelmente.

Mas a ocasião também foi uma grande oportunidade para que o racismo fosse discutido amplamente no país. Em uma escola do ensino fundamental no estado de Iowa, a professora Jane Elliott (que não era psicóloga) quis ensinar na prática aos seus alunos de 8 e 9 anos o poder da discriminação e o peso do preconceito. Com essa tentativa (de sucesso), ela passou para a história como a autora de um dos experimentos psicológicos mais polêmicos de todos os tempos.

No dia seguinte à morte do líder político, Jane chegou à escola e provocou os alunos com a pergunta: "por que mataram 'aquele tal King' ontem?"; "Como vocês acham que uma criança negra se sentiria?"; "Seria difícil saber, não seria?"; "A menos que nós experimentássemos realmente a discriminação em nossas peles. Vocês gostariam de descobrir?". Animadíssimas, todas as crianças gritaram "sim" em coro. E foi aí que aconteceu uma das experiências mais impressionantes de todos os tempos.

Intuitivamente, Jane dividiu sua turma em dois grupos: crianças de olhos azuis de um lado, e crianças de olhos castanhos ou verdes do outro. Ela, então, distribuiu pulseirinhas de papel para as crianças de olhos azuis e pediu que elas as colocassem. E começou com o discurso de que as crianças de olhos castanhos eram as melhores daquela sala. Disse que eram mais organizadas e mais espertas.

Na década de 1960, a criançada estava toda com os olhos voltados para a corrida espacial. Portanto, somente com "evidências científicas" Jane conseguiria convencer a turma do que ela estava falando. Então, ela leu para eles uma pesquisa totalmente inventada que relacionava a melanina à inteligência. Quanto maior a quantidade de melanina, mais escuros os olhos e, consequentemente, mais inteligente a pessoa seria.

Enquanto ela lia o texto e criava exemplos, já notou um abismo começar a se formar entre os dois grupos de crianças. Jane completou a dinâmica estabelecendo as regras do dia, que incluíam o fato de crianças de olhos azuis terem que usar copinhos de papel se quisessem beber água. Uma menina perguntou o motivo da regra, e recebeu a resposta de uma colega de olhos castanhos: "Porque nós podemos pegar alguma coisa (doença)", e Jane concordou.

Conforme as aulas da manhã foram passando, as crianças de olhos castanhos começaram a brigar com os colegas do outro grupo que respondiam errado a perguntas feitas pela professora. "O que você esperava dele, sra. Elliott? Ele é um 'azulzinho'", disse um menino de olhos castanhos quando um colega do outro grupo errou um problema de aritmética.

Jane, então, descobriu que bastava só um dia para que o grupo dito "superior" se tornasse cruel com os demais. Alguns dos alunos mais lentos viraram, de repente, líderes ativos e autoritários na sala. Por outro lado, nesse mesmo espaço de tempo, as crianças do grupo "inferior" já ficaram muito mais inseguras. Uma aluna de olhos azuis que era ótima em matemática, de repente, começou a errar a tabuada. Na hora do almoço, essa mesma menina foi acuada por três crianças de olhos castanhos, que exigiram que ela pedisse desculpas por entrar no caminho delas, simplesmente porque eram "melhores" por terem os olhos escuros. A dos olhos azuis se desculpou.

O que os de olhos castanhos não sabiam era que o jogo iria virar em breve. Na aula seguinte, para completar o experimento, a professora Jane inverteu os papéis. Agora, eram os de olhos azuis que eram melhores, e os castanhos eram menos inteligentes, menos organizados e tinham um comportamento pior. Rapidamente, o ego das crianças de olhos azuis inflou. Eles se sentiam melhores e agiam como se fossem realmente melhores. Mas, para surpresa de Jane, eles eram menos cruéis com os outros colegas – talvez por já terem experimentado o que era a discriminação.

No fim do exercício, a professora lembrou às crianças que o real motivo de toda aquela dinâmica havia sido o assassinato de Martin Luther King e pediu aos alunos que escrevessem uma redação contando o que haviam aprendido. Um dos relatos mais tocantes, que passou para a história, foi o de Debbie Hughes. "As pessoas da turma da sra. Elliott que tinham olhos castanhos discriminaram as pessoas de olhos azuis. Eu tenho olhos castanhos. Eu senti que podia bater neles se eu quisesse. Eu ganhei cinco minutos a mais de recreio. (Quando os papéis se inverteram) Me deu vontade de sair da escola. Eu tinha muita raiva. É isso que se sente quando você é discriminado", escreveu a menina.

Não demorou até o experimento da professora do ensino fundamental ficar famoso no país inteiro. Jane Elliott foi entrevistada pelo apresentador Johnny Carson. E, a partir daí, uma chuva de polêmicas caiu sobre a dinâmica. Uma das telespectadoras do *Johnny Carson Show* escreveu uma carta furiosa, em que perguntava como Jane ousou submeter crianças brancas àquelas crueldades. "Crianças negras crescem acostumadas a esse tipo de comportamento, mas crianças brancas, não há como eles entenderem isso. É cruel com as crianças brancas e irá causar um grande dano psicológico nelas", argumentava a telespectadora.

Mas Jane estava convencida de seus valores e de sua metodologia. Em resposta, ela questionou por que os Estados Unidos estavam tão preocupados com o fato de crianças brancas terem passado por aquela experiência por algumas horas, enquanto negros viviam uma vida inteira de discriminação.

A volta para casa não foi fácil. A professora foi muito oprimida na cidadezinha de Riceville, no interior de Iowa. Seus filhos começaram a apanhar na escola, e ela própria era hostilizada nas ruas. Mas isso não impediu Jane de continuar a dar aulas e a fazer a sua dinâmica das cores dos olhos por mais nove anos. Só em 1985 ela parou de dar aulas, mas continuou fazendo o exercício fora das escolas.

Atualmente, ela dá palestras, workshops e treinamentos em prol da diversidade e da igualdade. Seus métodos, que implicam humilhação, coerção e agressão psicológica, ainda são questionados em todo o mundo, e nenhum conselho de ética da psicologia permite que o experimento seja repetido para fins de pesquisa. Mas Jane Elliott segue convencida. "Muitas pessoas vão embora conhecendo muito mais sobre si mesmas do que quando chegaram. E não só pessoas brancas. Muitas pessoas 'de cor' acham que tudo é acidental. Não é acidental. É o que nós fazemos, é como nós perpetuamos nosso poder", declarou ela ao jornal *The Guardian* em uma entrevista em outubro de 2009.

CAPÍTULO 37
O cão de Pavlov

Você pode não saber quem foi Pavlov ou qual a raça de seu cão, mas tenho certeza de que já ouviu falar do "cão de Pavlov", porque esse é um dos experimentos mais famosos de todos os tempos na psicologia. Foi por meio dele que começou a se formar o que hoje chamamos de psicologia behaviorista, ou comportamental.

Ivan Pavlov foi um fisiologista russo, que viveu no fim do século XIX e início do século XX. Nascido em uma fazenda, filho de pai religioso, ele resolveu que queria mesmo era se dedicar à ciência. Assim, quando tinha mais ou menos 21 anos, foi estudar medicina em São Petersburgo. Lá, ele começou a pesquisar o sistema digestivo de mamíferos e fez suas pesquisas com cães. Por esse trabalho, Pavlov recebeu o Prêmio Nobel de Fisiologia ou Medicina em 1904.

Enquanto estudava o sistema digestivo dos cães, o médico também queria descobrir quais sinais disparavam certos fenômenos, como a salivação. Quando o cão encontra comida, instantaneamente, suas glândulas salivares disparam produzindo aquele monte de baba, que escorre pela boca. Tirando a parte de escorrer pela boca (na maioria das vezes), isso também acontece com humanos. Apesar de meio nojenta, a saliva é muito necessária para o processo digestivo. Além de tornar a comida mastigada mais fácil de ser engolida, a saliva também já começa a processar alguns tipos de nutrientes, como os amidos.

Durante a pesquisa, Pavlov e seus assistentes apresentavam aos cães um monte de objetos, comestíveis e não comestíveis, e depois mediam o tanto de saliva que aquele item produzia. A saliva era coletada por um tubo implantado diretamente nas glândulas salivares dos cães. Assim, ele concluiu que a salivação era um processo reflexivo, ou seja, uma resposta automática a um estímulo específico. É algo que está fora do controle consciente, tanto de cães, como de humanos.

Mas o que despertou interesse extra de Pavlov foi ver que, mesmo sem comida, nem cheiro de comida envolvido, os cães ainda babavam. Observando, o pesquisador percebeu que os cães estavam reagindo ao ver os jalecos dos pesquisadores! Ele ficou intrigado em saber como essa associação estava acontecendo e começou uma série de experimentos para entender como essa relação acontecia na cabeça dos cães.

Com base nas suas observações, o pesquisador criou a hipótese de que a saliva era uma resposta aprendida – e não fisiológica, como ele e sua equipe acreditavam antes. Ao ver uma pessoa de jaleco, os cães aprenderam a associar isso à comida. Na cabeça deles, funcionava mais ou menos assim: "toda vez que aparecem essas pessoas de jaleco, eu ganho comida. Lá vem o jaleco. Oba, lá vem comida!", e a baba escorria.

A conclusão de Pavlov foi que, ao contrário da salivação como resposta diretamente à comida, que era um reflexo incondicionado, a salivação em resposta à expectativa de comida era um reflexo condicionado – ou seja, podia ser aprendido e induzido. E aí o pesquisador foi entender de que forma esse reflexo era adquirido.

Em uma série de experimentos, Pavlov estabeleceu o objetivo de provocar uma resposta condicionada a um estímulo que, antes, era neutro para os cães. Ele escolheu usar comida (melhor coisa para causar reação em cães até hoje, segundo adestradores de todo o mundo) como estímulo que evoca uma resposta de forma automática e natural. E escolheu associar a comida ao som de um compasso musical para ser o estímulo neutro. Primeiro, ele exporia os cães ao som do compasso e, depois, imediatamente, daria comida.

Após várias sessões de condicionamento, Pavlov notou que os cães começaram a salivar logo depois de ouvir o compasso. "Um estímulo que era neutro foi sobreposto à ação do reflexo alimentar inato. Nós observamos que depois de várias repetições da estimulação combinada, os sons do compasso adquiriram a propriedade de estimular a secreção salivar", escreveu o pesquisador sobre os resultados obtidos.

Com a descoberta de Pavlov, foi possível não só mapear esse tipo de aprendizado, mas também descobrir como fazê-lo proposital e artificialmente. Daí surgiram, depois, experimentos que usaram o condicionamento clássico para descobrir outros aspectos do comportamento animal e humano. Entre os anos de 1997 e 2000, por exemplo, mais de 220 artigos científicos foram publicados citando os experimentos de condicionamento clássico de Pavlov.

A associação de estímulos é uma forma importante de aprendizado, que teve um papel fundamental na evolução das espécies, principalmente no que diz respeito à comida. A aversão a alimentos é um exemplo clássico de um reflexo condicionado natural. Se um animal come algo com um gosto de, digamos, baunilha e depois come um veneno sem gosto que o faz passar mal, ele irá associar o vômito à baunilha, e não voltará a comer alimentos com esse sabor. Ligar a náusea e o vômito a determinado sabor é uma estratégia evolutiva importante, pois é um conhecimento que preserva a vida.

Essa associação já foi usada em fazendas para evitar o ataque de lobos a ovelhas, por exemplo. Os pesquisadores injetaram na carne de carneiro, um remédio que causa náuseas, e deram para lobos comerem. Depois de terem passado mal com esse tipo de carne, os lobos passaram a dispensar as ovelhas nos pastos das fazendas e preferir outros tipos de presas.

A descoberta do russo continua sendo, até hoje, uma das mais importantes da psicologia (apesar de ter sido feita por um fisiologista que não tinha nada de psicólogo). Além de fundar as bases da psicologia comportamental, o processo de condicionamento ainda possui várias aplicações em estudos hoje em dia. Nos consultórios, o condicionamento clássico é usado no tratamento de fobias, síndromes de ansiedade e do pânico.

CAPÍTULO 38
O trauma do pequeno Albert

Com o cão de Pavlov, a psicologia comportamental já havia conseguido provar a relação entre estímulos externos e respostas psicológicas do animal. O próximo passo era ver se isso também funcionava com humanos. No início do século XX, a psicologia ainda não possuía um código de ética, o que permitia que experimentos hoje condenáveis fossem feitos tranquilamente – e, ainda por cima, elogiados.

Um desses experimentos mais famosos foi o realizado pelo psicólogo John Watson, que era professor da Universidade Johns Hopkins, nos Estados Unidos. Watson, hoje considerado o "pai" da psicologia behaviorista (ou comportamental), ficou fascinado pelos resultados obtidos por Ivan Pavlov e, junto com sua orientanda Rosalie Rayner, queria testar se o medo era uma resposta inata, ou se podia ser uma resposta condicionada.

Para isso, ele escolheu um bebê de aproximadamente 9 meses em um hospital. O bebê recebeu o apelido de Albert B, mas ficou conhecido ao longo dos anos como "pequeno Albert". Ele era filho de uma enfermeira e, apesar de ter sido criado no ambiente de um hospital, até aquela idade estava se desenvolvendo normalmente, era muito saudável e emocionalmente estável.

No início do experimento, Watson e Rayner colocaram o pequeno Albert em contato com alguns "objetos": um coelho, um rato branco de laboratório, um macaco, algodão, máscaras com e sem cabelos, um jornal em chamas e vários outros objetos. Essa apresentação foi feita por cerca de dois meses, sem nenhum tipo de condicionamento, e Albert não demonstrava sentir medo de nenhum deles. Aliás, ele adorava o ratinho.

Quando o pequeno Albert já estava com 11 meses e familiarizado com os objetos, Watson mudou a dinâmica. Dessa vez, ele expôs o bebê ao rato branco e, com um martelo, bateu em uma barra de ferro que estava logo atrás da criança, fazendo um barulho bem alto. Albert não entendeu direito o que estava acontecendo, e não chorou. Preferiu brincar com seu amigo ratinho. Quando ele esticou a mãozinha para pegar o rato, novamente o barulho alto se fez ouvir. Dessa vez, Albert já começou a chorar. Esse ritual foi repetido outras sete vezes, durante sete semanas.

Daí para frente, ele ficou com medo: toda vez que ele via o rato, mesmo se não houvesse nenhum barulho associado a ele, o bebê já começava a chorar e tentar se afastar do bicho. Mais que medo do rato, o pequeno Albert começou a ter medo de todos os objetos que tivessem uma característica em comum como roedor: pelos. Assim, ele também ficava aterrorizado com o macaco, com o coelho, com o cachorro e com a máscara de Papai Noel, que tinha barba branca. O pequeno Albert havia desenvolvido uma fobia (um medo irracional, que é desproporcional ao perigo real oferecido pela situação) de coisas peludas.

Se fosse hoje, com os códigos de ética vigentes, esse experimento jamais poderia ser realizado. Além disso, os especialistas em psicologia comportamental criticam também a metodologia científica usada por Watson e Rayner. Segundo os especialistas, os dois não desenvolveram uma forma objetiva de avaliar as reações do pequeno Albert. Em vez disso, eles preferiram confiar em suas interpretações subjetivas.

Depois de feito o "estrago" na cabecinha do bebê, os psicólogos não conseguiram dessensibilizá-lo para objetos peludos, porque Albert se mudou com a mãe logo depois do fim do processo. Apesar de a real identidade da criança ter sido mantida a sete chaves, uma equipe da Appalachian State University descobriu, em 2010, que o pequeno Albert era, na verdade, Douglas Merritte, filho da enfermeira Arvilla Merritte, que recebeu US$ 1 (um dólar) pela participação do filho no experimento. A descoberta foi publicada na revista *American Psychologist* daquele ano.

Os pesquisadores de Appalachian descobriram, também, que Douglas morreu aos 6 anos devido a uma hidrocefalia. "Nossa busca de sete anos (pela identidade do pequeno Albert) foi mais longa do que a vida do menino", escreveu Hall P. Beck, pesquisador que coordenou o estudo. Em 2012, ele e Alan J. Fridlund publicaram outra revelação: que Douglas Merritte não era a criança "normal" e "saudável" que Watson descreveu em seus relatórios. Em vez disso, ele sofria de hidrocefalia desde seu nascimento.

Beck e Fridlund apresentaram evidências fortes de que Watson sabia da condição do bebê e forjou intencionalmente as condições de saúde ao reportar o experimento. Essas descobertas não só mancharam a reputação de Watson, como também tornaram mais graves as questões éticas e morais do experimento.

O mistério sobre a identidade de Albert, porém, ainda não está totalmente resolvido. Em 2014, outros pesquisadores apresentaram indícios de que o bebê que foi cobaia do experimento seria, na verdade, William Barger. Ele nasceu no mesmo dia que Merritte, mas era filho de outra enfermeira que trabalhava no mesmo hospital que a mãe de Merritte. Esse segundo menino passou a vida sendo chamado por seu nome do meio: Albert.

De toda a polêmica e os mistérios envolvidos nesse experimento, uma coisa não se pode negar: as descobertas realizadas por Watson e Rayner são relevantes até hoje para a psicologia. Com esse experimento, que é tão importante para a psicologia quanto controverso por seus métodos, Watson e Rayner descobriram várias coisas muito relevantes. A primeira delas foi que, sim, o condicionamento funciona em humanos, além de cachorros. Depois, eles descobriram que esse mesmo condicionamento pode ser usado para criar uma fobia. E foram capazes também de desenvolver o conceito da generalização, que é essa associação do objeto da fobia a outros objetos que guardam características semelhantes.

CAPÍTULO 39
Os ratos condicionados de B. F. Skinner

Anos depois de Pavlov ter conseguido treinar seu cão para salivar ao ouvir um compasso e ter descoberto como funcionam os mecanismos do condicionamento simples, seu colega behaviorista Burrhus Frederic Skinner – ou só B. F. Skinner, para os iniciados – achou que só isso não era suficiente. Ele não acreditava que o condicionamento simples fosse a resposta que explicasse todo o complexo comportamento humano. E estava coberto de razão.

Foi a partir desse incômodo que Skinner começou a pensar no que veio a ser sua teoria do condicionamento operante. De acordo com o seu raciocínio, as ações intencionais do indivíduo têm um efeito no ambiente onde ele habita. De outro lado, o ambiente também influencia as ações. Assim, Skinner acreditava que, manipulando o ambiente, seria possível modificar o comportamento das pessoas – e, modificando do jeito certo, seria possível mudar esses comportamentos para melhor. Ele queria descobrir quais processos tornavam determinadas ações mais ou menos prováveis de serem realizadas.

Como Pavlov, ele também usou cobaias. Mas, desta vez, foram ratos, em vez de cachorro. A "caixa de Skinner" era uma engenhoca bem mais complexa do que o esquema de Pavlov e envolvia uma alavanca, dispensador de comida, sinais luminosos, e um dispositivo de choque (pobres ratos, se ferrando nos experimentos desde que o método científico foi inventado).

Em uma primeira fase do experimento, Skinner deixava o ratinho andar livre pela caixa, até que ele, acidentalmente pressionava a alavanca, liberando um pedacinho de comida. Como os ratos são animais muito espertos, logo aprendiam que o comportamento de acionar a alavanca estava associado ao estímulo positivo da comida, e repetiam a ação várias vezes.

Em um segundo momento, o cientista decidiu analisar como os ratos reagiriam ao estímulo negativo. Eles eram submetidos a uma corrente elétrica, que era interrompida quando pressionavam a alavanca. Não demorou muito para aprenderem que o comportamento de acionar o dispositivo era o segredo para fazer parar o estímulo negativo. Depois, Skinner acrescentou um nível a mais de dificuldade: antes de liberar a descarga elétrica, ele acendia uma luz dentro da caixa. Então, a sequência era: luz acesa, corrente elétrica é disparada. O rato aciona a alavanca, corta-se a descarga que provoca os choques. Mais uma vez, rapidamente os ratinhos descobriram que a alavanca prevenia o estímulo negativo.

A hipótese inicial estava certa: estímulos positivos reforçavam comportamentos, enquanto estímulos negativos inibiam. Além disso, com o experimento, Skinner chegou a três tipos de estímulo:

1) Neutros: respostas do ambiente que nem aumentam, nem diminuem a probabilidade de a ação ser repetida.
2) Reforçadores: respostas que aumentam a probabilidade de repetição da ação.
3) Inibidores: respostas ambientais que diminuem a probabilidade de que certo comportamento seja repetido, ou seja, que enfraqueçam o comportamento.

Quase um século depois da formulação da teoria de Skinner, quem acredita que ela está ultrapassada está bem enganado. Ainda hoje, o condicionamento operante é usado em vários campos, com humanos e animais. Os adestradores mais modernos, por exemplo, usam o método do reforço positivo para educar cães, gatos e outras espécies. Comportamentos desejados são reforçados com muitos petiscos e carinhos. Já as ações indesejadas ganham o mais profundo desprezo – que, para os animais de estimação, é um grande reforço negativo.

Nas escolas, professores também usam a técnica de reforço positivo para ações desejadas e não dar atenção para maus comportamentos na educação infantil. E uma das aplicações mais curiosas da teoria de Skinner está no marketing. A economia de *tokens* é um ótimo exemplo de como esse raciocínio é aplicado hoje em dia.

Nesse modelo, os comportamentos desejados (por exemplo, adquirir um produto que está sendo lançado) são reforçados com um *token*, que pode ser pontos, milhas, alguma vantagem em um programa de relacionamento. Posteriormente, esses *tokens* podem ser trocados por um prêmio, que funciona como um reforço primário do comportamento inicial. Todos os dias, quando as pessoas trocam seus pontos do cartão de crédito por passagens, bilhetes do cinema, créditos para o celular ou qualquer outro bem, Skinner prova que sua teoria sempre esteve certa.

CAPÍTULO 40
Alunos e professores de Milgram

Em 1963, Stanley Milgram, professor de psicologia da Universidade Yale, queria entender fenômenos como as atrocidades cometidas em nome de um regime, como nazismo, por exemplo. Ele examinou justificativas para atos de genocídio promovidos por oficiais que eram acusados por crimes na Segunda Guerra Mundial. Em todos os casos, eles se defendiam dizendo que estavam "só cumprindo ordens".

Assim, Milgram quis saber se as ordens eram um imperativo tão forte assim, a ponto de fazer a pessoa perder seu próprio juízo sobre um fato, apenas para seguir as ordens recebidas. Ele também queria descobrir se os alemães eram particularmente obedientes, ou se qualquer pessoa poderia sofrer os mesmos efeitos das ordens.

Para conseguir as respostas para essas perguntas, nada melhor que um experimento científico, que começou em julho de 1961. Milgram colocou um anúncio no jornal pedindo voluntários para uma experiência que iria medir a capacidade cognitiva de seus participantes. Quem se voluntariasse, receberia US$ 4 por uma hora de participação. Centenas de pessoas, de 1961 a 1963, toparam o desafio.

Em teoria, os voluntários seriam divididos em dois times: professores e alunos. Na prática, o sistema de escolha estava "batizado", de forma que todos os participantes ficaram com o papel de professores. Para eles, os pesquisadores disseram que o experimento iria medir os efeitos da punição no aprendizado.

A tarefa dos "professores" consistia em ler uma lista de palavras para os "alunos". Depois, eles liam uma palavra aleatória e pediam para que o "aluno" a associasse com o seu par na lista inicial. Se o aluno errasse a resposta, os professores deveriam dar choques elétricos nos "alunos".

Os choques começavam em 15 volts e iam até o máximo de 450, uma voltagem que poderia ser letal. A título de comparação, na maior parte do Brasil, o choque que tomamos ao colocar o dedo em uma tomada é de 110 volts. Além dos números, uma legenda alertava sobre a potencialidade de cada voltagem. Do mais fraco para o mais forte, eles tinham as etiquetas "choque leve", "choque moderado", "choque forte", "choque muito forte", "choque intenso", "choque de extrema intensidade". Depois vinha "Perigo: choque severo" e, por último, só um "XXX" ameaçador.

Do outro lado, havia apenas um pesquisador que fazia o papel de "aluno". Ele não tomava os choques de verdade, mas foi orientado a reagir como se tomasse. Essas reações começariam com o choque de 75 volts, quando o ator iria começar a gemer. Ele reclamaria aos 120 volts, pediria para ser liberado do experimento aos 150 V, imploraria para que os choques parassem e, aos 285 volts, ele começaria a gritar desesperadamente. Quando (ou se) os choques atingissem 330 V (três vezes mais do que uma corrente elétrica normal de uma residência na maior parte do Brasil), o "aluno" ficaria completamente em silêncio. Os "professores" recebiam a instrução de que silêncio poderia ser considerado uma resposta errada, o que resultaria em mais choque para o "participante" que estivesse do outro lado.

Para que os "professores" não ficassem com o "coração mole", se eles hesitassem em dar o choque, um ator vestido de pesquisador, com um jaleco cinza, acompanhava o desenrolar da pesquisa. Se os "professores" hesitassem em dar os choques, o ator-cientista os pressionava, dizendo frases de efeito com poder de persuasão gradual. Elas começavam com "por favor, continue", "o experimento demanda que você continue", "é absolutamente essencial que você continue" e, finalmente, "você não tem outra alternativa, você deve continuar".

Antes de começar a atividade, os participantes se encontravam para ver quem era quem no experimento. Depois, o "aluno" ia para uma sala onde havia uma cadeira elétrica (que não funcionava de verdade, mas servia para propósitos cênicos), enquanto o "professor" ia para uma sala vizinha, onde havia um pretenso gerador de correntes elétricas. Eles não conseguiam se ver, mas conseguiam se ouvir.

Antes de continuar para o próximo parágrafo, pense por um minuto: o que você faria no lugar dos "professores"? Continuaria dando choques, mesmo com as reclamações e os gritos do colega do outro lado da sala, ou se rebelaria contra o experimento?

Quando Milgram fez essa pergunta para um grupo de estudantes de Yale, eles afirmaram que não mais que 3% dos participantes chegaria até o último nível de choque. Mas o que o pesquisador descobriu foi uma surpresa geral. Na verdade, 65% dos voluntários de Milgram haviam descarregado o choque máximo em seus "alunos".

Em números, isso quer dizer que, dos 40 selecionados para participar do estudo, 26 chegaram à carga de 450 volts. Só 14 pararam antes de atingir o nível máximo. Muitos deles ficaram incomodados, é verdade. Os níveis de ansiedade entre os participantes aumentaram muito, eles agrediram verbalmente e sentiram raiva do suposto pesquisador de jaleco cinza. Mas, no frigir dos ovos, eles teriam matado a outra pessoa, caso os choques fossem de verdade.

De uma forma geral, os participantes eram mais submissos diante de três situações: quando a figura de autoridade estava próxima deles; quando os "professores" sentiam que poderiam passar sua responsabilidade para terceiros (os pesquisadores, por exemplo); e quando os experimentos aconteciam dentro de uma organização respeitada, como a Universidade Yale (em algumas variações da pesquisa, Milgram levou o experimento para outros ambientes para verificar o quanto o ambiente influenciava nos resultados).

Depois de terminado o estudo, os participantes descobriam toda a verdade – que não estavam dando choques reais no colega, que os gritos e gemidos eram uma encenação, que não havia risco real de morte e os reais objetivos da pesquisa. Todos relataram uma sensação de alívio por não ter feito mal ao "aluno", e teve até um participante que chorou depois de descobrir a verdade, pois pensou que tivesse matado o outro voluntário.

Milgram percebeu que as pessoas poderiam ser divididas em três categorias:

1) Obedeciam, mas se justificavam: alguns dos participantes se eximiam de suas responsabilidades culpando outras pessoas. Alguns raciocinavam que, se alguma coisa tivesse acontecido com o "aluno", teria sido por culpa do pesquisador. Outros culpavam o próprio aluno, por ser "burro" e, portanto, "merecer" o choque.

2) Obedeciam, mas se culpavam: um segundo grupo se sentia muito mal pelo que havia feito e se culpava muito. Os membros desse grupo talvez fossem mais capazes de questionar as autoridades se enfrentassem uma situação parecida no futuro.

3) Rebeldes: um terceiro (e até corajoso) grupo não quis saber de mais nada e, simplesmente, se recusou a continuar dando choques no colega participante. Eles questionaram a autoridade dos pesquisadores e argumentaram que havia um imperativo ético maior que tudo aquilo que não lhes permitia continuar com o experimento.

A conclusão geral a que o pesquisador chegou depois desses experimentos foi de que pessoas comuns são propensas a seguir ordens dadas por uma figura de autoridade (como um professor, pesquisador, chefe etc). E elas irão cumprir essas ordens até o extremo de matar outro ser humano – como vimos acontecer na Ditadura Militar no Brasil, ou no nazismo alemão, que despertou o interesse de Milgram pelo assunto. A obediência às autoridades é inserida nas pessoas pela forma como somos criados, de uma maneira geral.

Em um artigo de 1974, Milgram resumiu essa ideia:

> Os aspectos legais e filosóficos da obediência são de importância extrema, mas dizem muito pouco sobre a forma como a maioria das pessoas se comporta em determinadas situações. Eu organizei um experimento simples na Universidade Yale para testar quanta dor um cidadão ordinário imporia a outra pessoa simplesmente pelo fato de ter sido ordenado a fazê-lo por um cientista. Uma autoridade inquestionável testou os imperativos morais mais fortes dos participantes contra ferir outras pessoas e, mesmo com as orelhas dos participantes ressonando com os gritos das vítimas, a autoridade venceu mais frequentemente do que perdeu. A extrema boa vontade dos adultos para ir a praticamente qualquer distância sob o comando de uma autoridade constitui a descoberta chave do estudo e o fato que mais urgentemente demanda explicações.

A experiência dos alunos e professores de Milgram é um marco da psicologia social e inspirou diversas variações ao longo das décadas. Mas também é um experimento muito questionável sob vários pontos de vista. Uma das críticas mais acirradas é a da psicóloga Gina Perry, da Austrália. Ela foi atrás dos participantes do experimento de Milgram e contou tudo em seu livro *Behind the Shock Machine: The Untold Story of the Notorious Milgram Psychology Experiments*. Ela acusa o supervisor de ter ido além de suas instruções em suas tentativas de persuadir os participantes, acusa alguns voluntários de já saberem que se tratava de uma farsa e diz que, para outros, as reais condições da experiência não foram esclarecidas até meses depois do fato. "Minha principal questão é que, do ponto de vista metodológico, houve tantos problemas com a pesquisa de Milgram que precisamos começar a reexaminar as descrições dos textos da pesquisa", ela escreve.

CAPÍTULO 41
A prisão da Universidade Stanford

O Brasil é um dos países com maior taxa de homicídios cometidos pela Polícia Militar no mundo. Segundo um levantamento feito pela BBC Brasil em 2014, só naquele ano, pelo menos 1.259 pessoas foram mortas pela PM no país. Só no estado de São Paulo, de acordo com um relatório do Instituto Avante Brasil, a média anual gira em torno dos 550 casos. Mas o que leva os policiais a serem tão violentos? Será que todos eles são, naturalmente, maus?

Foi para responder a essas perguntas – mas no contexto das prisões dos EUA, onde o tratamento aos presos não parece ser muito mais brando que o brasileiro – que, em 1973, o psicólogo Philip Zimbardo (hoje superpop) organizou e realizou seu famoso estudo da Prisão da Universidade Stanford, instituição onde ele é professor até hoje. Zimbardo estava interessado em descobrir, especificamente, se a brutalidade dos guardas dos presídios dos Estados Unidos morava em uma personalidade sádica de todos eles, ou se tinha mais a ver com o ambiente em que estavam inseridos em seu cotidiano – as prisões.

Sua ideia era pegar um grupo de estudantes universitários comuns e fazer com eles uma espécie de "teatro" de 21 dias, em que um grupo cumpriria o papel de guardas e o outro grupo, de presos. Se os prisioneiros e os guardas se comportassem de uma maneira não agressiva, seria um ponto para a teoria disposicional (de que haveria uma disposição dos guardas da vida real à violência). Mas se os estudantes universitários fazendo seu teatro se comportassem como as pessoas nas prisões de verdade, Zimbardo teria uma boa evidência de que o hábito faz o monge (ou a prisão faz o guarda, nesse caso).

Como o próprio Zimbardo relata, tudo começou com um anúncio no jornal. "Não tínhamos dinheiro, então fizemos um anúncio pequeno, barato. Mas procurávamos estudantes universitários para um estudo da vida na prisão", conta o pesquisador em uma palestra do TED. Com a propaganda, 75 pessoas se voluntariaram. Zimbardo e sua equipe escolheram 24 – as duas dúzias mais "normais" entre os inscritos: estudantes saudáveis, que passaram por testes de personalidade e entrevistas para eliminar problemas psicológicos, abuso de drogas e histórico criminal. Cada estudante receberia US$ 15 por dia para participar do experimento.

O grande grupo foi dividido aleatoriamente nos papéis de guardas e prisioneiros. "Sabíamos que não havia diferença entre os garotos que seriam os guardas e os garotos que seriam os prisioneiros. Aos que seriam prisioneiros, dissemos: 'esperem em casa, nos dormitórios. O estudo começa domingo'. Nós não contamos a eles que a guarda municipal iria até suas casas e iria fazer prisões reais", lembra Zimbardo.

No dia marcado para o início do estudo, 17 de agosto de 1973, os 12 estudantes que eram "prisioneiros" foram detidos em suas casas, por viaturas reais da polícia. Um dos participantes que recebeu o papel de prisioneiro conta:

> Um carro de polícia para na porta da minha casa, um policial de verdade sai, bate na minha porta e diz que está procurando por mim. Então, bem aqui (na frente de casa), eles me levaram para o

lado de fora, colocaram minhas mãos em cima do carro – era uma viatura policial de verdade, um policial de verdade e havia vizinhos de verdade na rua que não sabiam que aquilo era um experimento. Havia câmeras por todo lado, vizinhos por todo lado. Então, eles me colocaram no carro e me levaram para Palo Alto. Eles me levaram para a delegacia, para o porão da delegacia. Eu fui o primeiro a ser pego, então eles me colocaram em uma cela que era um cômodo com barras em volta. Não dava para dizer que não era uma cela de verdade. Eles me trancaram lá, nestas roupas degradantes. Eles estavam levando esse experimento a sério demais.

Os estudantes que estavam participando da pesquisa não sabiam, mas a "prisão", na verdade, era o porão da Universidade Stanford, que havia sido adaptado para parecer uma cadeia. Os guardas foram divididos em grupos de três, e trabalhavam em turnos de oito horas. Os prisioneiros foram colocados, de três em três, em celas. E havia uma solitária para os presos que se comportassem mal – tudo para manter a situação o mais próxima possível daquilo que se encontra nas cadeias de verdade.

Quando os prisioneiros chegavam à "prisão", eles passavam por todo procedimento de pegar as impressões digitais, ser fotografado e "fichado" na polícia. Depois, eram despidos, tinham seus "piolhos" retirados, seus pertences retidos e ganhavam uniformes de presidiários e roupas de cama. A partir daí, eram tratados somente por seu número de identificação, e não mais por seus nomes. Isso era uma estratégia de desumanizar os participantes e fazê-los parecerem anônimos.

Do lado dos guardas, eles recebiam uniformes idênticos – todos de cor cáqui –, carregavam um apito ao redor do pescoço e cassetetes, que Zimbardo pegou emprestados da polícia da cidade para fazer o experimento. Os guardas também usavam óculos escuros cedidos pelos organizadores da pesquisa, para que não conseguissem fazer contato visual com os prisioneiros. E eles tinham as instruções de fazer o que achassem que fosse necessário para manter a ordem e impor respeito. Mas não podiam agredir fisicamente os participantes que estavam no papel de prisioneiros.

Durante a pesquisa, Zimbardo trabalhou observando o comportamento dos prisioneiros e o dos guardas, mas também interpretou o papel de coordenador da prisão. Suas descobertas com o procedimento surpreenderam até ele próprio. "A reação ao estresse foi tão extrema, que garotos normais que escolhemos porque eram saudáveis tiveram colapsos dentro de 36 horas. O estudo terminou depois de seis dias porque saiu do controle. Cinco garotos tiveram colapsos emocionais", relata o professor.

Os guardas foram os que assumiram seu papel mais rapidamente. Em poucas horas depois de iniciada a experiência, alguns guardas já começaram a assediar os prisioneiros. Eles se comportavam de um jeito sádico e pareciam até gostar. Logo, outros guardas aderiram ao comportamento. Eles insultavam e davam ordens ridículas aos presos, mandavam que executassem tarefas inúteis e degradantes.

Aos poucos, os prisioneiros também assumiram seu papel. As conversas mais frequentes eram sobre os problemas da própria prisão. Eles começaram a levar as normas da prisão muito a sério, como se essas regras tivessem sido feitas "para seu próprio bem", e infringi-las fosse causar algum desastre. Alguns até começaram a ficar do lado dos guardas para coibir colegas que não cumpriam as regras.

Nos dias seguintes, a relação entre presos e guardas mudou. À medida que os prisioneiros foram ficando mais dependentes, os guardas foram ficando mais hostis. E, com o aumento da hostilidade, os prisioneiros ficaram mais submissos (e mais dependentes, dando início a um círculo vicioso). Como os presos dependiam dos guardas para absolutamente tudo, eles começaram a encontrar jeitos de "agradar" as "autoridades". Um desses jeitos era dedurar os colegas. No artigo científico que resultou da pesquisa, e que está nos arquivos da Universidade Stanford, Zimbard relata:

> "Porque o primeiro dia passou tão tranquilamente, nós estávamos completamente despreparados para a rebelião que estourou na manhã do segundo dia. Os prisioneiros tiraram suas toucas, arrancaram seus números dos uniformes e fizeram uma barricada na porta de suas celas colocando as camas contra as portas" (em tradução livre).

Protegidos pelas camas, os prisioneiros começaram a xingar e provocar os guardas, que ficaram furiosos.

Quando houve a troca de turnos, os guardas da manhã também ficaram enfurecidos, porque acharam que os guardas da noite haviam sido muito permissivos com os prisioneiros. Os pesquisadores decidiram não intervir na dinâmica e deixar o experimento continuar, e os guardas tiveram que lidar com a rebelião sozinhos. "E o que eles fizeram foi fascinante de se observar", afirmam os pesquisadores no artigo. Primeiro, eles insistiram que precisavam de reforços. Então, os guardas da noite e os que estavam de sobreaviso em suas casas prontamente atenderam ao pedido.

Todos juntos, os guardas se reuniram e decidiram tratar a força com força. Eles pegaram um extintor de incêndio que disparava dióxido de carbono em temperatura baixíssima e forçaram os prisioneiros a se afastarem da porta. Então, os guardas invadiram cada cela, tiraram toda a roupa dos prisioneiros, retiraram as camas, levaram alguns dos prisioneiros – os que eram os líderes do levante – para a solitária e começaram a ameaçar e intimidar os demais.

Já que os guardas não podiam estar todos ao mesmo tempo na prisão, e a violência física não era permitida, eles decidiram manter a situação sob controle usando táticas de pressão psicológica. Assim, os guardas selecionaram os três presos que haviam se envolvido menos na rebelião e concederam a eles privilégios. Eles receberam suas roupas e suas camas de volta, reconquistaram o direito de tomar banho e escovar os dentes e receberam uma alimentação especial, enquanto os outros ficaram sem comer.

Depois de meio dia desse tipo de tratamento, os guardas pegaram esses "bons" presos e os colocaram nas celas dos mais "problemáticos". E pegaram alguns problemáticos e colocaram na cela dos "bons". Isso desestabilizou os prisioneiros. Os que não haviam recebido privilégios achavam que os privilegiados pudessem ser informantes dos guardas, então, não podiam mais se articular. Os guardas, por outro lado, estavam bem articulados e ainda mais agressivos contra os presos.

Psicologicamente, a situação também estava saindo do controle, conta Zimbardo no artigo:

> Depois de 36 horas, tivemos que liberar nosso primeiro prisioneiro. O prisioneiro #8612 estava sofrendo de um distúrbio emocional agudo, pensamento desorganizado, choro descontrolado, gritos e raiva. Apesar de tudo isso, nós tínhamos introjetado tanto o pensamento de autoridades da prisão, que achamos que ele estivesse tentando nos "enrolar". Levou bastante tempo até ficarmos convencidos de que ele estava realmente sofrendo e o liberássemos.

Na quarta-feira, quarto dia de experimento, a noção de fantasia e realidade já havia sido completamente borrada entre todos os participantes – inclusive o próprio Zimbardo. Os prisioneiros entraram com um pedido de liberdade condicional, que seria avaliado pelas "autoridades" da prisão. No ato de solicitação da condicional, os pesquisadores perguntaram aos estudantes se eles abriram mão de todo o dinheiro que já haviam recebido até aquele ponto para sair da prisão. Somente dois disseram que não.

Zimbardo relata em seu artigo sobre o experimento:

> Agora perceba que o que nós salientamos para eles foi o contrato, ou seja, que eles haviam voluntariamente concordado em serem prisioneiros somente porque precisavam do dinheiro que iriam receber por serem objetos de pesquisa. Se eles não queriam mais o dinheiro, então, naturalmente, não havia razão ou motivação para continuar a participar do experimento. Ninguém pode ser aprisionado contra sua vontade em um experimento, pode? O que eles deveriam ter dito era: "Eu desisto deste experimento e escolho não ser mais participante por dinheiro, pela ciência ou por nenhuma outra razão". Mas eles não fizeram isso. Eles não podiam, porque seu senso de realidade havia passado por uma transformação. Eles não tinham o poder de escolher deixar o experimento porque, para eles, aquilo não era mais um experimento.

Na sexta-feira, sexto dia de funcionamento da Prisão da Universidade Stanford, os pesquisadores finalmente perceberam que sua pesquisa havia ido longe demais e perdido seu caráter de experimento. O que estava acontecendo ali era uma prisão de verdade, onde os presos estavam se transformando em pessoas isoladas e com traços de doenças psiquiátricas, enquanto os guardas desenvolviam e refinavam comportamentos sádicos. Foi aí que Zimbardo e sua equipe decidiram pôr um fim à experiência.

> Como consequência do tempo que passamos em nossa prisão simulada, nós pudemos entender como uma prisão, na verdade, como qualquer instituição totalitarista, pode desumanizar as pessoas, pode transformá-las em objetos e fazê-las se sentirem desesperançosas e sem salvação, e percebemos como as pessoas poderiam fazer isso umas com as outras. A pergunta agora é como podemos começar a mudar nossas instituições reais para que elas promovam valores humanos, em vez de destruí-los?

O experimento da Prisão da Universidade Stanford é tão genial e importante para a ciência quanto questionável. Do ponto de vista metodológico, as críticas incluem o fato de não haver variedade populacional, já que o perfil de todos os participantes era bem parecido. Além disso, nas entrevistas posteriores ao experimento, os guardas alegaram terem se comportado daquele jeito porque estavam só atuando. Apesar das evidências que indicam que os estudantes estivessem agindo como se fosse a vida real, não há como comprovar isso cientificamente.

Em contrapartida, com o experimento, nós descobrimos que as pessoas se conformam muito rapidamente aos papéis sociais que são esperados delas. O ambiente carcerário foi um fator importante no desenvolvimento dos comportamentos brutais dos guardas. E, assim, Zimbardo teve suas primeiras respostas para a questão inicial, que era descobrir se o comportamento violento dos guardas vinha de uma predisposição ao sadismo, ou se era desenvolvido pelo ambiente.

Outra contribuição fundamental que o experimento da Prisão da Universidade Stanford trouxe foi a elaboração de um comitê de ética para toda pesquisa que envolva cobaias vivas em psicologia. Atualmente, pelas regras do conselho de ética da APA, um experimento como esse não passaria nem da porta.

CAPÍTULO 42
O bizarro caso de David Reimer

A sexualidade das pessoas e todas as suas infinitas manifestações é um assunto que está na pauta do dia da psicologia e até da medicina há séculos. Encontrar explicação para todos os nossos comportamentos sexuais parece ser de suma importância, a julgar pela quantidade de pesquisas que abordam esses temas. Além da curiosidade, contribui para isso também o fato de o sexo ser um dos maiores tabus da nossa sociedade. Desde que a Igreja Católica resolveu controlar o que cada um faz entre quatro paredes – ou não, porque sempre tem aqueles que preferem as coisas ao ar livre –, o sexo ficou paradoxalmente mais escondido e mais interessante aos olhos tanto das pessoas comuns quanto dos pesquisadores.

Quando se fala em "expressão de gênero", "identidade de gênero" e "orientação sexual", então, aí é que a coisa fica ainda mais sedutora para a comunidade científica. Entender como essas características se formam tem sido um desafio desde, pelo menos, a década de 1970. Foi mais ou menos nessa época – um pouquinho antes – que começou um dos experimentos mais atordoantes, não só da psicologia, mas de toda a ciência.

Em 1965, a família Reimer cresceu com seus dois garotinhos gêmeos idênticos: Brian e Bruce Reimer. Crianças saudáveis, que se desenvolviam completamente dentro do esperado. Aos 8 meses de idade, os bebês apresentaram dificuldade para fazer xixi e precisaram passar por uma operação de fimose (remoção do prepúcio, pele que recobre a glande). E foi aí que a grande tragédia da vida dessa família começou. Por um defeito no bisturi elétrico com que a cirurgia foi feita (a explicação de porque usaram um bisturi elétrico em vez de um comum nunca foi dada pela equipe médica), não só a pelinha intrusa, mas todo o pênis de Bruce foi queimado, da base à ponta. Depois dessa, Brian não foi operado e a família ficou devastada.

Diante dessa situação terrível, os pais, Janet e Ron, se viram em um dilema – talvez o maior de suas vidas: o que fazer com aquele menino sem pênis? Os Reimer, então, começaram uma *via crucis* por vários especialistas para decidir o que fazer com o menino. Todos eles descartaram a hipótese de uma reconstrução peniana – e o menino continuava amputado, castrado.

Foi pela TV que eles encontraram um caminho para seu problema: em um programa, o psicólogo estadunidense John Money, pesquisador da respeitada Universidade Johns Hopkins, defendia com unhas e dentes a tese de que a orientação sexual e a identidade de gênero eram fatores totalmente ambientais. Ou seja, não se nasce menino ou menina (nem tudo o que possa estar entre esses dois polos). As pessoas nascem, e seus processos de socialização ditarão se elas virão a ser homens ou mulheres. Janet e Ron, então, resolveram procurar Money para saber o que eles deveriam fazer com seu filho mutilado.

Money enxergou na família Reimer a oportunidade perfeita para provar sua teoria. De repente, ele viu cair em seu colo o caso perfeito: um menino fisiologicamente perfeito, mas que não tinha pênis, e seu irmão gêmeo idêntico, também fisiologicamente perfeito, com pênis, que serviria como grupo de controle. Money, então, convenceu os Reimer a criar Brian normalmente como menino e Bruce, como uma linda menininha. Para isso, ele precisaria de várias mudanças: para começar, um novo nome (Brenda foi o escolhido). Novas roupas, novos pronomes, uma cirurgia para a remoção dos testículos e, por fim, um tratamento com hormônios femininos.

Assim cresceu Brenda, acreditando ser uma menina normal, pois o psicólogo orientou os pais a criarem a criança sem nunca contar sua história real. Money fazia o acompanhamento de sua paciente uma vez por ano e, a julgar pela sua avaliação da evolução da menina, o caso teria sido um sucesso. Bruce seria um menino forte e "levado", enquanto Brenda era uma garotinha doce e tudo corria muito bem no clã dos Reimer.

Mas as atualizações de Money sobre o caso subitamente pararam de ser publicadas, e isso chamou a atenção do também psicólogo e sexólogo Milton Diamond, que era pesquisador na Universidade do Havaí. Ele buscou informações e chegou até a verdade não oficial dos fatos, que publicou em um artigo no periódico *Archives of Pediatrics and Adolescent Medicine*.

O que o artigo de Diamond revelou foi que, na vida real, Brenda rasgava suas roupas de menina desde os 2 anos de idade, se recusava a brincar com suas bonecas e disputava os brinquedos "de meninos" com o irmão. Na escola, ela sofria *bullying* porque tinha comportamentos "de menino" e porque fazia xixi em pé (mesmo não tendo um pênis). Brenda também sempre reclamava com os pais por não se sentir uma menina.

As crianças sempre iam a sessões de psicoterapia com o dr. Money. Mas, ao fim e ao cabo, elas acabavam sendo sessões de tortura para os dois. Money queria convencer Brenda de que, sim, ela era uma menina. Para isso, ele acreditava que o caminho fosse mostrar a ela as diferenças entre as anatomias feminina e masculina. Ele tirou fotos dos irmãos pelados e mostrava para eles as diferenças. Tentou convencer Brenda, ainda criança, a passar por outra cirurgia para construir uma vagina. Como argumento, mostrou para ela uma foto de uma mulher parindo uma criança e perguntou se ela não queria ter um "buraco do bebê" em seu corpo. Tudo muito traumático para uma criança de 7 anos.

A família Reimer sustentou a mentira até Brenda fazer 13 anos. Nessa fase, os desesperados pais resolveram contar a ela toda a verdade sobre sua sexualidade. Para Brenda, essa descoberta foi um alívio. Quase imediatamente, ela assumiu a identidade de gênero masculino e escolheu para si o nome David. Ele processou os médicos que fizeram sua cirurgia de fimose que deu terrivelmente errado, ganhou a causa e usou o dinheiro da indenização para uma cirurgia de reconstrução peniana.

Ele até se casou e adotou os filhos da esposa quando já tinha seus 20 e poucos anos. Mas as coisas ainda não estavam perfeitas para David. Sua relação com seus pais e seu irmão só piorou com o passar dos anos. A mãe se sentia culpada pelo destino do filho e desenvolveu uma depressão profunda com perfil suicida. O pai acabou ficando alcoólatra. O irmão Brian se sentiu negligenciado enquanto era criança, achando que Brenda ganhava toda a atenção dos pais, e ele não recebia nenhuma. E quando descobriu que não era mais o reizinho da casa, que havia mais um "varão" para disputar o trono, desenvolveu sérios distúrbios psiquiátricos. Por fim, um quadro de esquizofrenia veio à tona. Depois de ter se casado – e separado – duas vezes, Brian morreu, talvez de uma overdose, que pode ter sido uma tentativa de suicídio.

Com esse contexto familiar e esse histórico de vida, o próprio David não era muito equilibrado emocionalmente. Ele também era depressivo, e tentou suicídio pela primeira vez aos 20 anos. Aos 30, conheceu Milton Diamond e descobriu que seu caso era tratado por Money como um grande sucesso da sexologia. E não só: seu caso era usado como argumento para que pais optassem por operar crianças intersexo (antigamente chamadas de hermafroditas, que nascem com o sexo biológico ambíguo) e transformar seus órgãos sexuais externos em vaginas.

David nunca conseguiu terminar os estudos, e tinha um trabalho pouco qualificado. A partir dessa descoberta sobre como sua história era vista aos olhos do mundo, ele se engajou na cruzada de gritar a verdade aos quatro cantos e desmascarar Money. A história também se tornou um frisson nos EUA e no resto do planeta, até que John Colapinto, então editor da revista *Rolling Stone*, se propôs a escrever a biografia de David. o livro foi publicado com o título *As Nature Made Him: The Boy Who Was Raised as a Girl* [Como a natureza o fez: o menino que foi criado como menina, em tradução livre].

Mesmo com toda a atenção que recebeu do mundo todo e com a verdade revelada, David ainda não havia encontrado paz. Abalado com a morte do irmão, seu casamento também começou a ir ladeira abaixo, até que Jane Fontane, sua então esposa, pediu "um tempo" na relação. David voltou para a casa dos pais. Dias depois, em maio de 2004, ele foi de carro até o estacionamento de um supermercado e se matou com um tiro na cabeça.

Em uma entrevista para o jornal *The New York Times*, a mãe de David, Janet Reimer, afirmou acreditar que seu filho não teria se suicidado se não fosse pelo experimento horrível ao qual foi submetido na infância. "Ele conseguiu ter tanta coragem. Acho que ele sentia que não tinha opções. Só piorava e piorava", lamentou ela.

O dr. Money alega que não pode ser culpado pelo destino de David e por ele não ter aceitado o gênero feminino. Segundo ele, a família postergou a decisão de fazer a cirurgia e começar com o tratamento hormonal até o limite da "janela do gênero", quando esta já estava quase se fechando, e isso teria sido o motivo pelo qual a experiência deu terrivelmente errado. Mas os críticos argumentam que o erro de Money foi continuar deixando as pessoas acreditarem que o caso havia sido um sucesso, mesmo quando viu que o trem estava descarrilando. Talvez o maior "pecado" de Money tenha sido se apaixonar por sua teoria e ignorar os fatos que a realidade esfregou em sua cara.

Parte 8

MK-ULTRA – A TEORIA DA CONSPIRAÇÃO DA VIDA REAL

Um departamento da CIA responsável por experimentos bizarros testando drogas para descobrir o "soro da verdade", que seria usado em inimigos do Tio Sam, e treinando agentes-zumbi para obedecer a ordens remotas no contexto da Guerra Fria. Seria um ótimo roteiro de um filme de ação, se não fosse a realidade.

Nos anos 1950, a agência de inteligência norte-americana começou um programa ultrassecreto que tinha o objetivo de ser uma resposta à espionagem russa. Na verdade, eram vários programas, todos debaixo do mesmo guarda-chuva chamado MK-Ultra. Entre outros experimentos, eles testavam os efeitos do LSD e de outras substâncias que tinham a propriedade de fazer as pessoas "soltarem a língua" nos interrogatórios. O problema era que, na esmagadora maioria das vezes, esses testes eram feitos sem o consentimento dos participantes. Às vezes, até sem o conhecimento.

Dizem as teorias da conspiração que assassinatos famosos, como o do ex-presidente norte-americano JFK e o do Beatle John Lennon, foram obra de agentes-zumbis do MK-Ultra. Se isso é verdade ou não, é quase impossível saber.

Mas a ficha do programa é suja. Como vamos ver na história a seguir, um de seus pesquisadores se matou em circunstâncias muito suspeitas, e a lista de vítimas que foram cobaias humanas sem saber é longa.

O governo dos EUA escondeu esse seu passado obscuro enquanto pode. Até queimar documentos eles queimaram. E, durante algumas décadas, quem afirmava que o programa existia era considerado paranoico. Até que ficou impossível esconder o absurdo, e o escândalo foi inevitável. Documentos e relatos começaram a vir à tona, revelando um dos programas mais surreais que já existiram no mundo.

Até hoje, algumas pessoas – e não só os "doidões" neuróticos – juram que o MK-Ultra continua suas atividades, mas com outros nomes e com outros tipos de experimentos. Se eles são só teóricos da conspiração, ou se estiveram com a razão o tempo todo, só a história irá dizer. Enquanto isso, nós vamos conhecendo os primórdios desse programa que tinha tudo para estar nas telas de cinema.

❀ CAPÍTULO 43 ❀
1953: a primeira vítima do MK-Ultra

Em 1953, uma paranoia generalizada tomava conta do cenário político global. O mundo vivia a Guerra Fria, período em que Estados Unidos e União Soviética disputavam, em um estilo meio passivo-agressivo, quem iria dominar o mundo. Era a época dos grandes espiões, dos agentes duplos, das operações internacionais para descobrir o que o inimigo estava tramando. Nessa corrida, muitas coisas fundamentais para estarmos no estágio de evolução em que estamos hoje foram alcançadas, como o rompimento de fronteiras espaciais. Mas outros feitos dessa época não são nada louváveis. Ao contrário: na sanha de contra-atacar o inimigo, ambos os lados sacrificaram direitos humanos, ética e vidas.

Do lado de cá do oceano Atlântico, a Agência Central de Inteligência (CIA), dos Estados Unidos, elaborava um imenso programa ultrassecreto de "pesquisa e desenvolvimento de materiais químicos, biológicos e radiológicos capazes de serem empregados em operações clandestinas para controlar o comportamento humano". Era o MK-Ultra, que foi definido assim pela Corte Suprema dos EUA em um processo de 1984. Com isso, o governo estadunidense pretendia criar métodos eficazes para arrancar a verdade de espiões russos e de quem mais oferecesse ameaça ao país, custasse o que custasse. Era uma boa forma também para intuir o que os espiões dos EUA poderiam entregar aos russos caso fossem pegos.

Nessa busca pelo "soro da verdade", o programa, coordenado pelo químico Sidney Gottlieb, começou a testar diversos tipos de drogas para verificar seus efeitos em pessoas "normais" (sem histórico de distúrbios psiquiátricos, que tinham boa saúde mental e eram 100% funcionais). Uma dessas drogas era o LSD, ou a dietilamida do ácido lisérgico. Muito usada como droga recreativa nos anos 1970, os efeitos mais comuns da substância são aguçar a percepção de cores e a recepção de sons. Às vezes, também pode acontecer de o usuário experimentar sinestesia, ou a experiência que acontece quando os sentidos se fundem. Aí é possível sentir o gosto de um som, por exemplo. O problema são os "poréns" do LSD: as *bad trips* são bem comuns, e também o usuário ficar preso em um delírio monstruoso com crise de pânico, ansiedade e síndrome de perseguição por horas e horas. Alguns chegaram a se matar durante uma dessas crises psicóticas causadas pela droga. Ainda há o risco dos chamados *flashbacks*. Isso significa que tempos (até anos) depois de ter tomado LSD, a pessoa pode ter uma nova viagem.

Como o projeto era ultrassecreto e a CIA não poderia recrutar voluntários de fora do programa, eles tiveram a "brilhante" ideia de fazer os testes em pessoas que não poderiam reclamar (presos, viciados em drogas, prostitutas, pacientes psiquiátricos) e também nos próprios funcionários do projeto – na maioria das vezes, sem consentimento.

Agora imagine estar em um dia normal de trabalho, tomar um café da garrafa térmica da firma e, logo depois, começar a ter as alucinações mais loucas e as viagens mais bizarras durante o expediente. Isso era praticamente rotina nos corredores do MK-Ultra. Foi mais ou menos o que aconteceu com o dr. Frank Olson, bioquímico que trabalhava no projeto e que foi a sua primeira vítima fatal.

De acordo com documentos entregues pelo então diretor da CIA, William Colby, à família de Olson em 1975, durante uma reunião entre a companhia e cientistas do comando médico do Exército de Fort Detrick, EUA, o próprio Sidney Gottlieb colocou LSD dentro do copo de Cointreau de Olson. A reunião foi feita em um bangalô no interior do estado de Maryland.

Depois de 20 minutos, o bioquímico começou a desenvolver sintomas de desorientação. Só aí ele foi informado de que sua bebida havia sido "batizada". No dia seguinte, Olson voltou para casa. Alguns relatos de sua esposa, Alice Olson, contam que ele passou o fim de semana em um estado de espírito mais introspectivo, mas nada que fizesse lembrar uma psicopatia. Segundo Alice, ele ficava dizendo que havia cometido um erro terrível, mas ela não conseguiu fazer com que ele dissesse o que tinha sido.

Na segunda-feira seguinte, Olson se apresentou no escritório do tenente coronel Vincent Ruwet, chefe da divisão de pesquisas de Fort Detrick, informando que queria sair da CIA. Ruwet pediu que ele pensasse direito, mas no dia seguinte Olson ainda não havia mudado de ideia. Nas palavras do militar, o bioquímico "parecia estar muito agitado. Em suas próprias palavras 'todo bagunçado'".

Ruwet e o agente da CIA Robert Lashbrook encaminharam Olson para um acompanhamento psiquiátrico. Mas o médico com quem ele se consultou estava sendo pago pela CIA para fazer experimentos com o LSD, e sua única prescrição médica foi para que Olson tomasse um sonífero e um conhaque para ajudá-lo a dormir.

O bioquímico também foi levado para se consultar com um – pasme! – mágico que estava na folha de pagamento da

CIA naquela época. Teoricamente, ele iria hipnotizar Olson para aliviar os sintomas de seu sofrimento mental. Mas Olson odiou a experiência. Segundo Ruwet, ele ficou muito agitado e perguntava o que estava por trás de tudo aquilo, o que estavam tentando fazer com ele. "Todo mundo estava em um plano para 'pegá-lo'", Ruwet contou a Lashbrook.

Todos esses relatos estavam no documento que a família de Olson recebeu em 1975. Neles, também contava que o bioquímico passou uma noite agonizante, vagando pelas ruas de Nova York e jogando fora seus documentos. Ele declarou que estava envergonhado demais para ir para casa e voltar para sua esposa e seus filhos, e passou o feriado de Ação de Graças na Big Apple.

No dia seguinte, de acordo com a versão da CIA, o alto escalão decidiu que Olson deveria ser enviado para uma instituição psiquiátrica. Mas, quando ele ligou para Alice naquele mesmo dia à noite, disse a ela que estava muito bem, que havia melhorado, e que não via a hora de encontrá-la.

Dividindo um quarto com Lashbrook no hotel Statler, ele parecia calmo, e foi dormir normalmente. Mas Olson não chegou à manhã do dia seguinte, quando veria de novo sua esposa e seus filhos. No meio da madrugada, ele atravessou a janela fechada do quarto e caiu do décimo andar do prédio. O porteiro da noite do hotel, Armand Pastore, o encontrou deitado no chão da calçada ainda com vida. Segundo ele contou a repórteres da época, Olson ainda tentava balbuciar alguma coisa, mas ele não conseguiu entender o que era. Quando a ambulância chegou, Olson já estava morto.

O caso permanece um mistério: até hoje não se sabe se ele se suicidou, ou se foi morto por alguém. Até a entrega dos documentos, em 1975, a família de Frank Olson nunca soube da verdade sobre sua morte. Eles aceitaram a versão oficial do governo norte-americano de que ele havia sofrido um "colapso nervoso fatal" e tocaram suas vidas. Com essas revelações, 22 anos depois da morte do bioquímico, o mundo dos Olson virou de cabeça para baixo.

Eles anunciaram que pretendiam entrar na Justiça contra a CIA pelas circunstâncias da morte de seu chefe de família, mas o governo dos EUA fez um acordo extrajudicial e pagou a eles a soma de US$ 750 mil. Em 1994, o filho de Frank, Eric Olson, decidiu exumar o corpo do pai para que ele fosse enterrado junto ao de sua mãe. Nessa ocasião, a família fez uma nova autópsia, em que os peritos indicaram fortes evidências de homicídio. Eric tentou reabrir o caso, mas a Justiça decidiu que não, já que a família havia aceitado o acordo com a CIA quase vinte anos antes. Até hoje, Eric (e o mundo) não sabe o que aconteceu a Frank Olson naquele quarto de hotel de Nova York. O que é impossível de se negar, contudo, é que o experimento do MK-Ultra e a dose de LSD tiveram um papel fundamental nisso.

CAPÍTULO 44
Uma terapia do sono nada relaxante

Os chefões envolvidos com o MK-Ultra não estavam para brincadeira e, depois de terem conseguido ampliar o projeto para 149 subprojetos com objetivos diversificados, como apagar memórias, implantar lembranças falsas e "introduzir" múltiplas personalidades em cobaias, eles tinham muito com o que trabalhar. Para essa nova fase da pesquisa, a CIA contratou (de forma direta ou indireta) especialistas que pudessem conduzir pesquisas e trazer os resultados esperados.

Dois desses foram os psiquiatras William Sargant e Donald Ewen Cameron. Sargant era um médico inglês já controverso antes de iniciar seus trabalhos nos Estados Unidos. Frustrado com os protocolos rígidos da então medicina convencional, ele se voltou para a psiquiatria. O campo ainda era novo, sem muitos protocolos definidos – um lugar cheio de espaço para ele experimentar nos pacientes e fazer mais ou menos o que lhe desse na telha. Nos anos 1940, ele trabalhou com veteranos de guerra que sofriam de estresse pós-traumático (ainda que esse nome não existisse na época). Ele gostava de usar o "método da ab-reação", que é fazer a pessoa reviver o trauma para se livrar de uma vez por todas dele. Para falar a verdade, Sargant não tinha certeza de que isso funcionava, pois ele não costumava fazer um controle rígido de seus pacientes, mas achava que era o certo a ser feito, então fazia.

Sargant foi nomeado diretor do departamento de medicina psicológica do Hospital Saint Thomas, em Londres, em 1948, onde ficou até 1980. Lá, ele desenvolveu seu procedimento de "lavagem cerebral" e sua terapia do "sono profundo". Ele criou uma ala no hospital onde mantinha os pacientes mais traumatizados em um estado de sedação pesado, um sono profundo provocado por medicamentos. Esses pacientes ficavam dormindo por períodos enormes, que podiam chegar a três meses (imagine acordar depois de tanto tempo sem nem ter aberto os olhos). Nesse meio-tempo, eles eram submetidos a comas químicos provocados por insulina e eletroconvulsoterapia. O que Sargant procurava com isso era dar um *reboot* no cérebro desses pacientes. Todo o tratamento tinha o objetivo de reprogramar a mente e "limpá-la" da experiência traumática. Quando o paciente era retirado desse sono, acordava novo, sem nenhuma lembrança do que havia acontecido (o problema era que a tal "limpeza" acabava levando junto outras partes de memória).

Bem no estilo "esquece o que você sabe e deixa comigo", Sargant não costumava pedir autorização dos pacientes ou de seus familiares para aplicar esses tratamentos experimentais. E quando dava errado (ou seja, quando a "limpeza" da memória não retirava o trauma, ou quando ela limpava demais), ele atribuía o fracasso à falta de "uma boa personalidade prévia".

Paralelamente, outro psiquiatra com métodos, digamos, controversos também estava atuando em técnicas que permitissem apagar a memória da pessoa e implantar outras no lugar para curar a esquizofrenia. Estamos falando do dr. Donald Ewen Cameron, um escocês naturalizado estadunidense. Em 1957, Ewen Cameron morava em Albany, Nova York, e ia ao Canadá uma vez por semana para fazer experimentos ligados a essa "limpeza de memórias" no Allan Memorial Institute, afiliado à Universidade McGill.

A técnica de Cameron consistia em drogar os pacientes com LSD e outras drogas paralisantes e aplicar neles choques químicos (com insulina, por exemplo), ou eletrochoques, para dar aquele famoso "reiniciar" no cérebro. Mas ele achava que só isso não era suficiente. Ele acreditava que precisava colocar algo no lugar do que havia sido retirado, numa tentativa de "preencher" o espaço da memória perdida com outra, mais positiva. Com esse objetivo, Cameron tinha um técnico que gravava mensagens em *loop* em fitas cassete para que os pacientes ficassem ouvindo por dias e dias a fio. O médico tocava essas fitas para os pacientes por períodos enormes, de até 86 dias, enquanto as pobres vítimas entravam e saíam de comas induzidos por insulina. Ele batizou esse tratamento de "viagem psíquica". As drogas alucinógenas, como o LSD, eram utilizadas para que Cameron conseguisse mais informações sobre os pacientes – um tratamento usado no Canadá, naquela época, com alcoólatras.

"Cameron recebeu uma visita de um coronel do Exército dos EUA, que nos brifou sobre as técnicas de lavagem cerebral", lembra o médico Peter Roper, que trabalhou com Cameron no Instituto Allan, em entrevista ao site *The Scotsman*, em 2006. Roper completa:

> Você precisa entender isso sobre os financiamentos naquela época: nós tínhamos fundos do Exército e da Marinha dos EUA que vinham indiretamente para a (Universidade) McGill, para praticamente todos os departamentos. Eu acho que Cameron nunca soube que a CIA estava por trás de seus financiamentos. Depois que ele morreu e tudo isso veio à tona, eu fui até a sede da CIA e peguei os

dados e os documentos. O único que não consegui pegar foi o relatório final de sua dita pesquisa. Ele havia sido "realocado".

Já deu para perceber o que estava acontecendo: de forma bem esperta, a CIA aproveitou e incentivou as práticas e "pesquisas" desses dois médicos para incorporar ao seu rol de procedimentos com a finalidade de extrair informações de inimigos dos Estados Unidos. Os resultados dessas práticas, porém, foram desastrosos – como era de se esperar –, e alguns pacientes (melhor chamar de vítimas?) nunca se recuperaram. Alguns relatórios da CIA falam em um "quarto do sono", onde os pacientes eram encarcerados, drogados e torturados.

Uma delas foi Velma Orlikow, que recorreu ao Instituto Allan por conta de um quadro de depressão pós-parto. Quem contou a história foi sua filha, Leslie Orlikow, ao *The Scotsman*. "Eu era bem nova quando minha mãe foi para Montreal (cidade sede do Allan) pela primeira vez, e devia ter uns 12 ou 13 anos quando ela voltou. Foi um período muito doloroso para a família. Em vez de receber um tratamento adequado, minha mãe foi parte de um experimento que a deixou, e a todos nós, imensamente feridos", conta.

Depois de sair do Instituto Allan, Velma Orlikow não se lembrava de seu marido ou de seus filhos, porque ela havia regredido à idade mental de uma criança de 2 anos. Ela não conseguia sequer usar o banheiro sozinha. De acordo com documentos, ela recebeu 16 doses de LSD, junto com uma eletroconvulsoterapia intensa, com choques seis vezes mais fortes do que o que se costumava praticar. Ela conseguiu recuperar suas faculdades mentais depois de um trabalho intensivo de outros psiquiatras.

A família Orlikow só descobriu toda a verdade sobre o "tratamento" de Velma em 1977, quando os documentos sobre o MK-Ultra foram postos a público. Eles entraram com um processo contra a CIA e foram indenizados com a quantia de US$ 750 mil. "Minha mãe ficou confusa sobre aceitar ou não o dinheiro, porque a CIA nunca assumiu sua responsabilidade. Minha mãe sentia como se eles fossem coniventes com isso", descreveu Leslie.

CAPÍTULO 45
1973: investigações e negações do governo dos EUA

Nos anos 1970, a política dos Estados Unidos estava, talvez, quase tão efervescente quanto a do Brasil em 2016. Foram os anos do escândalo Watergate, que começou com uma invasão da sede do Comitê Nacional Democrático e terminou com a renúncia do presidente Richard Nixon, pivô de uma série de episódios de abusos de poder e corrupção. Toda essa revolução na política do país fez com que os órgãos do governo (como a CIA, por exemplo), passassem por um escrutínio que examinou detalhadamente todas as papeladas.

Com medo dos esqueletos que poderiam pular para fora de toda essa revirada em vários armários, o então diretor da CIA, Richard Helms (que devia, portanto, temia), mandou queimar todos os documentos que dissessem respeito ao projeto MK-Ultra. Isso fez com que uma investigação completa sobre o programa nunca fosse possível. Mas, aos poucos, a verdade (ou, pelo menos, boa parte dela) foi sendo revelada aqui e ali, por fontes diferentes – ora um documento que aparecia, ora uma vítima ou testemunha que queria falar sobre o assunto. Esses registros foram suficientes para revelar os absurdos praticados durante quase duas décadas sob o comando do governo dos EUA.

Em 1974, porém, o jornal *The New York Times* começou a denunciar, em matérias, atividades internas ilegais da CIA. O jornal descobriu que o que havia começado na década de

1950 como uma operação para fazer frente à União Soviética, e suas supostas técnicas de controle de comportamento, agora servia para o governo Nixon controlar seus opositores, membros de grupos defensores dos direitos humanos e outros perfis "inconvenientes". Uma matéria de 22 de dezembro de 1974 alerta:

> A Agência Central de Inteligência, diretamente violando seu estatuto, conduziu uma operação doméstica massiva, ilegal, durante o governo de Nixon contra o movimento antiguerra e outros grupos dissidentes nos Estados Unidos, de acordo com fontes estratégicas do governo.
>
> Uma investigação extensa do *The New York Times* descobriu que arquivos da inteligência sobre, pelo menos, 10 mil cidadãos americanos foram mantidos sob uma unidade especial da CIA que estava se reportando diretamente a Richard Helms, então diretor da Central de Inteligência e atual embaixador do Iran.
>
> Além disso, segundo as fontes, uma revisão dos documentos domésticos da CIA ordenada ano passado pelo sucessor de Helms, James R. Schlesinger, forneceu evidências de dúzias de outras atividades ilegais realizadas por membros da CIA dentro dos Estados Unidos, começando nos anos 1950, incluindo arrombamentos, grampos e inspeção clandestina de correspondência. (Tradução livre)

Antes fossem só essas as ações ilegais que a CIA estava praticando. Mas depois de descobrir as práticas de grampos e interceptações ilegais de correspondências, os repórteres do *The New York Times* viram que o buraco era muito mais embaixo quando começaram a sentir o fedor dos podres do MK-Ultra.

Exercitando como nunca sua prerrogativa de quarto poder, o jornal acabou suscitando uma investigação do caso por parte do Congresso dos Estados Unidos. E aí a coisa começou a ficar feia pra CIA e para o governo. Em 1975, pela primeira vez, os relatórios das investigações da Comissão Church (a operação que investigou a existência do MK-Ultra) revelaram para o mundo que, sim, a CIA e o Departamento de Defesa dos EUA haviam realizado experimentos em cobaias humanas, e mais: sem o consentimento das pessoas. O documento revelou também que esse era um plano para influenciar e controlar o comportamento humano com o uso de drogas, choques e outras táticas psicológicas. Foi descoberta também a morte de Frank Olson. Mas tudo em linhas gerais, já que Helms havia providenciado a destruição da maior parte dos documentos. E o governo acabou se dando por satisfeito por falta de mais evidências.

Mas em 1977 uma nova reviravolta fez a investigação ficar quente de novo: um requerimento com base no Ato de Liberdade da Informação (FOIA na sigla em inglês de Freedom of Information Act) dos Estados Unidos garantiu o acesso público a todos esses documentos e informações restantes a respeito do infame projeto. Para cumprir essa exigência, o diretor da CIA na época, o almirante Stansfield Turner, direcionou um funcionário só para vasculhar folha por folha de todos os documentos relativos à época de atuação do programa.

O esforço valeu a pena: no meio desse ano, Turner declarou ao governo dos EUA que eles haviam encontrado uma nova remessa de papéis e documentos que diziam respeito ao MK-Ultra. Em depoimento, o almirante garantiu:

> O funcionário que localizou esses materiais o fez por não deixar pedra sobre pedra em seus esforços para responder à requisição do FOIA. Ele revisou toda a listagem de materiais de seu regimento arquivada no Centro de Registros Inativos, incluindo aqueles das seções de orçamento e fiscal e, portanto, descobriu os documentos relacionados ao

MK-Ultra que haviam ficado desaparecidos em outras buscas. Em suma, a Agência falhou em descobrir esses documentos em particular em 1973 no processo da tentativa de destruí-los. Igualmente, falhou para localizá-los em 1975, em resposta às audiências da Comissão Church. Estou convencido de que não houve uma tentativa de omitir esse material durante as buscas anteriores. (Tradução livre)

O que aconteceu foi que uma parte da papelada havia sido guardada (não se sabe o porquê) em outro prédio, onde eram arquivados documentos da parte financeira da agência. E aí esses documentos acabaram sendo salvos da destruição de Helms, servindo para escancarar ainda mais os escândalos do governo dos EUA e de sua Agência de Inteligência.

Em depoimento, o almirante Turner afirmou:

> Os dados novos mais significativos descobertos são, em primeiro lugar, os nomes de pesquisadores e instituições que participaram do projeto MK-Ultra e, em segundo lugar, uma possível contribuição indevida da CIA para uma instituição privada. Nós estamos, agora, de posse dos nomes de 185 pesquisadores e assistentes não governamentais que estão identificados na recuperação do material lidando com 149 subprojetos. Os nomes de 80 instituições onde trabalhos foram feitos ou a que essas pessoas eram afiliadas também foram mencionados.

O que se sabe oficialmente é que as atividades do MK-Ultra foram completamente suspensas, em 1973. Mas até hoje analistas e observadores da CIA – além de teóricos da conspiração – afirmam que há razões para crer que a CIA continua com seus experimentos de controle comportamental, mas, agora, com a ajuda de outros nomes e sob outras fachadas.

CAPÍTULO 46
Os agentes-zumbis e suas supostas vítimas

A existência de um projeto oficial do governo dos Estados Unidos como o MK-Ultra era algo tão surreal, que, durante cerca de duas décadas, foi encarado como mais uma teoria da conspiração por boa parte da população. Mas, a partir de 1977, com a abertura das mais de 20 mil páginas de documentos encontrados em um prédio administrativo da CIA, o mundo teve que engolir aquela verdade inconveniente com ares de *Missão impossível*. Só essa revelação já deu brecha para o surgimento de inúmeras teorias da conspiração envolvendo a agência. Some-se a isso a decisão do ex-diretor Richard Helms de destruir os documentos relacionados ao projeto, deixando lacunas impossíveis de serem preenchidas, e abrindo precedentes aí para um terreno fértil para a criação de lendas urbanas – ou não.

Uma dessas histórias diz respeito à criação de uma espécie de agentes-zumbis da CIA, "programados" para executar tarefas, no mínimo, inglórias. Dizem por aí que John e Robert Kennedy, John Lennon e Martin Luther King foram todos vítimas de agentes sob controle mental à distância do MK-Ultra. Apesar de bizarra, a teoria faz até algum sentido. Em sua biografia de Nelson Rockefeller (*The Will be Done: The Conquest of the Amazon: Nelson Rockefeller and Evangelism in the Age of Oil*), diretor do comitê que supervisionava o programa, os autores Gerald Colby e Charlotte Dennett escrevem que o propósito inicial da divisão da CIA logo deu lugar a objetivos mais escusos. Colby e Dennett contam que os cientistas também queriam encontrar drogas ou técnicas sob as quais "um homem poderia ser drogado veladamente por meio de um coquetel alcoólico em uma festa (...) e o sujeito induzido a cometer o assassinato de um oficial em um governo em que ele seria bem estabelecido social e politicamente", eles escrevem.

Ainda assim, a história não seria plausível – não fosse por algumas coincidências da vida real. Em 5 de junho de 1968, o então senador e candidato à presidência dos EUA Robert Kennedy (irmão de John F. Kennedy) encerrava seu discurso no Ambassador Hotel, em Los Angeles, lotado com centenas de partidários. Depois de ter vencido as primárias, todo mundo já comemorava sua vitória, que era quase certa. Ele estava de saída do saguão de entrada do hotel, quando tiros foram ouvidos. Aí começou uma confusão: Bobby Kennedy havia sido atingido, em público, tal qual seu irmão mais velho, JFK. O assassino era o imigrante palestino Sirhan Sirhan, na época com 22 anos.

O mais estranho, contudo, foi o depoimento de Sirhan sobre o fato. À polícia, ele contou que estava na cozinha do hotel. De repente, ele simplesmente andou até onde Bobby Kennedy estava, segurando um cartaz enrolado, que escondia sua arma, e atirou no senador. Apesar de ter confessado o crime, Sirhan nunca conseguiu se lembrar de seus atos naquele episódio, nem sob efeito de hipnose. Psiquiatras da sua defesa concluíram que ele estava em uma espécie de transe quando matou Kennedy. Décadas mais tarde, em 2006, vieram à tona vídeos que mostram três agentes do alto escalão da CIA na cena do crime. De acordo com as testemunhas, a arma de Sirhan estava a vários metros de distância e à frente de Kennedy, mas a autópsia mostrou que o tiro que o matou foi dado à queima-roupa, e por trás. Para Herbert Spiegel, autoridade mundial em hipnose da Universidade Columbia, Sirhan pode ter sido programado com hipnose para agir como um chamariz para tirar a atenção do real assassino de Kennedy. Coincidência ou não, foram essas eleições que colocaram Richard Nixon no poder.

A CIA também foi relacionada à morte de John F. Kennedy, um dos presidentes mais amados e carismáticos dos EUA, quase cinco anos antes do assassinato de seu irmão. Um relatório de 2013 demonstrou que, na melhor das hipóteses, a CIA sabia muito mais do que revelou para os cidadãos estadunidenses – e para o mundo. Segundo esse relatório, o então diretor da agência, John McCone, segurou informações importantes da Comissão Presidencial sobre o Assassinato do Presidente Kennedy (Comissão Warren), instaurada pelo presidente Lyndon B. Johnson. A CIA omitiu questões polêmicas e controversas do assassinato, pelo bem do "esclarecimento" do crime. O problema é saber se foi realmente só isso que eles omitiram, e a hipótese dá margem a interpretações de que a CIA também esteve por trás do assassinado de JFK.

O caso do outro John, o Lennon, foi explicado no livro *John Lennon: Life, Times and Assassination*. O autor, Phil Strongman, argumenta por que o acusado Mark Chapman foi uma cortina de fumaça para esconder a real autoria do crime. Para ele, a prova mais contundente de que Chapman não foi o mentor do crime era a calma do assassino depois do ato. Ele, na verdade, mais parecia um zumbi – e, para Strongman, era isso mesmo que ele era naquele momento. O autor sugere que Chapman havia sido recrutado e treinado pela CIA. A verdade sobre esse – e todos os demais – casos nunca será descoberta, mas fica difícil não se deixar seduzir pelas teorias da conspiração com tantas tentações.

❧ CAPÍTULO 47 ❧
Andam dizendo que o controle mental continua

O programa MK-Ultra foi oficialmente interrompido em 1973 (mesmo ano em que boa parte dos arquivos da divisão secreta da CIA foi destruída a mando do então diretor da companhia, Richard Helms). Mas para muita gente, ilude-se quem acha que as atividades do MK-Ultra ficaram no passado. Teóricos da conspiração juram de pés juntos que até hoje existem agentes (alguns nem sabem que são) entre nós, nos manipulando.

Uma das grandes defensoras dessa teoria é a atriz, comediante e apresentadora Roseanne Barr, que já recebeu quatro prêmios Emmy. Em seu blog, ela discute a dominação do MK-Ultra em Hollywood e também não se constrange em abordar o assunto em entrevistas. Em 2013, ela falou sobre o assunto na TV em entrevista à rede RT:

> Há uma cultura do medo, e ninguém tem mais medo do que as pessoas em Hollywood. Elas têm medo de, talvez, caírem do topo da pirâmide para o meio da pirâmide. Hollywood é o que mantém toda essa estrutura poderosa, toda essa cultura de racismo, sexismo, preconceito social e de gênero. Eles continuam a alimentar isso e fazem muito dinheiro com isso. E eles fazem tudo isso em nome de seus mestres, que controlam tudo. Eles (os artistas) não vão ter coragem o suficiente para falar sobre isso. Eu vou a festas de Hollywood, vou a festas do Oscar e eventos desse porte, e as pessoas me pegam pelo braço, me levam para um canto e me dizem (faz voz de sussurro) "eu só quero te agradecer pelas

coisas que você diz". Isso me deixa muito confusa, mas, com certeza, é a cultura do medo. E é também a cultura do controle mental. O controle mental da MK-Ultra domina Hollywood.

Em um post em seu blog, Roseanne acusou Joe Jackson (pai de Michael Jackson) de ser um agente do MK-Ultra.

> Os abusos praticados contra sobre seus próprios filhos eram usados para beneficiar os programas da CIA que acompanham e estudam os efeitos de abusos de crianças e como suas mentes podem ser controladas de tal forma que eles podem ser forçados a desenvolver talento. Jesus disse: "a verdade irá te confrontar naquele dia".*

Ela parece bem convencida de que a família Jackson está sob o domínio do programa da CIA. Em outro post, Barr fala sobre o Rei do Pop.

> As pessoas que são abusadas (sexualmente) frequentemente abusam. Elas se congelam na idade em que isso foi feito com elas. Esse é o segredo das ordens dissociativas. A fabricação da amnésia foi pesquisada intensamente em crianças vítimas de incesto e abusos pelas forças da CIA que estudaram a lavagem cerebral nos programas da MK-Ultra. Procure no Google. Michael era uma vítima de seu pai, Joe, que era e é (à época, Joe Jackson ainda não havia morrido) um agente do MK-Ultra.

Mas não são só os Jackson que ainda sofrem o controle do programa da CIA, segundo os defensores dessa teoria. Músicos,

---

* Não foi possível referenciar esta citação, pois a autora do blog, aparentemente, se arrependeu de ter postado o texto e o retirou do ar.

atores, atrizes, políticos e até âncoras de jornais estão sob um controle mental pesado, segundo esse pessoal. Alguns dos nomes que são cogitados como agentes-zumbis do programa são Britney Spears, Lady Gaga, Miley Cyrus, Oprah e vários outros.

Em um vídeo de 2013, o rapper Eminem aparece em uma entrevista para a ESPN durante um jogo da liga universitária de futebol americano. Enquanto os comentaristas do canal falam, Eminem parece estar meio "fora do ar", como se estivesse em um transe (ou como se estivesse morto de tédio, ou de ressaca – ou os dois). Esse vídeo é usado pelo site sorendreier.com como "prova" de que ele estaria sob o controle do MK-Ultra.

Em outro vídeo, quem aparece meio fora de sintonia é Beyoncé. Ao lado de seu marido, Jay-Z, no que parece ser um jogo, ou algum outro evento público, a cantora balança o corpo como um pêndulo, claramente alheia ao que acontece em volta. Outra "prova" de que o MK-Ultra domina as mentes de artistas internacionalmente famosos com o objetivo de, consequentemente, controlar a mente da população.

Britney Spears tem um momento do que parece ser uma dupla personalidade em uma entrevista no programa da rede ABC. Ela fala sobre a enxurrada de atenção que passou a receber e, de repente, começa a usar um sotaque britânico, muito diferente da forma como costuma falar. Bastou isso para que os teóricos da conspiração acreditassem que ela também é uma vítima, um agente-zumbi da CIA, controlada remotamente. Na época da entrevista, que foi feita em 2008, os sites de fofocas soltaram posts especulando se Britney estaria sofrendo de múltiplas personalidades e que encarnava vários arquétipos, como a "chorona", a "diva", a "incoerente", entre outros.

As pessoas que acreditam que o MK-Ultra ainda é um programa operante que usa astros internacionais para o controle remoto da população e realiza pesquisas em cobaias humanas, normalmente, são as mesmas pessoas que creem em outras teorias da conspiração, como a que diz que a Terra é dominada por extraterrestres da raça reptiliana, ou que todos nós estamos sob o domínio da Nova Ordem Mundial. Mas o próprio MK-Ultra também parecia só uma teoria da conspiração até 1977.

Parte 9

TRANSTORNOS E TRATAMENTOS MODERNOS

Nunca, em todos os seus milhões de anos, o mundo viveu uma mudança tão drástica como a que vimos no fim dos anos 1990 e início do século XX. É da internet que estamos falando, uma tecnologia que mudou absolutamente tudo. Praticamente nada se faz, hoje, da mesma forma que se fazia no fim do século passado. Comprar, estudar, trabalhar, ver filmes, consumir notícias, ler livros (e pode ser que este aqui mesmo seja uma versão eletrônica), até os relacionamentos e o sexo são só uns exemplos das coisas que foram revolucionadas pela internet.

Uma criança de 7 anos em 2016 tem mais informações do que um imperador romano em seus tempos de domínio. Temos acesso ilimitado a todo tipo de conhecimento que se puder imaginar. Basta uma busca por palavras-chave, e é possível aprender desde algo sobre física nuclear até como fazer uma cama para cachorros com um blusão de moletom.

Ao mesmo tempo que ganhamos muita independência, paradoxalmente, nos tornamos completamente dependentes de toda essa tecnologia. Foi só o WhatsApp ficar fora do ar no território brasileiro por 24 horas em 2016, por exemplo, para as pessoas entrarem em um surto coletivo de abstinência da rede.

O vício em tecnologia não foi o único efeito colateral que ganhamos com os novos tempos. Doenças e distúrbios psiquiátricos novíssimos surgiram junto com a evolução da internet e a revolução dos meios de comunicação. Ficamos mais deprimidos, muito mais ansiosos, muito menos tolerantes, com muito menos atenção no que estamos vivendo aqui e agora.

Por causa disso, surgiram também novos tratamentos, avalanches de remédios, novos tipos de terapias. Mas a onda de novos tratamentos e tendências não elimina o valor dos métodos criados lá atrás. Especialmente daqueles que deram a volta por cima e hoje estão mais presentes do que nunca no tratamento de distúrbios psiquiátricos.

A eletroconvulsoterapia, que já foi demonizada quando era feita "a seco", sem anestesia nem sedação, e se assemelhava às práticas de tortura, hoje pode ser uma opção para pessoas que não respondem bem aos medicamentos. As terapias de choque estão dando nova qualidade de vida para pacientes e famílias, e a hipnose, que surgiu como um espetáculo à parte em shows de mágica, também deu uma guinada na direção de transformar-se em tratamento sério.

Desde que Freud afirmou e comprovou que a técnica poderia ser uma forma eficiente de acessar o inconsciente, ela está servindo para auxiliar pacientes com diversos tipos de problemas. De vícios a fobias, passando por distúrbios de autoimagem e problemas com o sono, a hipnose parece ser uma ferramenta que pode contribuir para a solução para uma gama enorme de problemas. Mas uma coisa o método tem em comum com suas origens, lá nos espetáculos de entretenimento: nos relatos, os pacientes contam que a hipnose fez seu problema desaparecer como mágica.

Essas técnicas e tratamentos podem ser utilizadas em conjunto com a psicoterapia, de maneira a proporcionar o maior benefício ao paciente no acompanhamento de suas demandas psicológicas.

CAPÍTULO 48
A Grande Depressão é agora

Nunca estivemos tão tristes. O excesso de estímulos, de informações, de necessidades de consumo está nos tornando cada vez mais depressivos. A depressão, hoje, atinge cerca de 7,6% dos brasileiros adultos. Trocando em miúdos, são mais ou menos 11 milhões de pessoas que já receberam esse diagnóstico. Um pouco mais da metade delas usa medicamentos, e só cerca de 16% faz psicoterapia – ou seja, todo o resto é um monte de gente no caminho para nunca se curar da depressão.

"Esta geração precisa de muito para sentir prazer: viciamos nossos filhos e alunos a receber muitos estímulos para sentir migalhas de prazer. O resultado: são intolerantes e superficiais. O índice de suicídio tem aumentado", afirmou o psiquiatra Augusto Cury em uma entrevista para o portal *Raízes*.

A depressão é o distúrbio psiquiátrico mais comum de hoje em dia, e é uma doença bem complexa. Não é só uma tristeza profunda, é bem mais. Pacientes depressivos, além de tristes, também podem ficar desinteressados por tudo na vida – tudo fica sem graça para eles –, podem ganhar ou perder muito peso, passar a ter insônia ou começar a dormir demais, não conseguir se concentrar nas tarefas e desenvolver um sentimento de culpa. Algumas vezes, eles sentem isso tudo, mas sem a parte da tristeza, que é o traço mais característico.

Esse conjunto de sintomas é causado, claro, por um conjunto de razões. A desregulação dos neurotransmissores é uma causa, com certeza, mas não é a única. As pesquisas indicam que a doença também tem raízes em uma má regulação das áreas cerebrais envolvidas no controle do humor (principalmente a amígdala, o tálamo e o hipocampo), vulnerabilidade genética, medicações e outras doenças (como a fibromialgia, por exemplo) e – não se engane – o estresse da vida cotidiana.

Esse, aliás, é um superculpado pelos altos índices de depressão. Segundo o psiquiatra Kalil Duailibi, presidente do departamento de psiquiatria da Associação Paulista de Medicina (APM), o tipo de estresse de pequena intensidade e longa duração (como o que a maioria das pessoas enfrenta todos os dias da vida no trabalho, no trânsito, com um vizinho chato, com o filho que não estuda nem por reza brava etc.) é o pior. O cérebro produz uma proteína que é chamada de fator BDNF (sigla de *Brain-derived neutophic facto*r, ou, fator neutrotófico derivado do cérebro, em português). Essa substância tem uma função de proteção dos neurônios. "Se a pessoa mantiver um estresse crônico, há uma diminuição da produção desse fator. Assim, ela fica mais propensa a ter qualquer doença mental. Se a pessoa já tem vulnerabilidade para ter um quadro depressivo, isso é um prato cheio", comenta o psiquiatra.

Mesmo com todas as pesquisas e todas as recentes descobertas feitas sobre o tema, ainda tem gente que acha que depressão é "frescura", "fraqueza", "falta de Deus no coração", ou "autoestima baixa". A baixa autoestima pode até estar presente na maioria das vezes, mas não é ela que causa o problema. O resto das "justificativas" é só ignorância mesmo.

A doença é tão séria que tem impactos até na biologia das pessoas. Em uma pesquisa publicada no periódico *Journal of Neuroscience*, por exemplo, os pesquisadores descobriram que a depressão faz o hipocampo (área do cérebro considerada a "sede da memória" e relacionada ao processamento das emoções) encolher. Os neurônios dessa região vão morrendo, sem que outros sejam produzidos, e assim essa parte do cérebro vai ficando menor – e menos capaz de executar suas tarefas.

No estudo, que analisou por tomografia computadorizada 24 mulheres com histórico de depressão, seus hipocampos tinham de 9% a 13% menos massa do que os de pessoas sem histórico da doença. Mais uma vez, o estresse aparece como culpado: além de inibir os fatores de proteção neuronal, ele também dificulta a produção de novos neurônios, causando o encolhimento da região.

Estudos de 2014 descobriram que a depressão também está ligada a inflamações no organismo e a dores crônicas. Uma pesquisa feita na University College London (UCL), na Inglaterra, descobriu que 44 dos 47 genes ligados à resposta anti-inflamatória estavam muito ativados em pacientes com depressão severa. Nessa relação, a via é de mão dupla e uma coisa desencadeia a outra. Então, tanto pacientes depressivos ficam com o organismo inflamado, como pacientes com inflamações crônicas desenvolvem um quadro de depressão.

De novo, o estresse aparece como complicador. "Quando as pessoas estão submetidas ao estresse crônico ou a depressões, seu organismo passa a aumentar a produção de substâncias pró-inflamatórias, que são encontradas em pacientes com inflamações crônicas como artrites e artroses", explica Duailibi.

Com a produção dos marcadores inflamatórios, começam a ser produzidos também os hormônios cortisol e noradrenalina – respectivamente, o hormônio do estresse e o da ansiedade. Na prática, isso representa uma bomba de efeitos negativos no organismo, pois o excesso dessas substâncias faz com que a pessoa durma pior (o que pode estar ligado ao excesso de peso) e fique com o sistema imunológico enfraquecido, estando mais vulnerável a qualquer doença. E a serotonina vai lá embaixo, fazendo com que o controle de humor fique bem comprometido.

Já quando o paciente tem dores crônicas, aquelas que duram mais do que três meses, o organismo começa a ativar mais áreas frontais e temporais do cérebro. Essas são as mesmas regiões que estão ligadas ao controle do comportamento e, consequentemente, da depressão também. Segundo pesquisas, 60% dos pacientes deprimidos têm dores no corpo, e cerca de um terço das pessoas com dores crônicas também têm depressão.

Essas descobertas novas abrem as fronteiras para o tratamento da doença psiquiátrica do novo milênio, e das dores também. Os antidepressivos, particularmente os duais, que atuam na recepção da serotonina e da noradrenalina, têm sido cada vez mais utilizados no tratamento de dor crônica. O principal medicamento para controle da fibromialgia – doença que tem como principais características as dores difusas pelo corpo, depressão e insônia – são os antidepressivos.

As pesquisas de novas formas de tratamento para a depressão seguem a mil e, em 2016, um grupo de neurocientistas da Universidade Johns Hopkins, nos Estados Unidos, anunciou a descoberta de um novo tipo de droga que reduz o tempo de resposta dos depressivos a medicamentos em vários meses. O composto estava sendo testado em ratos em uma pesquisa sobre como reduzir o vício em cocaína. Mas, no meio do estudo, os pesquisadores descobriram que ela reduziu os sintomas da depressão nos ratinhos em uma questão de – pasme – horas! A título de comparação, o inibidor de serotonina mais usado hoje em dia, a fluoxetina, leva três semanas para mostrar os mesmos resultados nos mesmos testes.

O composto, ainda chamado de CGP3466B, trabalha mirando em uma nova rede de proteínas no cérebro. Assim, um novo tratamento realizado a partir dele não só conseguiria dar alívio rápido para os sintomas da depressão, mas também ser uma boa alternativa para pacientes que não respondem bem ao tratamento convencional.

Em ciência, o que diferencia o veneno do remédio é somente a dose. Assim, outras pesquisas estão analisando o LSD (aquele mesmo que era usado pelos químicos do MK-Ultra como "soro da verdade") como uma possibilidade de tratamento para a depressão. O estudo, que foi publicado em abril de 2016 no periódico da Academia Nacional de Ciências dos EUA, está sendo considerado a pesquisa-mãe de uma nova e promissora área de investigação.

Os cientistas observaram que o LSD tem a capacidade de enfraquecer a chamada "rede de modo padrão". Essa rede é composta de uma série de conexões no cérebro que dão as instruções gerais de funcionamento e nos dizem o que é "normal". Ela está ligada à plasticidade do cérebro, ou sua capacidade de aprender coisas novas e mudar. Quanto mais forte a rede, menos plástico o cérebro.

O fato de a droga relaxar a rede de modo padrão não foi exatamente uma surpresa para os cientistas, pois isso é o que o LSD faz quando usado recreativamente. Mas agora é que a coisa toda começa a ficar mais interessante: essa rede é bem fraca em crianças, e vai ficando mais forte à medida que envelhecemos. Em pessoas com depressão, ela é fortíssima.

A ideia central no tratamento de depressivos com LSD seria, então, relaxar a rede de controle para aumentar temporariamente a plasticidade do cérebro. Assim, seria possível "moldar" novamente a mente, resolvendo o problema psiquiátrico.

É uma abordagem totalmente nova e completamente diferente da usada com os antidepressivos adotados hoje em dia no tratamento convencional. Esses medicamentos têm o objetivo de regular o ambiente químico do cérebro. Mas as pesquisas mais recentes vêm mostrando que, mesmo com uma rede de modo padrão mais rígida, o cérebro ainda tem a capacidade de se adaptar. Depois de longos anos usando os mesmos remédios, ele vai criando uma forma de resistência, e aí eles param de funcionar.

Com os medicamentos à base de LSD, o que os pesquisadores liderados pelo britânico Robin Carhart-Harris, do Imperial College, pretendem é que eles sejam utilizados somente uma vez (ou poucas vezes, dependendo do caso). Isso já seria suficiente para que a rede de modo padrão fosse "recalibrada" e o paciente pudesse ver as mudanças.

Além de mais curto, o tratamento também seria muito mais barato, porque o LSD (e outras drogas que também estão sendo analisadas no estudo, como cogumelos alucinógenos, metanfetamina, ibogaína e ayahuasca) não poderia ser patenteado pela indústria farmacêutica por ser uma substância natural.

E ainda tem a cereja do bolo: por incrível que pareça, essa drogas parecem ser muito mais seguras do que os atuais antidepressivos de tarja preta! Se, por um lado, os psicotrópicos são perigosos se tomados recreativamente, em doses aleatórias e sem o acompanhamento médico; por outro, os cientistas estão descobrindo que, quando administradas por profissionais qualificados, em ambiente controlado, elas oferecem risco próximo a zero para os pacientes.

Nem só de drogas, porém, se faz o tratamento para a depressão. Ao contrário, a psicoterapia tem um papel fundamental para que os pacientes comecem a ver uma luz no fim do túnel. Foi a partir dessa luz, aliás, que a psicóloga Jennice Vilhauer desenvolveu um novo tipo de terapia, específico para o tratamento da depressão.

Um de seus pacientes estava com um quadro depressivo grave. Em uma das sessões, a psicóloga perguntou para ele onde estava a tal luz no fim do túnel. Com um olhar desesperançoso, ele respondeu que não havia luz nenhuma. Daí em diante, ela entendeu porque ele estava deprimido: além de estar vivendo uma vida horrível, não via como seria possível sair dela. Vilhauer, então, começou a fazer um trabalho específico para que ele começasse a ter mais perspectivas. No ano seguinte, esse paciente já havia largado o emprego que ele odiava e aberto uma empresa.

A partir daí, a psicóloga começou a perguntar para outros pacientes sobre a luz no fim do túnel, e ficou cada vez mais surpresa em descobrir que o que eles tinham em comum era o fato de não enxergar saída. Com isso na cabeça, Vilhauer começou a desenvolver um método para que esses pacientes conseguissem criar outras realidades para si próprios. Foi assim que ela desenvolveu a terapia direcionada para o futuro (FDT, na sigla em inglês). Esse tipo de tratamento ajuda as pessoas a criarem expectativas positivas sobre seu futuro e, então, agir para alcançar essas expectativas.

A nova terapia de Vilhauer se baseia no fato de o cérebro ter uma natureza antecipatória. "Nós avaliamos nossas experiências com base no que esperamos que essas situações irão significar à medida que avançamos na vida", explicou a psicóloga para o portal *Psych Central*. As pessoas preveem o futuro com base no passado, e agem, não de acordo com seus desejos, mas de acordo com suas previsões (que nem sempre coincidem).

Segundo a psicóloga, com a FDT, as pessoas aprendem a agir de acordo com o que elas desejam que aconteça (agir para chegar lá), em vez de se comportarem de acordo com o que elas acreditam que vai acontecer. No caso específico dos pacientes depressivos, eles têm uma grande tendência a ficar pensando no que não querem de suas vidas. Com todas as atenções voltadas para o que não querem, eles acabam agindo nessa direção e caminhando exatamente para ela.

Vilhauer explica para seus pacientes que nossos pensamentos e nossas ações são recursos limitados, como tempo ou dinheiro. Se não vamos até uma loja para gastar o dinheiro em coisas que não gostamos, também não vamos ficar "gastando" nossos pensamentos com coisas que não queremos.

Pensar em coisas que desejamos ativa emoções positivas, junto com funções mentais que aumentam a habilidade de alcançar as coisas que queremos. E, com essa nova terapia, a psicóloga demonstra que, além de ser química, genética e ambiental, a depressão também é uma questão de perspectiva.

CAPÍTULO 49
Burnout – A válvula de escape dos executivos

O estresse se tornou uma parte tão integrante da vida moderna, que a esmagadora maioria de nós nunca parou para pensar que essa palavra, com o sentido que ela tem hoje (de esgotamento físico ou emocional), só passou a existir há cerca de cinquenta anos.

A palavra "estresse" pertencia, originalmente, ao reino da física. Ela foi usada por séculos para descrever a elasticidade dos materiais, ou a propriedade que os materiais têm de voltar a sua forma e tamanho original depois de serem comprimidos ou esticados por uma força externa. Foi o endocrinologista eslovaco Hans Selye quem trouxe o conceito de estresse da engenharia para a medicina, e a tornou uma das palavras mais usada dos últimos anos.

Ainda estudante de medicina, Selye observou que os pacientes que sofriam das mais variadas doenças tinham alguns sintomas que eram idênticos. Eles tinham "cara de doente". Essa observação do médico pode ter sido o primeiro passo para que, mais tarde, ele cunhasse o conceito de estresse na medicina.

A palavra e o conceito foram levados para o espanhol, alemão, italiano, francês, russo, japonês, chinês e árabe, entre outras línguas. O verbete é um dos poucos que foi incorporado tal e qual seu original, *stress*, em línguas que nem usam o alfabeto romano. Essa efeméride pode parecer um conhecimento inútil, mas ela fala muito sobre o mundo em que vivemos hoje: se tem alguma coisa que nós, brasileiros, temos em comum com franceses, alemães, espanhóis, russos, japoneses, chineses, árabes e com o resto do mundo inteiro é... o estresse!

Essa "novidade" da vida moderna não veio ao mundo sozinha. Como toda visita indesejada, esse esgotamento trouxe consigo uma mala de problemas, síndromes e doenças psiquiátricas que, ou são causadas puramente por ele, ou são terrivelmente agravadas por ele. O *burnout* é um dos exemplos da família de problemas que podem ser todinhos colocados na conta da pressão que sofremos dia sim, dia também.

Conhecido com o outro nome de "Síndrome do Esgotamento Profissional", o quadro acontece quando uma pessoa vive situações de estresse moderado por um período longo, de três meses ou mais, em sua vida profissional, seja ela em qualquer área de atuação, que leve a um esgotamento físico e mental intenso. "Em algum momento, a pessoa que vinha conseguindo lidar com a situação, estoura. Ela vai vivendo situações cumulativas que, em algum momento, ela rompe", explica o psiquiatra Kalil Duailibi, diretor científico do departamento de psiquiatria da Associação Paulista de Medicina (APM).

No caso da *mastercoach* e especialista em sucesso profissional Channa Sanches Vasco, esse período de estresse contínuo durou oito anos. Ela conta que sempre achou lindo mulheres independentes, executivas que trabalhavam e tinham altos cargos em grandes empresas. "Minha mãe sempre me falava: estude para ser uma grande mulher. Eu entendi isso como estudar nas melhores escolas, me qualificar, ter uma carreira de executiva", diz. E foi exatamente o que ela fez: depois da faculdade em Comunicação Social, fez duas pós-graduações, iniciou um mestrado e, aos 25 anos, já havia chegado aonde queria: uma posição de executiva no departamento de marketing de uma empresa de destaque no mercado nacional.

"Era uma empresa familiar, e eu era a única pessoa de fora da família que estava sendo treinada para assumir a sucessão", conta ela. A vida era um luxo: aos 25 anos, Channa tinha motorista à sua disposição, um salário muito mais alto que a média dos profissionais da sua idade, uma secretária que tomava conta de sua vida profissional e pessoal. Ela comandava uma equipe de cerca de 100 pessoas. O privilégio era enorme, e o peso que precisava carregar era proporcional a ele, porque a verdade é que, para além do trabalho, não sobrava muita coisa em sua vida.

> Eu tinha uma sala grande, que era quase uma suíte na empresa. Eu já dormi no trabalho varando madrugadas com a minha equipe, comia sanduíches durante as reuniões, várias vezes almocei chocolate! Eu não tinha um relacionamento, não tinha tempo para a minha família, para viajar com eles. Várias vezes eles fizeram um jantar e eu não pude ir, porque estava trabalhando. Tem coisas que você acha que são normais, porque todo mundo faz. Esse comportamento era muito valorizado na empresa. Estranho era quem não fazia isso.

Atividade física, tempo para lazer e para cuidar de si, nem pensar! O máximo que dava, era para fazer alguns cursos.

Durante um bom tempo, esse esquema funcionou muito bem para Channa e era seu sinônimo de felicidade. "Eu entendia que aquilo era a minha realização. Eu sou muito voltada para a transformação, isso me realiza. Eu via as coisas e pensava: aquilo não existia. Por meio da minha intervenção, passou a existir. Essa era a forma de eu colocar em prática essa minha característica", conta.

Mas aí o tempo foi passando, a pressão aumentando, e as coisas foram ficando bem estranhas. Para a empresa, estar estável não adiantava. Eles – como a maioria das empresas – queriam crescer, expandir, ampliar horizontes e romper fronteiras. Como tempo é um recurso limitado, o único jeito que Channa tinha de alcançar essa expectativa dos patrões era apertando sua equipe.

> Me reportava ao presidente da empresa, e ele dizia que não queria alguém que vestisse a camisa. Ele queria alguém que vestisse o macacão da empresa. Ou seja, da cabeça aos pés, mergulhado naquilo. Eu tenho a competência da liderança muito forte em mim. Mas comecei a cobrar mais do que as pessoas podiam dar. Eu via as pessoas fazendo mais do que podiam. A forma que eu encontrei para trazer um resultado era desconsiderar as necessidades das outras pessoas. Isso vai te matando por dentro. É muito duro quando você tem um pai de família e tem que desligá-lo da empresa porque ele não está correspondendo (aos resultados esperados).

O resultado foi claro: Channa começou a ficar mais irritadiça, estressada, com a memória fraca, tinha várias crises de enxaqueca.

Ela até tentou sair dessa, e não foi uma vez só. Channa conta que chegou a pedir demissão três vezes.

> Na primeira vez, dobraram meu salário. Da segunda vez, meu pai estava passando por um problema de saúde, e eu queria estar mais próxima dele. Tudo isso, na verdade, foram desculpas, porque eu queria mesmo era sair da empresa. Mas aí eles me ofereceram uma

jornada flexível de trabalho – que não existia, porque você tem a responsabilidade da entrega (dos trabalhos) do mesmo jeito. Apesar de dizerem que eu podia chegar à tarde três vezes na semana, ou trabalhar de casa, era uma dinâmica que não funcionava.

O terceiro pedido de demissão foi para valer, e foi depois da gota d'água de sua carreira executiva. Era época de auditoria – aquele período da vida de uma empresa quando todo mundo fica desesperado, porque estão prestes a descobrir que, apesar de os planos serem lindos no papel, na prática, a teoria é outra. O clima de tensão no ar dava pra cortar com a faca.

Channa estava em uma reunião superimportante com toda a diretoria da empresa e os "gringos" da empresa de auditoria, que era estrangeira.

> Era uma reunião em que tinha várias línguas sendo faladas, eu, com uma enxaqueca danada, passando mal de dor de cabeça. Eu não gosto de tomar remédios. Então, fui começando a ficar enjoada, porque quando a enxaqueca evolui a gente sente enjoo, já não sabia mais o que estava acontecendo ali. Lembro que estava todo mundo falando, e eu saí da sala. Foi a conta de eu sair, e eu passei mal no corredor. Não lembro direito como foram as coisas, mas sei que fui para o hospital.

Aos 27 anos, Channa foi parar no hospital com uma crise que não se sabia direito o que era. Os exames não acusaram nenhuma doença física, o que só poderia significar uma coisa: a chave de seus problemas era psicológica. Como o *burnout* não dá alterações em exames, não foi nesse dia que ela saiu do hospital com seu diagnóstico fechado. Mas uma coisa o médico disse: que ela era nova demais para estar naquela situação.

O médico, que já sabia que o problema de Channa era o estresse, deu um conselho que era o melhor que ela podia fazer: reavaliar o que queria dos próximos anos de sua vida.

No dia seguinte, já de volta à empresa, ela teve um choque de realidade.

> Eu tinha passado mal no meio da empresa, fui para o hospital, tomei injeção. Com certeza, todo mundo ficou sabendo. Com certeza, todo mundo comentou. Mas no dia seguinte, eu tive uma reunião com o presidente da empresa, e tive um choque. Ele conversou comigo como se nada tivesse acontecido, nem me perguntou como eu estava.

Foi aí que ela percebeu que os valores da empresa estavam muito descolados de seus valores pessoais. E foi aí também que ela percebeu que queria mudar de vida.

> Comecei a planejar o que eu chamo de plano B de carreira. Eu já sabia o que eu não queria, faltava descobrir o que queria. Busquei ajuda profissional de um psiquiatra e de um terapeuta. Nessa época, eu comecei a fazer tudo o que eu não tinha tempo antes: cuidar de mim, fazer atividade física, me alimentar melhor e todas aquelas coisas.

O processo de mudança não foi nada fácil. Apesar de não ter precisado tomar remédios para equilibrar os neurotransmissores e pôr a cabeça no lugar, foram necessários cerca de dez anos de terapia para ela entrar em acordo consigo mesma.

> Eu achava que era errado sair da empresa, porque eu havia construído muitas coisas, ainda estava apegada. E as pessoas também diziam "você é louca! Você tem seu emprego, um bom salário, tem tudo". Com a terapia, comecei a entender que o trabalho não era "tudo".

Sua transição de carreira demorou cerca de três anos, porque ela ainda tinha que entender para onde queria ir a partir dali. Uma coisa Channa sabia: queria trabalhar ajudando as pessoas, para que outros não tivessem o mesmo diagnóstico de *burnout* que ela teve.

> A gente não é estimulado a procurar o que faz sentido para nós. Vivemos como se estivéssemos em uma montanha-russa: a gente entra ali, senta naquele carrinho, e vai passando pelos *loops*, pelas descidas, subidas, e não se pergunta se quer mesmo estar ali, se quer sair dali. Foi estudando que percebi que muitas pessoas têm, em maior ou menor grau, algo bem parecido com o que eu tive.

Depois de cursos e mais cursos, de buscar um contato maior com sua espiritualidade, de um desenvolvimento pessoal maior, Channa entendeu que seria no *coaching* e na mentoria para o redirecionamento de carreira que ela conseguiria alcançar seu propósito de ajudar as pessoas. Hoje, ela valoriza até esses perrengues que passou enquanto trabalhava na grande empresa.

> Muitas pessoas não conseguem enxergar que elas próprias e os outros estão em sofrimento. Elas acham que não têm um problema, ou que todo mundo passa por isso, e acabam não pedindo ajuda. Eu só consigo entender e respeitar a dor das outras pessoas, ser empática com elas, porque passei por isso.

E faz questão de contar para todo mundo sua trajetória completa: do sucesso ao *burnout* e ao sucesso de novo porque, como ela mesma diz, não quer ser vista como "a moça da novela", que acorda linda, não tem problemas e não precisa de ajuda.

CAPÍTULO 50
Eletroconvulsoterapia: a volta triunfal do choque

Criadas no século XIX para o tratamento da esquizofrenia, as chamadas "terapias de choque" caíram em desuso depois da década de 1950, quando começaram a aparecer medicamentos e tratamentos menos invasivos para os distúrbios psiquiátricos. Nesses cerca de cinquenta anos, os eletrochoques não caíram só no ostracismo, eles também caíram em um poço de estigmas – porque, afinal, os primeiros tratamentos de choque que surgiram eram uma tortura, antes de ser uma terapia para qualquer que fosse o mal.

Mas, quem acha que os eletrochoques caíram definitivamente em desuso e pararam de ser utilizados está por fora. Assim como os medicamentos e outros procedimentos médicos, o eletrochoque continuou a ser melhor desenvolvido e aprimorado. No início deste século XXI, ele deu a volta por cima, e voltou a ser aplicado como uma alternativa mais extrema para uma série de distúrbios. Só que agora recebeu uma repaginada total, que vai desde a forma de aplicação até o nome. Em vez de "eletrochoque", que carrega todo aquele estigma e o peso do tratamento do início do século XX, ele agora se chama "eletroconvulsoterapia".

Igualzinho à suas origens, a eletroconvulsoterapia também é um tratamento que usa choques elétricos com o objetivo de provocar um episódio convulsivo. Essa convulsão "recalibra" as ondas cerebrais e consegue mudar o padrão de alguns distúrbios, como a depressão, a bipolaridade, a esquizofrenia e o distúrbio esquizoafetivo (um perfil de paciente que está entre a bipolaridade e a esquizofrenia, e compartilha sintomas de ambas as condições).

Foi assim que a família da jornalista mineira Marcela Carrato chegou a esse tratamento. Sua tia Márcia, farmacêutica e bioquímica aposentada, sofre do distúrbio esquizoafetivo. Depois de cerca de vinte anos lutando com diagnósticos errados e tratamentos ineficientes, foi na terapia de choque que eles conseguiram encontrar uma alternativa para que ela tivesse uma melhor qualidade de vida.

"O primeiro diagnóstico, quando eu ainda era criança, foi de depressão. Depois, ela foi diagnosticada como uma pessoa bipolar. Mas nós questionamos esse diagnóstico, porque, ao contrário de outros pacientes bipolares, ela nunca tinha momentos bons. Ela nunca tinha aquela euforia. Então, a busca por um outro diagnóstico partiu de nós. Assim, fomos parar na paranoia persecutória querelante", conta Marcela. Os principais sintomas desse tipo de paranoia são, além de uma mania de perseguição, um ímpeto bélico e por apelar para instâncias superiores sempre que se sente desfavorecido. A convivência pode ser extremamente difícil, pois o paciente se sente perseguido por todo mundo e tem o impulso de brigar (e escalonar a briga) em todas as vezes.

"Tudo, para minha tia, é caso de chamar a polícia, de ir para a Justiça. Hoje em dia, ela liga para o 190, e a polícia até já sabe quem ela é. Eles nem mandam mais viaturas lá para ver o que está acontecendo, porque ela liga todo dia", relata a sobrinha, que acompanha o caso de perto há mais ou menos uns dez anos. "As pessoas da família foram se cansando dela e foram 'passando o bastão'", diz.

Ainda sob o diagnóstico de paranoia, mais ou menos em 2011, Márcia acabou sendo internada em um hospital psiquiátrico. "Ela teve um surto de fim de ano e arrumou uma confusão com o proprietário do apartamento onde mora e conseguiu ser internada. Essa foi a primeira vez que ela recebeu a eletroconvulsoterapia. Foram 5 sessões em 5 dias", lembra Marcela. Surpreendentemente para a família, essa foi a primeira vez que Márcia conseguiu ter um pouco de qualidade de vida. "Ela ficou bem durante uns oito meses. E era uma vida que ela não tinha antes, foi um período em que as pessoas da família confiavam em colocar um bebê em seu colo, por exemplo", lembra Marcela.

As sessões foram feitas no hospital psiquiátrico, depois de Márcia passar por uma bateria de exames de risco cirúrgico. As sessões, em que o choque dura cerca de trinta segundos, foram todas feitas com a paciente anestesiada e sedada, para não sentir nenhum tipo de desconforto ou dor. Mas continua sendo um procedimento invasivo, e foi impossível não perceber alguns efeitos adversos. "Ela voltou para casa com uma perda de memória recente, não se lembrava de onde havia guardado coisas antes de passar pelo procedimento, ficou com uma leve dificuldade motora", conta Marcela. Esses efeitos são transitórios, e menos de um mês depois já haviam desaparecido, deixando Márcia só com os bons resultados das aplicações de choque. No entanto, ela não continuou o tratamento com as medicações que foram prescritas e, passados esses oito meses de calmaria, Márcia foi voltando ao seu estágio normal de agitação, síndrome de perseguição e agressividade.

Em 2013, uma crise agravou ainda mais a situação. "Na época do meu casamento, ela foi parar no hospital por conta de uma intoxicação por excesso de paracetamol. Da intoxicação, ela contraiu uma infecção generalizada no hospital, ficou dois meses internada no CTI e mais uns dois em um quarto. No total, ela ficou quase uns quatro meses internada", lembra Marcela. Nessa época, Márcia foi atendida pelo psiquiatra do hospital, que chegou ao diagnóstico de distúrbio esquizoafetivo que descreve melhor seu perfil. Durante todo esse tempo internada, porém, Márcia ficou sem receber as medicações específicas para o seu distúrbio, como Marcela relata:

> Acho uma conduta muito temerária. Quando um paciente psiquiátrico chega a um hospital comum, tudo o que eles fazem é dar medicamentos diazepínicos (calmantes). Mas pessoas com o distúrbio da minha tia nem podem tomar esse tipo de medicamento, porque eles ativam áreas do cérebro que são prejudiciais para a condição dela. Nós avisávamos ao hospital que ela era paciente psiquiátrica, mas ela só recebia diazepínicos.

O resultado de tanto tempo sem um acompanhamento apropriado e sem as devidas drogas foi que, quando saiu do hospital, Márcia estava, como descreve a própria sobrinha, "pior que tudo". Mais agressiva, mais paranoica, acusando membros da família de a estarem espionando ou enviando pessoas ao seu apartamento para espioná-la, em uma condição que, na prática, impossibilitava a convivência com a família. O pior de tudo, na opinião de Marcela, era a falta de opções do que fazer com a tia.

> Depois da reforma psiquiátrica, em que os leitos psiquiátricos foram fechados, não se criou outra opção para lidar com esses pacientes, nem na saúde pública, nem na privada. Com a lei antimanicomial,

também, que garante que a internação desses pacientes seja uma escolha deles próprios, os médicos ficaram com muito medo de internar pacientes assim. Então, simplesmente, não há o que fazer com uma pessoa como a minha tia.

Ela, que também é contra instituições em que os pacientes são mantidos presos, submetidos a tratamentos que causam sofrimento e ficam completamente isolados, aguarda a criação de uma opção para que a tia tenha um atendimento mais digno. "Até existem, na rede pública, uns hospitais-dia, onde a pessoa vai só para passar o dia e receber os tratamentos, e volta para casa à noite. Mas nunca tem vaga, e as redes complementar e privada não investiram nisso", desabafa Marcela.

No início de 2016, um novo surto e uma "milagrosa" internação fizeram com que Márcia passasse por sua segunda bateria de eletroconvulsoterapia. "Ela ficava ligando para nós (familiares) e pedindo receita de Rivotril, porque a dela havia acabado. E nós nos recusamos, porque falávamos para ela que precisava se tratar, que precisava de uma internação", relata a sobrinha. Em um dia de maior abstinência, Márcia foi, por conta própria, até um hospital psiquiátrico pedir a tal receita.

Quando viu o estado em que ela estava, o psiquiatra que a atendeu resolveu não deixá-la voltar para casa e interná-la naquele momento mesmo. Por indicação dele, mais uma vez, ela recebeu sessões de eletroconvulsoterapia. Dessa vez, foram dez sessões, distribuídas ao longo de um mês. "Também é rara uma internação psiquiátrica que dure tanto hoje em dia. Normalmente, elas não passam de uma semana, dez dias. Esse médico foi muito corajoso", aponta Marcela.

Novamente, o procedimento foi feito depois da realização de um risco cirúrgico, e quando Márcia estava sob efeito de anestesia e sedação. Mais uma vez, a família percebeu os efeitos colaterais, mas também percebeu os efeitos positivos do choque.

> Faz mais ou menos um mês que ela saiu desse hospital. O que notamos é que está meio irritada por não conseguir fazer as coisas direito (ela está com a perda de memória recente e com certa dificuldade motora ainda). Mas o que estamos percebendo também, apesar do nosso ceticismo com relação à situação dela depois de todos esses anos, é que, pela primeira vez, ela está manifestando uma vontade de melhorar, que era uma coisa que nós nunca havíamos visto nela. Agora, ela está em uma fase de pedir desculpas para todo mundo, desculpas por tudo, de querer o perdão da família.

Marcela não sabe quanto tempo esses efeitos irão durar, mas avalia as experiências que ela própria tem com a eletroconvulsoterapia positivamente.

> Minha tia não relata nenhum desconforto com relação às sessões. Ela descreve toda a coisa como se fosse um procedimento cirúrgico leve, quase um procedimento estético, em termos de desconforto. O paciente não fica com nenhuma lesão, nenhuma queimadura, e ela também não fala em nenhuma dor. Como minha tia é uma pessoa que "botaria a boca no trombone" se estivesse passando por algum apuro, nós acreditamos que ela não tenha sofrido mesmo.

Além disso, os choques foram a única coisa que fizeram Marcela e o restante da família perceber alguma melhora efetiva. "Ela já havia feito de tudo antes do choque. Até exorcismo já havíamos tentado, porque minha avó é muito católica. Não teve nenhuma daquelas cenas de a pessoa vomitar, ou virar a cabeça, mas simplesmente não funcionou nada", conta. Agora, depois dessa última sessão da eletroconvulsoterapia, a esperança é que Márcia siga tomando os medicamentos que são prescritos como manutenção do tratamento e possa reconquistar alguma qualidade de vida.

CAPÍTULO 51
A nova cara da hipnose

A inglesa Melissa Lacy media 1,75m e vestia manequim 38. Medidas perfeitas para a indústria da moda. Aliás, era o que todo mundo comentava: "você devia ser modelo". Aos 13 anos, era o que ela mais queria.

Melissa praticou sua pose por semanas na frente do espelho. Ombros para trás, "carão" e atitude, ela foi mostrar o melhor de si em uma agência de talentos. "Volte quando você tiver perdido sua pancinha de filhote", foi a "simpática" resposta que recebeu do agente. Esse *feedback* foi o suficiente para despedaçar o coração e a autoestima de Melissa. A partir desse dia, seu objetivo de vida passou a ser emagrecer. Em um artigo no *The Mirror*, ela conta:

> Eu recortei fotos de modelos esqueléticas de revistas e preguei no meu espelho para *thinspiration* (uma junção das palavras *thin*, magro, e *inspiration*, inspiração). Restringi meu consumo calórico para, no máximo, 600 calorias por dia. Eu mantinha um diário para ter certeza de que eu nunca passava da minha cota diária, e me enchia de café e bebidas diet. Dizia para minha mãe que eu ia jantar no quarto, mas jogava tudo no vaso sanitário e dava descarga.

A menina também aprendeu truques para fazer parecer que ela havia comido: espalhava farelos de torrada no prato, sujava a faca na manteiga, escondia comida na manga do casaco e dava para o cachorro por debaixo da mesa.

Além dessa dieta de fome, ela também ficou obcecada com as atividades físicas. Melissa corria todos os dias pela manhã, antes de ir para a escola. E, durante os intervalos do almoço, ela dava voltas no campo de esportes da escola. Os amigos começaram a comentar que ela estava perdendo peso, ela se sentia elogiada (e, pior, motivada).

Quando ela já estava bem magrinha, quis ficar mais magrinha. Seu próximo passo era ter um intervalo entre as duas coxas. A essa altura, sua mãe já estava louca por causa do emagrecimento da filha, mas Melissa ignorava as preocupações e continuava firme em seu propósito de ser uma caveira andante. "Eu não queria que ninguém ficasse no caminho da minha perda de peso. Depois de um ano, meu uniforme da escola ficava pendurado nos meus ossos. Os elogios pararam, e meu pai, agora com 72 anos, estava tão preocupado quanto minha mãe. Quando eu estava com 15 anos, já media 1,80 m, e pesava 44 kg", conta.

De tão fraquinha, um dia ela desmaiou na escola, indo de uma aula pra outra. Os ossos, todos protuberantes, doíam quando se deitava, então passou a não dormir direito. Seu cabelo começou a ficar quebradiço e cair. Sem a camada de gordura que protege o corpo, Melissa sentia frio o tempo todo, e seu organismo não tinha força para manter algumas funções básicas, então ela parou de menstruar.

Aos 16 anos, o médico de Melissa diagnosticou que ela estava com anorexia. Aí a jovem foi internada em um hospital para se recuperar. Mas, em vez de focar na cura, ela ficava se comparando aos outros pacientes e invejando o quão magros eles eram. "Eles devem me achar gorda", delirava acordada.

Mais ou menos nessa época, ela terminou o ensino médio e foi fazer escola de teatro em outra cidade. De anorexia, ela pulou para outro problema. Com saudades de casa, Melissa comia tudo o que via pela frente: sorvete, confeitos de chocolate, todas as *junk foods* que se possa imaginar. E depois vomitava tudo. Ela já sabia que estava deprimida, mas não sabia como sair desse quadro.

O choque de realidade veio no dia em que ela vomitou sangue. "Foi aí que eu percebi que aquilo precisava parar. 'Mãe, preciso de ajuda', falei para ela aos prantos por telefone", lembra. A mãe inscreveu Melissa em um programa de reabilitação onde ela era acompanhada de perto por enfermeiras, que vigiavam para que comesse todas as suas três refeições diárias. A porta do banheiro de seu quarto ficava trancada e, toda vez que ela precisava ir, uma enfermeira ficava do lado de fora prestando atenção aos barulhos, para ter certeza de que a moça não estava vomitando a comida toda de novo.

Nessa época, Melissa melhorou bastante. Seis meses depois, já estava com 63,5 kg. Mas o programa estava lidando somente com os sintomas, e não com a causa dos distúrbios alimentares. Logo depois que ela saiu da reabilitação, já começou a ficar sem comer e a vomitar de novo.

Um dia, algo mudou tudo em sua vida. Melissa estava folheando uma revista, quando viu um anúncio de um terapeuta que dizia conseguir curar distúrbios alimentares com hipnose. Curiosa (e já sem saber o que mais fazer para melhorar), ela ligou para o telefone do anúncio e marcou uma consulta.

O hipnoterapeuta fez Melissa regredir para um período anterior aos distúrbios alimentares, quando sua relação com a comida não era problemática.

> Usando uma técnica de reprogramação neurolinguística, ele começou a construir em mim um desejo e um compromisso com a mudança. Três sessões me custaram 630 libras (esterlinas). Caro, sim, mas valeu

cada centavo. Senti a mudança física dentro de mim e soube que meus distúrbios alimentares eram uma coisa do passado. A comida não era mais minha inimiga. Comecei a curtir cozinhar comidas saudáveis e provar sabores diferentes sem sentir náuseas depois.

A hipnose é uma técnica de alteração do estado de consciência. Ao mesmo tempo que a pessoa hipnotizada fica com uma atenção mais focada, ela reduz sua consciência do que está acontecendo em seu entorno e fica mais suscetível a sugestões. Nesse estado, é possível se concentrar em uma memória específica e, com a orientação do hipnoterapeuta, ressignificar essa memória.

O método científico surgiu no século XIX, quando o neuropsicólogo escocês James Braid foi assistir a um show de hipnose. Na época, esse tipo de "encantamento" era usado nos palcos para o entretenimento (mais ou menos como Fabio Puentes fazia nos programas de auditório na década de 1990). Depois de assistir a um show desses e ficar impressionado com o modo como os voluntários "encantados" não conseguiam abrir seus olhos, Braid ficou encucado com aquele fenômeno e decidiu começar a investigá-lo.

Ele começou suas pesquisas com amigos, familiares e com empregados. Um dia, quando chegou atrasado para uma consulta, Braid encontrou seu paciente "hipnotizado" pela chama de uma vela. Assim, ele concluiu que a fixação do olhar, ou a atenção, era a chave para a hipnose – uma explicação bem diferente da que os mágicos davam para o fenômeno na época.

De início, Braid identificou a hipnose com o sono. Mas ele precisava de uma palavra nova para identificar a descoberta (já que ele queria distância do termo "mesmerização", que era usado pelos mágicos da época). Ele pensou em neuro-hipnotismo, por causa do deus grego Hypnos, do sono. O mais curioso é que, mais tarde, o médico descobriu que o estado hipnótico não tinha nada a ver com estar dormindo. Ele até tentou mudar o nome da técnica, mas o termo "hipnose" já tinha pegado.

Braid usou a hipnose para aliviar dores de coluna e nos braços de pacientes, para melhorar os sintomas de pessoas que haviam sofrido derrames, casos de paralisia, artrite reumatoide, dor de cabeça crônica, problemas de pele e incapacidade sensória. Ele também reconheceu uma série de casos para os quais a hipnose não funcionou, obedecendo ao seu rigor científico.

A técnica foi popularizada por Freud, que costumava hipnotizar suas pacientes histéricas para curá-las. A hipnose já foi alvo de polêmicas e críticas ao longo dos últimos dois séculos, mas, hoje, muitos psicólogos e terapeutas concordam que ela pode ser uma ferramenta poderosa para tratar casos de dor crônica, ansiedade e distúrbios de humor. Também pode ser usada, como no caso de Melissa, para ajudar os pacientes a mudar hábitos e abandonar vícios.

CAPÍTULO 52
Mente e espírito

Em todos os séculos de história da psiquiatria e da psicologia, a espiritualidade sempre foi vista com péssimos olhos. Não só os especialistas acreditavam que ela não adiantava de nada, mas eles também consideravam a espiritualidade e a religião como um problema psiquiátrico.

É difícil definir espiritualidade, já que o conceito é bastante subjetivo. Mas, em termos gerais, é algo que todas as pessoas são capazes de experimentar e que nos ajuda a encontrar sentido e propósito nas coisas a que damos valor, pode nos trazer esperança e até cura em momentos de perdas e sofrimento. A espiritualidade, independente de como ela é praticada, também é uma boa ferramenta para conseguirmos uma relação melhor com nós mesmos – e, consequentemente, com os outros e com o mundo.

Essas experiências fazem parte da condição de ser humano e são importantes para pessoas saudáveis, para aquelas com algum sofrimento mental, para as que têm déficit cognitivo, demências, retardos – todos. Na sociedade ocidental não somos estimulados a trabalhar a espiritualidade no dia a dia, como fazem os japoneses, indianos e outras sociedades do Oriente. Então, essa dimensão, para nós, acaba sendo mais importante quando precisamos dela, ou seja, em momentos de maior sofrimento, de perdas, e na proximidade com a morte.

Por várias décadas, o contato com os aspectos mais metafísicos da vida foram considerados um sintoma de alguma doença psiquiátrica. Jean Charcot e Sigmund Freud colocaram a religião no grupo das neuroses. Até sua terceira edição, o *Manual diagnóstico e estatístico de transtornos mentais* (DSM, na sigla em inglês), livro editado pela Associação Americana de Psiquiatria desde 1952, sempre classificou a religião de forma bem negativa, relacionando as experiências religiosas e espirituais (as chamadas epifanias) a psicopatologias.

Mas a ciência avança para todos os lados, e as pesquisas mais recentes têm demonstrado – quem diria! – que a espiritualidade pode ser uma ferramenta poderosa para ajudar os pacientes psiquiátricos a lidarem com o estresse da vida cotidiana e também com os da doença (sempre ao lado, claro, do tratamento adequado para suas condições e do acompanhamento médico).

De acordo com o psiquiatra neozelandês John Turbott, para os tratamentos psiquiátricos serem eficientes, eles têm que conversar com a espiritualidade. "A psiquiatria se beneficiaria se o vocabulário e os conceitos da religião e da espiritualidade fossem mais familiares aos médicos e praticantes. Os pacientes achariam mais fácil entender o psiquiatra, e um diálogo interdisciplinar frutífero sobre as questões mútuas de 'sumo interesse' poderia surgir", escreve ele no artigo "Religion, Spirituality and Psychiatry: Conceptual, Cultural and Personal Challenges", publicado no site *NCBI*. Na Royal College of Psychiatrists, em Londres, já existe um grupo de estudos de Psiquiatria e Espiritualidade, e a American College of Graduate Medical Education recomenda, em seus requisitos para residência em psiquiatria, que todos os programas deem aos alunos treinamento em fatores religiosos e espirituais que possam influenciar a saúde mental.

Para fechar a questão com chave de ouro (ou abrir, já que agora as possibilidades aumentam), a World Psychiatric Association (Associação Psiquiátrica Mundial) propôs que uma série de diagnósticos envolvendo religião e psiquiatria fosse incorporada na quarta edição do DSM – e a proposta foi aceita. Assim, na versão atualizada do documento passaram a constar os diagnósticos relacionados a problemas religiosos e psicoespirituais que levam a distúrbios mentais e os distúrbios com um contexto religioso e espiritual. As experiências religiosas e espirituais normais (que não têm consequências negativas para a saúde mental) também foram incluídas no manual.

A espiritualidade tem a ver não com a cura de doenças, que é o que todas as áreas da medicina buscam, mas com a cura da pessoa. Pelas lentes da espiritualidade, a vida é uma jornada longa, da qual as experiências boas e as ruins fazem parte e ajudam a cumprir o caminho. Os pacientes que entraram em contato com sua espiritualidade relataram ter conquistado maior autocontrole, autoestima e autoconfiança; além de relações melhores consigo mesmos e com os outros; fora um sentimento de preenchimento, esperança e paz na mente. Eles também tiveram uma recuperação mais rápida e menos sofrida de doenças e de períodos difíceis, como a perda de alguém.

Parece que o jogo virou, e a religião – seja ela qual for – agora já está sendo bem aceita como uma dimensão importante na vida dos pacientes – e, claro, das pessoas saudáveis, para evitarem doenças. Mas a parte complicada desse processo todo é que, ao contrário dos medicamentos, que basta seguir as doses e os intervalos recomendados pelos médicos, para a espiritualidade não existe uma bula. Uma pessoa vai achar que ir aos cultos uma vez por semana é suficiente. Já outra terá que fazer ioga três vezes por semana para alcançar o mesmo resultado. Cada pessoa tem que encontrar o seu jeito.

A espiritualidade não faz milagres, é claro. Em nenhuma circunstância, ela deve ser encarada como um substituto para o tratamento adequado e o acompanhamento médico, nem deve ser vista como uma solução, literalmente, milagrosa para os problemas e distúrbios psíquicos. Mas pode ser uma forcinha daquelas para passar por um momento difícil.

EPÍLOGO

Não dá para negar: da época do Hospital Bethlem até os dias de hoje, a psicologia percorreu um caminho longo e muito frutífero. A humanidade passou a ter uma interpretação mais científica da mente e de seus transtornos, diversas correntes, teorias e propostas de tratamento foram elaboradas, desenvolvemos muitas técnicas diferentes, entre elas estão a hipnose, a terapia cognitivo-comportamental e a eletroestimulação. Erramos muito – e pagamos caro por isso –, mas os erros e os acertos nos trouxeram à compreensão que temos hoje sobre nós mesmos, o lugar que ocupamos e como moldamos este mundo.

Mas a psicologia está longe de ser um campo do saber que já foi esgotado ou que esteja meramente próximo disso. Considerada uma ciência adolescente, ainda há coisas básicas que a área não conseguiu explicar. Um exemplo: o que é a mente. Uma linha de estudiosos defende que ela é somente o conjunto de reações químicas que ocorrem no cérebro, o efeito de todas as sinapses entre nossos milhões de neurônios. Já outros acreditam que há alguma coisa por trás disso que não pode ser explicada somente com base na tabela periódica. Ambos têm argumentos que podem ser levados a sério e têm validade científica.

O que não há é consenso. De todas as correntes da psicologia teorizadas até hoje, nenhuma conseguiu prover a chamada Grande Teoria Unificada (GUT, na sigla em inglês) para o campo. Freud, com a psicanálise, achou que tivesse descoberto a teoria definitiva sobre a mente humana, mas o tempo mostrou que ele estava errado. Apenas décadas mais tarde, John Watson e B. F. Skinner apostaram no comportamentalismo radical como o caminho para uma psicologia mais científica. Já sabemos que também não foi bem assim.

Continuamos tentando. Hoje em dia, a bola da vez na esperança de encontrar uma teoria que seja capaz de preencher todas as lacunas sobre esta grande e misteriosa máquina da mente é a neurociência. Estudo atrás de estudo tenta encontrar no cérebro as respostas para todas as nossas milhares de dúvidas sobre os mistérios da psique. Em 2018, é difícil até conseguir financiamento para projetos de pesquisa, se eles não possuírem pelo menos um experimento com exames de imagem da atividade cerebral.

Projetos ambiciosos misturam a neurociência, a psicologia e as ciências da computação. Dois dos maiores, o *Blue Brain* e o *Human Brain*, ambos dirigidos pelo pesquisador Henry Markram, da Universidade de Lausanne, na Suíça, já fizeram descobertas e avanços assustadoramente interessantes.

Em 2015, os cientistas da equipe conseguiram reproduzir em ambiente digital uma parte do neocórtex de um rato. Essa parte do cérebro contém as regiões responsáveis pelo controle de funções complexas, como as sensações, as ações e a consciência. O cérebro do rato foi um bom início para os pesquisadores começarem a aplicar os algoritmos elaborados nas descobertas já feitas até então.

Em 2017, os mesmos pesquisadores descobriram que as redes cerebrais são um universo multidimensional. As sinapses entre os neurônios formam redes que podem ter cinco, seis, sete, até onze dimensões – um conceito mais complexo do que a maioria de nós consegue entender.

O objetivo desses projetos é compreender totalmente o funcionamento do cérebro humano, a ponto de conseguir reproduzi-lo inteiramente no ambiente digital. Com isso, os pesquisadores esperam ser capazes de determinar, com precisão, a causa de doenças como a esquizofrenia, o autismo, Alzheimer e todos os transtornos que causam o sofrimento mental, além de propor tratamentos eficazes e até a cura desses males.

O que esse campo da ciência vem revelando para o mundo é, certamente, fascinante. Mas, se esse é o caminho para a GUT da mente humana, ou mais uma direção que pode ser seguida, somente as próximas décadas – talvez, séculos? – poderão dizer. Enquanto isso, uma coisa não muda: a mente humana continua sendo a máquina mais refinada de que se tem notícia no universo conhecido, nosso maior mistério e desafio.

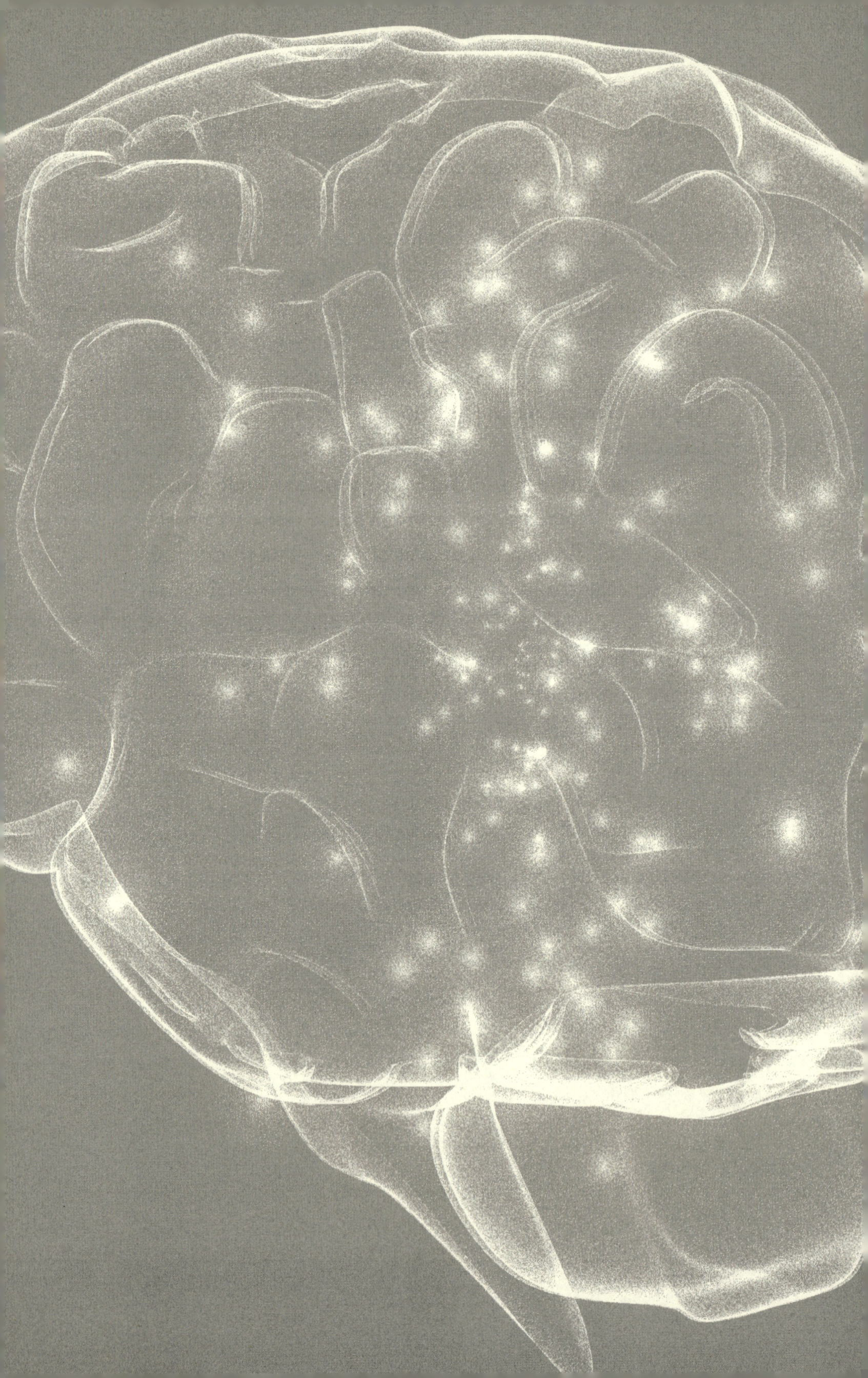

❀ AGRADECIMENTOS ❀

Desde que comecei a trabalhar como repórter, nos idos de 2006, uma coisa nunca deixou de me impressionar: o privilégio de ter acesso a pessoas e conteúdos extraordinários pelo simples fato de ser jornalista. É um momento meio mágico, que eu nunca entendi bem, aquele quando eu entro em contato com uma fonte, me apresento, digo o tema da matéria, e a pessoa abre toda aquela parte de sua vida para mim. E sou toda ouvidos, com muito prazer.

É por isso que, neste livro, meu primeiro "muito obrigada" vai para minhas fontes e meus personagens. Não há palavras para expressar a gratidão que sinto pela confiança que vocês tiveram em meu trabalho. Por falar em confiança, muito obrigada, Marcos Torrigo, André Fonseca e Denise Morgado, pelas orientações ao longo deste caminho, e Otavio Cohen, que acreditou que eu poderia fazer isso.

Por fim, toda a minha gratidão e meu amor à minha família. Meus pais, Beth e Marcos, autores dos melhores conselhos e também do maior apoio. Fernando, meu parceiro de vida, que é um alicerce e com quem formo uma equipe tão afinada. Vocês são os melhores!

Com carinho,
Raquel Sodré

BIBLIOGRAFIA

PARTE 1 – A CIÊNCIA DOS LOUCOS

Capítulo 1. Hospital Bethlem, a casa dos horrores

BBC. *Melancholy and Raving Madness: Statues*. Disponível em: <http://www.bbc.co.uk/ahistoryoftheworld/objects/TCNuEuS3mX38Ee649_cQ>. Acesso em: 16 fev. 2016.

GEORGIAN LONDON. *Debunking Bedlam*. Disponível em:<http://georgianlondon.com/post/49463384348/debunkingbedlam>. Acesso em: 17 fev. 2016.

HISTORIC ENGLAND. *From Bethlerem to Bedlam – England's First Mental Institution*. Disponível em: <goo.gl/KQuQYC>. Acesso em: 15 fev. 2016.

MELLBY, Julie L. "An Insane American". *Graphic Arts – Exhibitions, acquisitions, and other highlights from the Graphic Arts Collection,* Princeton University Library, Princeton, 11 jan. 2010. Disponível em: <https://blogs.princeton.edu/graphicarts/2010/01/an_insane_american.html>. Acesso em: 17 fev. 2016.

WALLER, Maureen. *Bedlam: the brutal truth. Daily Mail*, Londres, 12 ago. 2008. Disponível em: <http://www.dailymail.co.uk/home/books/article1042885/Bedlambrutaltruth.html>. Acesso em: 17 fev. 2016.

Capítulo 2. Pinel não tinha nada de doido

ENCYCLOPEDIA.COM. *Pinel, Philippe*. Disponível em :<http://www.encyclopedia.com/topic/Philippe_Pinel.aspx>. Acesso em: 25 mai. 2016.

FORBES, Winslow (ed.). "Pinel: A biographical study". *In The Journal of Psychological Medicine and Mental Pathology*. Disponível em: <goo.gl/7hcSvs>. Acesso em: 25 mai. 2016.

MOREIRA-ALMEIDA, Alexandre. "Tratado médicofilosófico sobre a alienação mental ou a mania". *Revista brasileira de psiquiatria*, São Paulo, v. 30, n. 3, set. 2008. Disponível em:<http://www.scielo.br/scielo.php?script=sci_arttext&pid=S151644462008000300027>. Acesso em: 25 mai. 2016.

PESSOTTI, Isaias. "Sobre a teoria da loucura no século XX". *Temas em psicologia*, Ribeirão Preto, v. 14, n. 2, dez. 2006. Disponível em: <pepsic.bvsalud.org/scielo.php?script=sci_arttext&pid=S1413-389X2006000200002>. Acesso em: 25 mai. 2016.

Capítulo 3. Tratamentos de choque

ECT.ORG. *Electrick shock treatment.* Disponível em: <http://www.ect.org/news/sundtimes.html>. Acesso em: 21 fev. 2016.

JONES, Gareth. Contemporary Medical Scandals: A Challenge to Ethical Codes and Ethical Principles. *Perspectives on Science and Christian Faith*, Salem, v. 42, p. 2-14, março 1990.

SABBATINI, Renato M. E. "The History of Shock Therapy in Psychiatry". *Brain and Mind.* Disponível em: <http://www.cerebromente.org.br/n04/historia/shock_i.htm>. Acesso em: 20 fev. 2016.

Capítulo 4. O triste fim de Ernest Hemingway

ALLEN, Jamie. "Ernest Hemingway: Macho man of letters". CNN. Disponível em: <http://edition.cnn.com/fyi/school.tools/profiles/hemingway/index.story.html>. Acesso em: 21 fev. 2016.

ECT ORG. *Electrick shock treatment.* Disponível em: <http://www.ect.org/news/sundtimes.html>. Acesso em: 21 fev. 2016.

THE NEW YORK TIMES ON THE WEB. *Hemingway dead of shotgun wound; wife says he was cleaning weapon*I, 03 jul. 1961. Disponível em < https://archive.nytimes.com/www.nytimes.com/books/99/07/04/specials/hemingway-obit.html?mcubz=2>. Acesso em: 12 abr. 2018.

WASH, John. "Being Ernest: John Walsh unravels the mystery behind Hemingway's suicide". *Independent*, Londres, 10 jun. 2011. Disponível em: <goo.gl/AW2F6s>. Acesso em: 21 fev. 2016.

Capítulo 5. A nova moda de cortar cérebros

INTROPSYCH. *Effects of lobotomies.* Disponível em: <http://www.intropsych.com/ch02_human_nervous_system/lobotomy_effects.html>. Acesso em: 24 fev. 2016.

LEWIS, Tanya. "Lobotomy: Definition, Procedure & History". *Live Science*, 28 ago. 2014. Disponível em: <http://www.livescience.com/42199lobotomy-definition.html>. Acesso em: 24 fev. 2016.

MASIERO, André Luis. "A lobotomia e a leucotomia nos manicômios brasileiros". *História, Ciências, Saúde – Manguinhos*, Rio de Janeiro, v. 10, n. 2, maio-ago. 2003. Disponível em: <http://www.scielo.br/scielo.php?script=sci_arttext&pid=S0104597020030000200004>. Acesso em: 25 de fev. 2016.

NATIONAL PUBLIC RADIO. *Frequently Asked Questions About Lobotomies*, 16 nov. 2005. Disponível em: <http://www.npr.org/templates/story/story.php?storyId=5014565&ps=rs>. Acesso em: 25 fev. 2016.

_____. *"My lobotomy": Howard Dully's Journey.* Disponível em: <http://www.npr.org/2005/11/16/5014080/mylobotomyhowarddullysjourney>. Acesso em: 24 de fev. 2016.

PSICH CENTRAL. *The Surprising History of Lobotomy.* Disponível em: <https://psychcentral.com/blog/the-surprising-history-of-the-lobotomy/>. Acesso em: 24 de fev. 2016.

Capítulo 6. A irmã de JFK

GOLDENBERG, Eleanor. "JFK's Sister's Lobotomy Was 'Tragic Choice'", New Book About Disabilities Reveals, *Huffington Post*, 12 nov. 2014. Disponível em: <http://www.huffingtonpost.com/2014/11/12/timshriverfullyalive_n_6141734.html>. Acesso em: 1 de mar. 2016.

HOWE, Caroline. "Exclusive Pictures: How Rosemary Kennedy went from a vibrant young beauty smiling with brother John F Kennedy to a feeble spinster – after being forced to undergo a lobotomy". *Daily Mail*, Londres, 24 set. 2015. Disponível em: <goo.gl/PcTneF>. Acesso em: 1 de mar. 2016.

INFO PLEASE. *Youngest U. S. Presidents*. Disponível em: <http://www.infoplease.com/toptens/youngpresidents.html>. Acesso em: 1 mar. 2016.

INSIDE EDITION. *Rosemary Kennedy's Dad Ordered Her Lobotomy to Prevent Pregnancy, New Books Claim*. Disponível em: <goo.gl/PmP2U1>. Acesso em: 1 de mar. 2016.

MACNEIL, Liz. "The Truth About Rosemary Kennedy's Lobotomy". *People*, Tampa, 06 nov. 2014. Disponível em: <goo.gl/utQnxB>. Acesso em: 1 de mar. 2016.

US NEWS. *The 10 Youngest Presidents*. Disponível em: <https://www.usnews.com/news/history/slideshows/the-10-youngest-presidents>. Acesso em: 1 mar. 2016.

PARTE 2 – FALA QUE EU TE ESCUTO – FREUD

Capítulo 7. Amor e ódio de Freud e Breuer

GAY, Peter. *Freud: Uma vida para nosso tempo*. São Paulo: Companhia das Letras, 2005.

Capítulo 8. Romance profissional com Anna O.

FREUD FILE. *Freud on Anna O. Case*. Disponível em: <http://www.freudfile.org/psychoanalysis/annao_case.html>. Acesso em: 17 jul. 2016.

GAY, Peter. *Freud: Uma vida para nosso tempo*. São Paulo: Companhia das Letras, 2005.

HENRY STRICK. *The Importance of the Case of Anna O. for Psychoanalysis*. Disponível em: <goo.gl/9aw6mo>. Acesso em: 9 fev. 2017.

HUNTER, Diane. "Hysteria, Psychoanalisys, and Feminism: The Case of Anna O.". *Feminist Studies*. Maryland, v. 9, n. 3, pp. 464-488, Autumn, 1983. Disponível em: <http://www.jstor.org/stable/3177609>. Acesso em: 17 jul. 2016.

Capítulo 9. Freud também tinha dificuldades

GAY, Peter. *Freud: Uma vida para nosso tempo*. São Paulo: Companhia das Letras, 2005.

Capítulo 10. Eu tenho um sonho

GAY, Peter. *Freud: Uma vida para nosso tempo.* Tradução de Denise Bottmann. São Paulo: Companhia das Letras, 2005.

SIMPLY PSYCHOLOGY. *Sigmund Freud.* Disponível em: <http://www.simplypsychology.org/SigmundFreud.html>. Acesso em: 20 jul. 2016.

VERYWELL MIND. *What are the Id, Ego and Superego? The Structural Model of Personality.* 23 ago. 2017. Disponível em https://www.verywellmind.com/the-id-ego-and-superego-2795951. Acesso em: 12 de abr. 2018.

Capítulo 11. Todo mundo tem problemas sexuais

GAY, Peter. *Freud: Uma vida para nosso tempo.* São Paulo: Companhia das Letras, 2005.

PSYCHOLOGIST WORD. *Psychosexual Theory.* Disponível em: <https://www.psychologistworld.com/freud/psychosexual.php>. Acesso em: 15 jul. 2016.

_____. *Introduction to Freud.* Disponível em <https://www.psychologistworld.com/freud/introduction.php>. Acesso em: 15 jul. 2016.

PARTE 3 – FREUD E JUNG, DE AMIGOS A RIVAIS

Capítulo 12. O primeiro encontro

GAY, Peter. *Freud: Uma vida para nosso tempo.* São Paulo: Companhia das Letras, 2005.

THE GUARDIAN. *Carl Jung, part 2: A Troubled Relationship with Freud – and the Nazis.* Disponível em: <https://www.theguardian.com/commentisfree/belief/2011/jun/06/carljungfreudnazis>. Acesso em: 25 de jul. 2016.

TRILLING, Lionel. "The Freud/Jung Letters". *The New York Times*, Nova York, 21 abr. 1974. Disponível em: <goo.gl/Sm8hCS>. Acesso em: 25 jul. 2016.

Capítulo 13. Jung, Freud e seu *crush*

GAY, Peter. *Freud: Uma vida para nosso tempo.* São Paulo: Companhia das Letras, 2005.

THE GUARDIAN. *Carl Jung, part 2: A Troubled Relationship with Freud – and the Nazis.* Disponível em: <https://www.theguardian.com/commentisfree/belief/2011/jun/06/carljungfreudnazis>. Acesso em: 25 jul. 2016.

TRILING, Lionel. The Freud/Jung Letters. *The New York Times*, Nova York, 21 abr. 1974. Disponível em: <https://www.nytimes.com/1974/04/21/archives/the-freudjung-letters-they-were-not-good-for-one-another.html>. Acesso em 12 abr. 2018.

Capítulo 14. O inconsciente da discórdia

CALIFORNIA State University at Long Beach. *Sex, Lies and Letters: A Sample of Significant Deceptions in the Freud/Jung Relationship*. Disponível em: <https://web.csulb.edu/~mfiebert/freud.htm>. Acesso em: 30 jul. 2016.

GAY, Peter. *Freud: Uma vida para nosso tempo*. São Paulo: Companhia das Letras, 2005.

Capítulo 15. A gota d'água

GAY, Peter. *Freud: Uma vida para nosso tempo*. São Paulo: Companhia das Letras, 2005.

Capítulo 16. "Está tudo terminado entre nós"

MCGUIRE, William (Org.). *Freud/Jung – Correspondência completa*. Rio de Janeiro: Imago Editora, 1976.

OPEN CULTURE. *The Famous Letter Where Freud Breaks His Relationship With Jung (1913)*, 17 jun. 2014. Disponível em: <goo.gl/yyefo1>. Acesso em: 30 jul. 2016.

SCHULTZ, William. "Why Freud and Jung Broke up". *Psychology Today*, Nova York, 19 mai. 2009. Disponível em: <goo.gl/PySdZP>. Acesso em: 30 jul. 2016

PARTE 4 – O LEGADO DE FREUD

Capítulo 17. Melanie Klein

ESCLAPES, Alê. "Melanie Klein – Vida e obra". *Escola Paulista de Psicanálise*, São Paulo, 4 jan. 2016. Disponível em: <goo.gl/1sigJC>. Acesso em: 3 dez. 2016.

FEBRAPSI. *Melanie Klein*. Disponível em: <http://febrapsi.org.br/biogra fias/melanie-klein/>. Acesso em: 3 dez. 2016.

Capítulo 18. Anna Freud

CALZAVARA, Maria Gláucia Pires. "Anna Freud e Melanie Klein: o sintoma como adaptação ou solução?". *Tempo Psicanalítico*, Rio de Janeiro, v. 45, n 2, dez. 2013. Disponível em: <goo.gl/8m3nam>.Acesso em: 15 set. 2017.

Capítulo 19. Jacques Lacan

ENCYCLOPEDIA BRITANNICA. *Jacques Lacan*. Disponível em: <https://global.britannica.com/biography/Jacques-Lacan>. Acesso em: 12 dez. 2016.

HOMER, Sean. *Jacques Lacan*. Nova York: Routledge, 2005.

INTERNET ENCYCLOPEDIA OF PHILOSOPHY. *Jacques Lacan*. Disponível em: <http://www.iep.utm.edu/lacweb/>. Acesso em: 12 dez. de 2016.

TOTALLY HISTORY. *Jacques Lacan*. Disponível em: <http://totallyhistory.com/jacques-lacan/>. Acesso em: 12 dez. 2016.

Capítulo 20. Erik Erikson

CHERRY, Kendra. "A Teoria do Desenvolvimento Psicossocial de Erik Erikson. *Psicoativo*. Disponível em: <goo.gl/yNsnWq>. Acesso em: 13 dez. 2016.

MIRANDA, Alex Barbosa Sobreira de. "O desenvolvimento humano na perspectiva de Erik Erikson". *Psicologado Artigos*, dez. 2012. Disponível em: <goo.gl/cRSzqQ>. Acesso em: 13 dez. 2016.

PSICOLOGADO ARTIGOS. *Teoria psicossocial do desenvolvimento em Erik Erikson*, jun. 2009. Disponível em: <goo.gl/4XM7NZ>. Acesso em: 13 dez. 2016.

PORTAL EDUCAÇÃO. *Os estágios do desenvolvimento para Erik Erikson*. Disponível em: <goo.gl/f13Gx1>. Acesso em: 13 dez. 2016.

Capítulo 21. Carl Rogers

KIRSCHENBAUM, Howard. "Carl Rogers's Life and Work: An Assessment on the 100th Anniversary of His Birth". *Journal of Counseling & Development*. Alexandria – Virginia, v. 82, pp. 116-124, jan. 2004.

Three approaches do psychotherapy – All Three Sessions. Direção e produção: Evett L. Shostrom. Documentário: 105'53". Disponível em: <https://www.youtube.com/watch?v=SgiX0QLnpBM>. Acesso em: 26 set. 2017.

Capítulo 22. Jean Piaget

CARBONI, Camile. Conheça Piaget, biólogo que revolucionou a pedagogia e inspirou o construtivismo. *Último Segundo, Ig*. 09 de ago. 2017. Disponível em <http://ultimosegundo.ig.com.br/educacao/2017-08-09/aniversario-jean-piaget.html>. Acesso em: 12 abr. 2018.

EAST Tennessee State University. *Human Development: Piaget's Cognitive Theory*. Aula do professor doutor Chris Dula. 25'48". Disponível em: <https://www.youtube.com/watch?v=VKA8OXXOfJw>. Acesso em: 15 dez. 2016.

TERRA, Márcia Regina. "O desenvolvimento humano na teoria de Piaget. *Unicamp*". Disponível em: <http://www.unicamp.br/iel/site/alunos/publicacoes/textos/d00005.htm>. Acesso em: 15 dez. 2016.

Capítulo 23. Lev Vygotsky

EAST Tennessee State University. *Human Development: Vygotsky's Social Cognitive Theory*. Aula do professor doutor Chris Dula. 13'17". Disponível em: <https://www.youtube.com/watch?time_continue=455&v=4q4FNGvZo1w>. Acesso em: 28 set. 2017.

MACLEOD, Saul. Lev Vygotsky. *Simply Psychology*. Disponível em: <https://www.simplypsychology.org/vygotsky.html>. Acesso em: 28 set. 2017.

PARTE 5 – MALDITO REICH!

Capítulo 24. O profeta dos maiores e melhores orgasmos

LOUV, Jason. "The Scientific Assassination of a Sexual Revolutionary: How America Interrupted Wilhelm Reich's Orgasmic Utopia". *Motherboard*, 15 jul. 2013. Disponível em: <goo.gl/uxnr7W>. Acesso em: 22 mar. 2018.

THE GUARDIAN (BOOKS). *Wilhelm Reich: the man who invented free love*. Disponível em: <http://www.theguardian.com/books/2011/jul/08/wilhelm-reichfreeloveorgasmatron>. Acesso em: 22 mar. 2016.

THE JOURNAL of Psychiatric Orgone Therapy. *Wilhelm Reich: Biography*. Disponível em: <http://www.psychorgone.com/?s=Wilhelm+Reich%3A+Biography&x=32&y=6>. Acesso em: 22 mar. 2016.

Capítulo 25. Neurose é falta de um bom sexo

BAKER, M.D. Elsworth. "Sexual Theories of Wilhelm Reich". *The American College of Orgonomy*, Princeton, v. 20, n. 2. Disponível em: <http://www.orgonomy.org/articles/Baker/Sexual_Theories_of_Wilhelm_Reich.pdf>. Acesso em: 4 abr. 2016.

LOUV, Jason. "The Scientific Assassination of a Sexual Revolutionary: How America Interrupted Wilhelm Reich's Orgasmic Utopia". *Motherboard*, 15 jul. 2013. Disponível em: <goo.gl/uxnr7W>. Acesso em: 4 de abr. 2016.

THE JOURNAL of Psychiatric Orgone Therapy. *Wilhelm Reich: Biography*. Disponível em: <http://www.psychorgone.com/?s=Wilhelm+Reich%3A+Biography&x=32&y=6>. Acesso em: 4 abr. 2016.

Capítulo 26. Guerra é coisa de mal-amados

BAKER, M.D. Elsworth. "Sexual Theories of Wilhelm Reich". *American College of Orgonomy*, Princeton, v. 20, n. 2. Disponível em: <http://www.orgonomy.org/articles/Baker/Sexual_Theories_of_Wilhelm_Reich.html>. Acesso em: 19 abr. 2016.

LOUV, Jason. "The Scientific Assassination of a Sexual Revolutionary: How America Interrupted Wilhelm Reich's Orgasmic Utopia". *Motherboard*, 15 jul. 2013. Disponível em: <goo.gl/uxnr7W>. Acesso em: 18 abr. 2016.

REICH, Wilhelm. *The Funcion of the Orgasm*. Nova York: Farrar, Straus and Giroux, 1973. Disponível em: <http://www.wilhelmreichtrust.org/function_of_the_orgasm.pdf>. Acesso em: 19 de abr. 2016.

_____. *The Mass Psychology of Fascism*. Nova York: Orgone Institute Press, 1946.

THE JOURNAL of Psychiatric Orgone Therapy. *Wilhelm Reich: Biography*. Disponível em: <http://www.psychorgone.com/?s=Wilhelm+Reich%3A+Biography&x=32&y=6>. Acesso em: 19 abr. 2016.

THE SOCIALIST Party of Great Britain. *The Sexual Politics of Wilhelm Reich*. Disponível em: <goo.gl/5pRTgT>. Acesso em: 19 abr. 2016.

Capítulo 27. O acumulador de energia orgástica

LOUV, Jason. "The Scientific Assassination of a Sexual Revolutionary: How America Interrupted Wilhelm Reich's Orgasmic Utopia". *Motherboard*, 15 jul. 2013. Disponível em: <goo.gl.uxnr7W>. Acesso em: 2 jun. 2016.

SHARAF, Myron. *The Fury on Earth: A Biography of Wilhelm Reich*. Nova York: St. Martin's Press e Éditions les atomes de l'âme, 1983.

Capítulo 28. De volta à Idade Média: caça às bruxas e queima de livros

BENNETT, Philip W. "Wilhelm Reich, the FBI, and the Norwagian Communist Party: the Consequences of an Unsubstatiated Rumor". *Psychoanalysis and History*, Edimburgo, v. 16, n. 1, pp. 95-114, dez. 2013. Disponível em: <https://www.euppublishing.com/doi/abs/10.3366/pah.2014.0141>. Acesso em: 1 jun. 2016.

ORGONELAB. *New Evidence on the Prosecution and Death of Reich*. Disponível em: <http://www.orgonelab.org/ReichPersecution.htm>. Acesso em: 1 jun. 2016.

SHARAF, Myron. *The Fury on Earth: A biography of Wilhelm Reich*. Nova York: St. Martin's Press e Éditions les atomes de l'âme, 1983.

Capítulo 29. Uma revolução sexual está a caminho

BAKER, M.D. Elsworth. "Sexual Theories of Wilhelm Reich". *The American College of Orgonomy*, Princeton, v. 20, n. 2. Disponível em: <http://www.orgonomy.org/articles/Baker/Sexual_Theories_of_Wilhelm_Reich.pdf>. Acesso em: 03 jun. 2016.

CLARK JR., Marvin. "Wilhelm Reich: The Dean of Sex Revolution". *Cure Zone*. Disponível em: <http://www.curezone.org/upload/PDF/Documents/REICH.pdf>. Acesso em: 3 jun. 2016.

THE GUARDIAN (BOOKS). *Wilhelm Reich: the man who invented free love*. Disponível em: <https://www.theguardian.com/books/2011/jul/08/wilhelm-reichfreeloveorgasmatron>. Acesso em: 3 de jun. 2016.

PARTE 6 – O OUTRO LADO DA PSICOLOGIA

Capítulo 30. A ciência onde meninas não entram

BENJAMIN JR., Ludy T. *A history of Psychology in letters*. 2 ed. Malden: Blackwell Publishing, 2006.

CHERRY, Kendra. "Fre ud's Perspective on Women". Disponível em: <https://www.verywell.com/howsigmundfreudviewedwomen2795859>. Acesso em: 1 jun. 2016.

SODRÉ, Raquel. Competição feminina é criação da sociedade. *O Tempo*, Belo Horizonte, 13 mar. 2016. Disponível em: <goo.gl/tbAp5f>. Acesso em: 1 jun. 2016.

Capítulo 31. Psicologia da lei

BENJAMIN JR., Ludy T. *A history of Psychology in letters*. 2 ed. Malden: Blackwell Publishing, 2006.

G1, "Tribunal de Justiça nega recurso para liberdade de Chico Picadinho". Vale do Paraíba, 27 nov. 2015. Disponível em: <goo.gl/n6TeHT>. Acesso em: 6 jun. 2016.

SACRAMENTO, Lívia de Tartari e. "Psicopatologia Forense e o caso Chico Picadinho: relação da Personalidade Criminosa com as teorias da Criminologia". *Rede Psi*, São Paulo, 17 ago. 2012. Disponível em: <goo.gl/kgFciP>. Acesso em: 6 jun. 2016.

WARD, Jane Tyler. "What is Forensic Psychology?". *American Psychological Association*, Washington, set. 2013. Disponível em: <http://www.apa.org/ed/precollege/psn/2013/09/forensicpsychology.aspx>. Acesso em: 6 jun. 2016.

Capítulo 32. A psicologia infantil de Locke

BENJAMIN JR., Ludy T. *A history of Psychology in letters*. 2 ed. Malden: Blackwell Publishing, 2006.

Capítulo 33. O segredo do conhecimento

NICOLETTI, Roberto. RUMIATI, Rino. *I processi cognitivi*. Bolonha: Società Editrice il Mulino, 2006.

Capítulo 34. A psicologia a serviço do nazismo

BENJAMIN JR., Ludy T. *A history of Psychology in letters*. 2 ed. Malden: Blackwell Publishing, 2006.

VINE, Nicholas. "Psychology under the Third Reich". *Worcester Polytechnic Institute*, Worcester, 10 ago. 2009. Disponível em: <goo.gl/fbBD5C>. Acesso em: 2 mai. 2016.

Capítulo 35. A psicologia nos grupos terroristas

BANCO, Erin. "Why Do People Join ISIS? The Psychology of a Terrorist". *Internacional Business Times*, Nova York, 9 maio 2014. Disponível em: <http://www.ibtimes.com/whydopeoplejoinisispsychologyterrorist1680444>. Acesso em: 12 mai. 2016.

SILVA, Lígia Gonçalves. *O processo de recrutamento em organizações terroristas*. 2012. 45 p. Dissertação (Mestrado em Psicologia das Organizações e do Trabalho) – Faculdade de Psicologia e de Ciências da Educação, Universidade de Coimbra, Coimbra.

SODRÉ, Raquel. "Terrorismo está mais difícil de ser identificado e combatido". *O tempo*, Belo Horizonte, 18 jan. 2015. Disponível em: <goo.gl/xnT7h9>. Acesso em: 13 mai. 2016.

TAYLOR, Steve. The Psychology of Terrorism. *Psychology Today*, 09 set. 2014. Disponível em https://www.psychologytoday.com/us/blog/out-the-darkness/201409/the-psychology-terrorism. Acesso em: 12 abr. 2018.

PARTE 7 – OS EXPERIMENTOS MAIS LOUCOS (COM PERDÃO DO TROCADILHO)

Capítulo 36. Olhos azuis x olhos castanhos

BLOOM, Stephen G. "Lesson of a Lifetime". *Smithsonian Magazine*, Washington, set. 2005. Disponível em: <https://www.smithsonianmag.com/science-nature/lesson-of-a-lifetime-72754306/>. Acesso em: 6 mar. 2016.

JANE ELLIOT. *A collar in my pocket*. Disponível em: <http://www.janeelliott.com/workshop.htm>. Acesso em: 6 mar. 2016.

THE GUARDIAN. "Jane Elliott, the American schoolmarm who would rid us of our racism". Disponível em:<http://www.theguardian.com/culture/2009/oct/18/racismpsychologyjaneelliott4>. Acesso em: 6 mar. 2016.

Capítulo 37. O cão de Pavlov

LEARNING THEORIES. *Classical Conditioning (Pavlov)*. Disponível em: <www.learningtheories.com/classicalconditioningpavlov.html>. Acesso em: 7 mar. 2016.

NOBELPRIZE ORG. *Ivan Petrovich Pavlov (1849 1936)*. Disponível em <http://www.nobelprize.org/educational/medicine/pavlov/readmore.html>. Acesso em: 7 mar. 2016.

VERYWELL MIND. Pavlov's Dogs and the Discovery of Classical Conditioning. 02 jul. 2017. Disponível em <https://www.verywellmind.com/pavlovs-dogs-2794859>. Acesso em: 12 abr. 2018.

Capítulo 38. O trauma do pequeno Albert

DEANGELIS, T. "'Little Albert' Regains his Identity". *American Psychological Association*, Washington, v. 41, n. 1, 2010. Disponível em: <http://www.apa.org/monitor/2010/01/littlealbert.aspx>. Acesso em: 6 mar. 2016.

MACLEOD, Saul. "Classical Conditioning". *Simply Psychology*. Disponível em: <http://www.simplypsychology.org/classicalconditioning.html>. Acesso em: 6 mar. 2016.

VERYWELL HEALTH. *The Little Albert Experiment*. 31 de jul. 2017. Disponível em <https://www.verywellmind.com/the-little-albert-experiment-2794994>. Acesso em: 12 abr. 2018.

Capítulo 39. Os ratos condicionados de B. F. Skinner

CHERRY, Kendra. "Condicionamento Operante: Definição, Como Funciona + Exemplos". *Psicoativo*. Disponível em: <goo.gl/itj8sb>. Acesso em: 28 de set. 2017.

DAWKINS, Richard. *Desvendando o arco-íris: Ciência, ilusão e ecantamento*. Companhia das Letras: São Paulo, 2000.

UNIVERSIDADE de Coimbra. *Teoria do Condicionamento Operante de B. F. Skinner*. Disponível em: <http://www.mat.uc.pt/~guy/psiedu2/skinner.pdf>. Acesso em: 28 set. 2017.

Capítulo 40. Alunos e professores de Milgram

BILIKOPF, Gregorio. "Milgram's Experiment on Obedience to Authority". *Berkeley Universty of California*, Berkeley, 15 nov. 2004. Disponível em: <https://nature.berkeley.edu/ucce50/aglabor/7article/article35.htm>. Acesso em: 12 de mar. 2016.

CHERRY, Kendra. "The Milgram Obedience Experiment". *Verywell*, 27 jun. 2017. Disponível em: <http://psychology.about.com/od/historyofpsychology/a/milgram.htm>. Acesso em: 12 mar. 2016.

MACLEOD, Saul. "The Milgram Experiment". *Simply Psychology*. Disponível em: <http://www.simplypsychology.org/milgram.html>. Acesso em: 12 mar. 2016.

ROMM, Cari. "Rethinking One of Psychology's Most Infamous Experiments". *The Atlantic*, Boston, 28 jan. 2015. Disponível em: <goo.gl/ybmFjM>. Acesso em: 12 mar. 2016.

Capítulo 41. A prisão da Universidade Stanford

GOMES, Luiz Flávio. *Letalidade policial: notas para reflexão*. Jusbrasil. Disponível em <https://professorlfg.jusbrasil.com.br/artigos/121919258/letalidade-da-acao-policial-notas-para-reflexao>. Acesso em: 12 abr. 2018.

KANNIKOVA, Maria. "The real lesson of the Stanford Prison Experiment". *The New Yorker*, Nova York, 12 jun. 2015. Disponível em: <goo.gl/Rdu3oG>. Acesso em: 10 mar. 2016.

MACLEOD, Saul. "Stanford Prison Experiment". *Simply Psychology*. Disponível em: <http://www.simplypsychology.org/zimbardo.html>. Acesso em: 10 mar. 2016.

PUFF, Jefferson., KAWAGUTI, Luís. "Para cada quatro mortos pela polícia no Brasil, um policial é assassinado". *BBC Brasil*, Rio de Janeiro e São Paulo, 16 set. 2014. Disponível em: <goo.gl/a3t3E6> Acesso em: 8 mar. 2016.

STANFORD UNIVERSITY. *The Stanford Prison Experiment: a Simulation Study of the Psychology of Imprisonment conducted August 1971 at Stanford University (PDF)*. Disponível em: <http://web.stanford.edu/dept/spec_coll/uarch/exhibits/Narration.pdf>. Acesso em: 10 mar. 2016.

The Psychology of evil. Philip Zimbardo at TED 2008. 23'7". Disponível em: <goo.gl/XQPJsx>. Acesso em: 10 mar. 2016.

Capítulo 42. O bizarro caso de Deivid Reimer

BBC Science & Nature. *Dr Money and the Boy With No Penis*. Disponível em: <www.bbc.co.uk/sn/tvradio/programmes/horizon/dr_money_prog_summary.shtml>. Acesso em: 15 mar. 2016.

INTERSEX Society of North America. *Who was David Reimer (also, sadly, known as "John/Joan")?*. Disponível em: <http://www.isna.org/faq/reimer>. Acesso em: 15 mar: 2016.

TELLES, Sérgio. "Psicanálise em debate: O caso de David Reimer e a questão da identidade de gênero". *Pychiatry Online Brasil*, v. 9, n. 6, jun. 2004. Disponível em: <http://www.polbr.med.br/ano04/psi0604.php>. Acesso em: 15 mar. 2016.

THE ASSOCIATED PRESS. "David Reimer, 38, Subject of the John/Joan Case". *The New York Times*, Nova York, 12 maio 2004. Disponível em: <www.nytimes.com/2004/05/12/us/david-reimer-38-subject-of-the-john-joan-case.html>. Acesso em: 15 mar. 2016.

PARTE 8 – MK-ULTRA – A TEORIA DA CONSPIRAÇÃO DA VIDA REAL

Capítulo 43. 1953: A primeira vítima do MK-Ultra

IGNATIEFF, Michael. "What Did the C.I.A. Do to Eric Olson's Father?". *New York Times Magazine*, Nova York, 01 de abr. 2001. Disponível em: <www.nytimes.com/2001/04/01/magazine/cia-what-did-the-cia-do-to-his-father.html>. Acesso em: 12 fev. 2018.

JUSTIA US SUPREME COURT. *CIA v. Sims, 471 US 159 – Supreme Court 1985*. Disponível em: <https://supreme.justia.com/cases/federal/us/471/159/>. Acesso em: 18 mai. 2016.

MCCOY, Alfred. "Cruel Science: CIA Torture and US Foreign Policy". *In:* ATWOOD, P., O'MALLEY, P., PETERSON, P (Org.). *Sticks and Stones – Living with uncertain wars*. University of Massachusets Press: Boston, 2006. Disponível em: <goo.gl/3P5dQN>. Acesso em: 18 mai. 2016.

RICHELSON, Jeffrey T. Science, Technology and the CIA. *National Security Archive*, Washington, 10. set 2001. Disponível em: <http://nsarchive.gwu.edu/NSAEBB/NSAEBB54/>. Acesso em: 18 maio 2016.

SANTOS, Vanessa Sardinha dos. "Drogas: LSD". *Brasil Escola*. Disponível em: <http://brasilescola.uol.com.br/drogas/lsd.htm>. Acesso em: 18 maio 2016.

THE NEW YORK TIMES. *Project MK Ultra: The CIA's Program of Research in Behavioral Modification (PDF)*. Disponível em: <www.nytimes.com/packages/pdf/national/13inmate_ProjectMKULTRA.pdf>. Acesso em: 18 maio 2016.

Capítulo 44. Uma terapia do sono nada relaxante

DR. NICK READ. *Visionary or Disaster a perspective on William Sargant*. Disponível em: <goo.gl/rhGrsu>. Acesso em: 23 maio 2016.

MARKS, John. *The Search for the Manchurian Candidate*. Nova York: Times Books, 1979.

THE SCOTSMAN. *Stunning tale of brainwashing the CIA and unsuspecting Scots researcher*. 5 jan. 2006. Disponível em: <goo.gl/uHW5DV>. Acesso em: 23 maio 2016.

TURBIDE, Diane. "Dr. Cameron's Casualties". *Ect.org*, 21 abr. 1997. Disponível em: <http://www.ect.org/?p=369>. Acesso em: 23 maio 2016.

Capítulo 45. 1973: investigações e negações do governo dos EUA

HERCH, Seymour M. "Huge CIA operation reported in US against antiwar forces, other dissidents in Nixon years". *The New York Times*, Washington, 11 dez. 1974. Disponível em: <goo.gl/pzbknT>. Acesso em: 12 fev. 2018.

HISTORY COMMONS. *Context of 1973: CIA Internal Review Finds "Dozens" of Illegal Domestic Surveillance Operations*. Disponível em: <http://www.historycommons.org/context.jsp?item=civilliberties_221#civilliberties_221>. Acesso em: 23 mai. 2016.

NICKSON, Elizabeth. "Mind Control: My mother, the CIA and LSD (PDF)". *The University of Arizona*, Tucson, 16 out. 1994. Disponível em: <http://dgibbs.faculty.arizona.edu/sites/dgibbs.faculty.arizona.edu/files/MindControl.pdf>. Acesso em: 23 mai. 2016.

SCHAFFER Library of Drug Policy. *Prepared Statement of Admiral Stansfield Turner, Director of Central Intelligence*. Disponível em: <http://www.druglibrary.org/schaffer/history/e1950/mkultra/Hearing02.htm>. Acesso em: 23 mai. 2016.

Capítulo 46. Os agentes-zumbis e suas supostas vítimas

BBC. *CIA role claim in Kennedy killing*, 21 nov. 2006. Disponível em: <news.bbc.co.uk/2/hi/programmes/newsnight/6169006.stm>. Acesso em: 24 mai. 2016.

DOWLING, Kevin., KNIGHTLEY. Phillip. "The Olson File: A secret that could destroy the CIA". *London Mail*. Disponível em: <http://www.serendipity.li/cia/olsen1.htm>. Acesso em: 24 mai. 2016.

HISTORY. 1968: *Bobby Kennedy is assassinated*. Disponível em <https://www.history.com/this-day-in-history/bobby-kennedy-is-assassinated>. Acesso em: 12 abr. 2018.

THE GUARDIAN. *Did the CIA kill Bobby Kennedy?*. Disponível em: <www.theguardian.com/world/2006/nov/20/usa.features11>. Acesso em: 24 mai. 2016.

Capítulo 47. Andam dizendo que o controle mental continua

DAVID, Mark. "Creepy Celebrity MK Ultra Mind Control Glitches". *Sorein Dreider*, 02 fev. 2015. Disponível em: <sorendreier.com/creepycelebritymkultramindcontrolglitches/>. Acesso em: 19 mai. 2016.

KNOWLEGE is Power. "Controle Mental MK Ultra domina Hollywood", diz atriz americana Roseanne Barr", 19 mai. 2013. Disponível em: <http://danizudo.blogspot.com.br/2013/05/controlementalmkultradomina.html>. Acesso em: 19 mai. 2016.

_____. "Joe Jackson is an MK Ultra Operative". Disponível em: <http://www.roseanneworld.com/blog/2009/07/joejacksonisanmkultraope/>. Acesso em: 19 de mai. 2016.

PARTE 9 – TRANSTORNOS E TRATAMENTOS MODERNOS

Capítulo 48. A Grande Depressão é agora

AMERICAN Psychological Association. *Depression*. Disponível em <http://www.apa.org/topics/depression/>. Acesso em: 2 mai. 2016.

BURGIERMAN, Denis Russo. "LSD pode ser o antidepressivo do futuro". *Exame*, São Paulo, 12 abril 2016. Disponível em: <goo.gl/DKsHDV>. Acesso em: 2 mai. 2016.

DESIDÉRIO, Mariana. "Onde vivem os brasileiros que mais sofrem com a depressão". *Exame*, São Paulo, 1 mar. 2015. Disponível em: <goo.gl/tpmWDA>. Acesso em: 2 de mai. 2016.

HARVARD Health Publications. *What causes depression?* Disponível em: <http://www.health.harvard.edu/mindandmood/whatcausesdepression>. Acesso em: 2 mai. 2016.

PORTAL RAÍZES. "Nunca tivemos uma geração tão triste". Disponível em: <http://www.portalraizes.com/nuncativemosumageracaotaotriste/>. Acesso em: 2 mai. 2016.

TARTAKOVSKY, Margarita. "A New Treatment for Depression'. *Psych Central*. Disponível em: <psychcentral.com/lib/anewtreatmentfordepression/>. Acesso em: 2 mai. 2016.

Capítulo 49. Burnout – A válvula de escape dos executivos

ROSCH, Paul J. "Reminiscences of Hans Selye, and Birth of 'Stress'". *The American Institute of Stress*. Disponível em: <www.stress.org/about/hansselyebirthofstress/>. Acesso em: 17 jun. 2016.

Capítulo 50. Eletroconvulsoterapia: a volta triunfal do choque

CARRATO, Marcela. Entrevista concedida a Raquel Sodré. Belo Horizonte, 4 jun. 2016.

Capítulo 51. A nova cara da hipnose

AMERICAN Psychology Association. *Hypnosis*. Disponível em: <http://www.apa.org/topics/hypnosis/>. Acesso em: 18 jun. 2016.

FISHER, Loraine. "'I'd hardly slept for 18 months': How two hours of hypnosis ended my insomnia nightmare". *Daily Mail*, Londres, 20 nov. 2009. Disponível em: <goo.gl/4imCb1> Acesso em: 18 jun. 2016.

HISTORY of Hypnosis. *James Braid*. Disponível em: <http://www.historyofhypnosis.org/jamesbraid/>. Acesso em: 18 jun. 2016.

THE MIRROR. *Hypnosis cured my eating disorder*, 6 mai. 2012. Disponível em: <www.mirror.co.uk/lifestyle/family/hypnosiscuredmyeatingdisorder1677173>. Acesso em: 18 jun. 2016.

Capítulo 52. Mente e espírito

ROYAL College of Psychiatrics. *Spirituality and Mental Health*. Disponível em: <http://www.rcpsych.ac.uk/mentalhealthinfo/treatments/spiritualityandmentalhealth.aspx>. Acesso em: 4 mai. 2016.

TURBOT, J. "Religion, spirituality and psychiatry: conceptual, cultural and personal challenges". *National Center for Biotechnology*. The Australian and New Zealand Journal of Psychiatry, dez. 1996. Disponível em: <http://www.ncbi.nlm.nih.gov/pubmed/9034460/>. Acesso em: 4 mai. 2016.

VERGHESE, Abraham. "Spirituality and mental health". *National Center for Biotechnology Information*. Indian Journal of Psichiatry, out-dez. 2008. Disponível em: <http://www.ncbi.nlm.nih.gov/pmc/articles/PMC2755140/>. Acesso em: 4 maio 2016.

EPÍLOGO

BARRETT, Lisa Feldman. "The Future of Psychology: Connecting Mind to Brain". *National Center for Biotechnology*. Perspectives on psychological Science: a journal of Association of Psychological Science, jul. 2009. Disponível em: <https://www.ncbi.nlm.nih.gov/pmc/articles/PMC2763392/>. Acesso em: 10 dez. 2017.

EUREKALERT!. *Blue Brain team discovers a multi-dimensional universe in brain networks*. Disponível em: <https://www.eurekalert.org/pub_releases/2017-06/f-bbt060617.php>. Acesso em: 10 dez. 2017.

LUDDEN, David. "Is Neuroscience the Future or the End of Psychology?". *Psychology Today*, Nova York, 2 fev. 2017. Disponível em: <goo.gl/dQJMPM>. Acesso em: 10 dez. 2017.

REIMANN, Michael et al. "Cliques of Neurons Bound into Cavities Provide a Missing Link between Structure and Function". *Frontiers in Computational Science*, Lousane, 12 jun. 2017. Disponível em: <https://www.frontiersin.org/articles/10.3389/fncom.2017.00048/full>. Acesso em: 10 dez. 2017.

SODRÉ, Raquel. "Cientistas fazem história ao recriar parte de um cérebro". *O Tempo, Belo Horizonte,* 18 dez. 2015. Disponível em: <goo.gl/6N34pZ>. Acesso em: 10 dez. 2017.

Este livro foi composto em Garamond,
Rigatoni e Helvetica e impresso pela
Intergraf para a Editora Planeta do
Brasil em maio de 2018.